William Pierson

Der große Kurfürst

William Pierson

Der große Kurfürst

ISBN/EAN: 9783742870582

Hergestellt in Europa, USA, Kanada, Australien, Japan

Cover: Foto ©Thomas Meinert / pixelio.de

Manufactured and distributed by brebook publishing software (www.brebook.com)

William Pierson

Der große Kurfürst

Friedrich Wilhelms Jugend.

Friedrich Wilhelm, den man den Großen genannt hat, wurde am 16. Februar*) des Jahres 1620, Nachmittags zwischen drei und vier Uhr, im Schloß zu Köln an der Spree geboren. Sein Vater war der Kurfürst Georg Wilhelm von Brandenburg; seine Mutter, die Kurfürstin Elisabeth Charlotte, war eine geborene Prinzessin von Kurpfalz aus der reformirten Linie des Hauses Wittelsbach, Schwester jenes Pfalzgrafen Friedrich, den die Böhmen eben damals zu ihrem Könige gewählt. Mütterlicher= wie väterlicherseits entstammte er also einem Geschlechte, das zu den größten Dingen Macht und Beruf zu haben schien. Kurpfalz stand an der Spitze der Reformirten Deutschlands und war im Besitz des weiten böhmischen Reiches. Die brandenburgischen Zollern aber geboten schon nicht mehr bloß in der weiland wendischen Mark, sondern auch am Pregel und am Niederrhein; im Jahre 1614 hatten sie aus der jülichschen Erbschaft das Herzogthum Kleve und die westfälischen Grafschaften Mark und Ravensberg, im Jahre 1618 hatten sie das Herzogthum Preußen erworben.

Doch auf beiden Seiten war die Macht mehr scheinbar als wirklich, der neue Besitz noch nicht befestigt, die Fähigkeit,

---

*) Neuen Stils (6. Februar alten Stils). Die neue gregorianische Kalenderrechnung bestand damals bereits im größten Theile des Abendlandes (auch in Preußen und Kleve). Sie ist in diesem Buche durchweg angewandt.

eine so große Stellung zu behaupten, noch nicht erprobt. Es war ein Unglück für diese erlauchten Familien und für ganz Deutschland, daß die Prüfung so rasch und so schwer hereinbrach und daß gerade jetzt die gewichtigen Zepter von Kurpfalz und Kurbrandenburg sich in den Händen von Männern befanden, denen es an Geist, an Kraft, an Muth fehlte. Der erste Ansturm des dreißigjährigen Krieges warf Friedrichs, des „Winterkönigs", Thron über den Haufen; der weitere Verlauf zeigte auch Georg Wilhelms klägliche Schwäche. Dieser Fürst wäre als Privatmann schlecht und recht durch das Leben gegangen, harmlos, von keiner schlimmen Leidenschaft beirrt; aber in schwierigen Verhältnissen mit Ehren Land und Leute zu regieren, das überstieg bei weitem seine Fähigkeiten. Unentschlossen und thatlos sah er zu, wie das Kriegsfeuer bald auch seine Habe ergriff; suchte schwachmüthig eine Neutralität zu bewahren, die niemand achtete, und ward so ein Opfer der Kriegführenden, deren jeder ihn ungestraft beschädigte und verhöhnte. Niemals hat ein großer Mann einen unbedeutenderen Vater gehabt als Friedrich Wilhelm.

So standen bereits an der Wiege des Prinzen die Sorge und die Unruhe. Der Kurfürst war, als ihm der Sohn geboren wurde, von Hause abwesend; er befand sich in Preußen, mit Verhandlungen beschäftigt, um von dem Könige von Polen die Belehnung mit diesem Herzogthum zu erlangen. Er konnte nicht einmal zur Taufe seines Kindes heimkommen, obwohl man sie deshalb monatelang (bis zum 9. August) aufgeschoben. Inzwischen begann schon in der Mark von dem Kriege, der heranzog, das Wetterleuchten. Ein Söldnerhaufen von 3000 Engländern und Schotten, welche König Jakob I. von England seinem Schwiegersohn, dem Pfalzgrafen, nach Böhmen zu Hilfe schickte, nahm seinen Weg durch die Mark. Es waren Reformirte, die einem Reformirten beistehen sollten; Grund genug für die lutherischen Brandenburger, diese fremden Gäste mit scheelen Blicken anzusehen. Denn den Kalvinisten haßte der Lutheraner damals ebenso bitter wie den Katholiken. Besonders

das leicht erregte Volk der Hauptstadt machte seinem Unmuth
Luft. Es hieß, die Regierung wolle sich dieser fremden Trup=
pen gegen die eigenen Unterthanen bedienen; soweit ging, seit
die Dynastie (im Jahre 1613) zum reformirten Bekenntniß
übergetreten war, bei dem Volke das Mißtrauen gegen seinen
Fürsten. Als die Engländer am 10. Juli in die Nähe Berlin=
Kölns kamen, rottete sich hier die Bürgerschaft zusammen, trieb
mit Schießen und Schreien auf den Straßen solchen Unfug,
daß man auf dem Schlosse fast einen Aufruhr befürchtete. Es
war ein blinder Lärm; aber ein übles Vorzeichen für den Aus=
gang des großen Kampfes, in den das protestantische Deutsch=
land mit dem papistischen trat und den es glücklich nur durch
Eintracht bestehen konnte.

Gern hätte sich Georg Wilhelm für seinen Theil diesem
Kampfe entzogen; in unbedingter Ergebenheit gegen den Kaiser
suchte er sein Heil. Zum Bündniß mit seinem Schwager, dem
Schwedenkönig Gustav Adolf, zwang ihn nur die Noth, und
nach dessen Tode kehrte er bald wieder zu dem alten Gehorsam
gegen das Haus Oesterreich zurück. In dieser Richtung erhielt ihn
sein Günstling und oberster Minister, der Kanzler Graf Adam
von Schwarzenberg, ein Katholik, der mehr den Nutzen seiner
Kirche und des Kaisers, als die Interessen Brandenburgs im
Auge hatte. Die Folge solcher Politik war, daß das Land von
allen kriegführenden Parteien um die Wette ausgeraubt und
verheert wurde, von den Mansfeldischen, den Dänen, den Kaiser=
lichen, den Schweden.

Die Noth der Zeit übte auch auf die Erziehung des Kur=
prinzen ihren Einfluß. Brennende Dörfer, zerstampfte Fluren,
gemißhandelte Menschen, das waren die Bilder, welche das
Leben dem fürstlichen Knaben bot; er lernte früh die Welt mit
ernsten Augen betrachten. Der Mangel an Mitteln gestattete
keine große Hofhaltung; in einfacher, fast kärglicher Lebensweise
wuchs der Prinz auf. Jahrelang war er selbst von der Resi=
denz und den Eltern entfernt; seit dem Mai 1627 lebte er in
der Festung Küstrin, wo ihn der Vater sicherer glaubte. Er

hatte wenigstens das Glück, unter die Leitung tüchtiger Männer zu kommen; insbesondere machte sich um die Ausbildung seines Geistes und Charakters sein Hofmeister Johann Friedrich Kalkhun, genannt Leuchtmar, wohlverdient. Fern von dem Tand und Flitter eines glänzenden Hofstaats, kannte der Prinz auch die Zerstreuungen der Fürstenhöfe nicht; sein einziges Vergnügen war die Jagd. Gelegenheit zu ihr gab es mehr als genug; denn in dem verwüsteten Lande hatte sich das Wild so vermehrt, daß es fast die Bauern auffraß. Beim Waidwerk stählte sich nun des Knaben Leib und Seele; man erzählt, er habe schon im Alter von zehn Jahren mit eigener Hand auf den Schweinsjagden die Eber gespießt. Doch artete bei ihm diese Neigung nicht zur Leidenschaft aus. Ueberhaupt wurde an ihm frühzeitig mit Bewunderung bemerkt, daß er, obwohl feurigen Temperaments, sich doch in allem zu beherrschen wisse. Der kräftige lebhafte Knabe gefiel einem jeden, der ihn kennen lernte. Besonders gewann ihn sein Oheim, der große Gustav Adolf, lieb. Der König hatte von seiner Gemahlin Maria Eleonore, Schwester des Kurfürsten, nur eine Tochter, Christine; er bestimmte sie dem jungen Friedrich Wilhelm dereinst zur Gattin. Diesen Entwurf, wie manchen andern weitaussehenden, durchkreuzte der rasche Tod des Helden. Zwei Jahre, nachdem der Prinz den großen König in der Fülle seiner Macht gesehen, hatte er an dessen Leichenfeier theilzunehmen. Es war zu Wolgast am 25. Juni 1633; in feierlicher Prozession ward die theure Leiche nach dem Hafen zu dem Schiff geführt, das sie nach Schweden bringen sollte. Unmittelbar hinter dem silbernen Sarge folgten der Kurfürst Georg Wilhelm und die beiden Herzöge von Mecklenburg, dann der Kurprinz Friedrich Wilhelm und die Gesandten Pommerns.

Um diese Zeit war die Macht des Kaisers wieder im Aufgang, seine Truppen näherten sich der Mark, diese Gegend schien ein Hauptschauplatz des Krieges werden zu müssen. Der Kurfürst beschloß, seinen Sohn zu größerer Sicherheit lieber ganz außer Landes zu schicken. Auch war es schon seit langer Zeit

im Hause Brandenburg üblich, die Erziehung des Thronerben
im Auslande vollenden zu lassen. Kurz der Vater fand es rathsam, den Prinzen, nachdem derselbe das fünfzehnte Lebensjahr
erreicht hatte, nach den Niederlanden zu senden, damit er durch
den Umgang mit ausgezeichneten Staats- und Kriegsmännern
gründlichere Geistesbildung erwerben, seine Urtheilskraft schärfen,
seine Sitten verfeinern möchte. Das nöthige Geld, 3000 Thlr.,
schoß die Kurfürstin vor, und so trat denn Friedrich Wilhelm
im Juni 1634, begleitet von seinem Erzieher Leuchtmar und
einer kleinen Dienerschaft, seine Reise an. Sie ging über Hamburg, Oldenburg, Gröningen, Zwoll und Utrecht nach Leiden,
wo der Prinz an der damals weltberühmten Universität einige
Zeit den Studien oblag. Im nächsten Jahre schlug er, da in
Leiden die Pest ausbrach, seinen kleinen Hof in Arnheim auf.
Hier setzte er seine Studien fort, insbesondere vervollkomnete
er sich in den Sprachen, im Gebrauch des Lateinischen, des
Französischen, des Holländischen; das Polnische hatte er bereits
in Küstrin hinreichend gelernt. Außerdem beschäftigten ihn ritter-
liche Uebungen und nicht selten ein Ausflug in das nahe Kriegslager des Prinzen Heinrich Friedrich von Oranien, der damals
gerade die von den Spaniern besetzte Festung Schenkenschanz
einschloß. Hier sah und hörte er manches, was ihm zur Kenntniß der praktischen Kriegskunst von Nutzen war, zumal da er die
Gewohnheit hatte, über alle seine Erlebnisse und Beobachtungen
dem Vater stets genauen schriftlichen Bericht abzustatten. Ebenso
ersprießlich war, daß er hier vielfach mit Landständen und Unterthanen des Herzogthums Kleve in Berührung kam, die ihn über
die Bedürfnisse des Landes und die Mittel, wie denselben ab-
zuhelfen, unterhielten. Jahres darauf (1636) begab er sich nach
dem Haag, der Residenz des Oraniers, damals einem Haupt-
brennpunkte der diplomatischen Beziehungen Europas. Hier
waren es die einheimischen Politiker und die fremden Gesandten,
deren Gespräch und Haltung ihn belehrten; er that hier manchen
Blick in das Getriebe der hohen Politik und in die Verhältnisse
der europäischen Mächte zu einander.

Die Wißbegier, mit welcher er allem Bemerkenswerthen nachging, dabei sein schnelles treffendes Urtheil und ernstes gesetztes Wesen erwarb ihm die Achtung, sein leutseliges Benehmen erwarb ihm auch die Zuneigung aller der Männer, die mit ihm in Berührung kamen. In Kleve faßte man zu ihm solch Vertrauen und solche Liebe, daß sich ihn die Stände zum Statthalter erbaten, was der Kurfürst indessen abschlug.

Am meisten bewunderte man auch hier seine würdevolle Selbstbeherrschung. Der Haag war damals der glänzende Sitz eines leichten, üppigen Lebensgenusses, und die jungen Kavaliere, mit denen der Kurprinz dort zusammentraf, suchten ihn mit sich in den Strudel ihrer Ausschweifungen hineinzuziehen. Sie hatten mit einer Anzahl junger Damen, die ebenso vergnügungssüchtig und von ebenso lockeren Sitten waren, einen Verein gestiftet — die sogenannte „Media Nocte" oder Mitternachtsgesellschaft — wo es bei Wein und Liebe lustig und wüst herging. In diese Gesellschaft lockte man auch den jungen Prinzen; er kam ganz arglos, aber kaum hatte er sich davon überzeugt, daß es auf seine Verführung abgesehen sei, so riß sich der siebzehnjährige Jüngling rasch von den erstaunten jungen Damen und Herren los, eilte in seine Wohnung zurück, eröffnete seinen Reisebegleitern das Vorgefallene und sprach: „Ich bin es meinen Eltern, meiner Ehre, meinem Lande schuldig, daß ich unverzüglich den Haag verlasse." Man erwiederte ihm: „es bedürfe ja nur der Vorsicht." „Nein, nein," versetzte hastig der Prinz, „ich muß sogleich Abschied nehmen." Zwei Tage darauf war er bereits mit seinem Gefolge vom Haag abgereist und auf dem Wege ins Kriegslager des Oraniers vor Breda. Der Fürst war überrascht, ihn so plötzlich bei sich eintreffen zu sehen; Leuchtmar erklärte ihm den Zusammenhang; da reichte er voll Achtung dem Prinzen die Hand und sprach: „Vetter, Eure Flucht aus dem Haag beweist mehr Heldenmuth, als wenn ich Breda erobere. Wer schon so früh sich selbst zu überwinden weiß, dem wird das Große stets gelingen."

In den Niederlanden hielt sich damals auch die Familie

des vertriebenen Pfalzgrafen auf; natürlich bezeigte Friedrich
Wilhelm seinen unglücklichen Verwandten durch freundschaftliche
Besuche seine Theilnahme. Dies sowie überhaupt der lange
Aufenthalt, den er bei den Holländern, den Feinden Spaniens,
nahm, erregte bei der kaiserlichen Partei Unmuth und Argwohn.
Schwarzenberg hatte soeben den Kurfürsten wieder ganz ins
Schlepptau der habsburgischen Politik gebracht, indem er ihn
bewog, nicht bloß dem 1635 zwischen Sachsen und dem Kaiser
geschlossenen Frieden zu Prag beizutreten, sondern auch mit dem
Kaiser ein Bündniß einzugehen, durch welches diesem die bran=
denburgischen Streitkräfte unmittelbar untergeben wurden. Nun
galt es, auch den Thronfolger in dieses System hineinzuziehen.
Schwarzenberg machte daher dem Kurfürsten den Sohn ver=
dächtig, als wolle dieser, auf die Niederländer gestützt, in Kleve
sich eine selbständige Stellung gewinnen, und so erhielt der
Prinz den Befehl heimzukehren. Nur ungern und zögernd ent=
schloß er sich; aber dem entschieden wiederholten Gebot des Va=
ters mußte er freilich Folge leisten. Im Mai 1638 verließ er
die Niederlande; er reiste von Amsterdam über See nach Ham=
burg, von dort ging er dann nach Berlin, wo er am 18. Juni
eintraf.

Einen wie reichen Schatz schöner und heilsamer Eindrücke
in seiner Seele brachte er aus der Fremde mit! Wie viel Großes
und Gutes hatte er dort in Holland gesehen! vor allem es mit
eigenen Augen gesehen, wie weit es selbst ein kleines Volk in
Macht und Wohlstand bringen kann, wenn es unter der Leitung
geschickter, erleuchteter Staatsmänner mit Fleiß und Ausdauer
alle Vortheile seiner Lage auszubeuten versteht. Ein fruchtbares
häfenreiches Küstenland, aber an Umfang nicht einmal der Mark
Brandenburg gleichkommend, und doch der Sitz eines Groß=
staates; von der ganzen Macht des gewaltigen Spaniens be=
stürmt, aber unerschüttert; seit siebzig Jahren im Kriege, aber
jährlich reicher, das blühendste Land des Welttheils! An den
Grenzen Waffenlärm, im Innern ein Asil des Friedens! Das
machte die rastlose Thätigkeit in Handel und Wandel, die ge=

schickte Betriebsamkeit in allen nützlichen Gewerben, in allen schönen Künsten. Wie war da jedes Fleckchen Erde nutzbar gemacht; Gärten und Ackerstücke, Fabriken und Waarenläden, Schiffe und Frachtwagen, Schulen und Kunstwerkstätten überall dicht neben einander, und eines förderte das andere. Aber dies alles war doch nicht bloß das Werk des Fleißes und der Ord= nung; es gedieh unter der Sonne der Freiheit; hier galt Men= schenwürde, hier herrschte edle Duldung.

Zu so schöner Kultur, zu solchem Glück des Volkes, zu solcher Macht des Staates, welchen traurigen Gegensatz bildete da die Mark! Mit Wehmuth erwog es der Kurprinz; aber in seiner Seele stand es auch fest, dereinst unter seinem Zepter sollte es hier besser werden; das Muster Hollands sollte er nicht umsonst gesehen haben.

Zugleich stieg sein Unwillen über die unfähige Verwaltung Schwarzenbergs. Dieser Minister hatte durch den Bundesver= trag, den er seinen Herrn mit dem Kaiser schließen lassen, eine neue Geißel über das Land gebracht. Denn kraft desselben wurden in der Mark Truppen geworben, für die der Kurfürst doch kein Geld, und über die er keine Gewalt hatte. Sie er= preßten daher ihren Bedarf von seinen Unterthanen. Die Ober= sten und Hauptleute aber, welche die Werbung im Namen des Kaisers unternahmen, erwiesen sich, obwohl fast durchgehends brandenburgische und preußische Edelleute, als Gauner und Be= trüger; Regimenter, die nach dem Soldbetrage 2400 Mann stark sein sollten, zählten in Wirklichkeit kaum 600. Der Ueber= schuß wanderte in die Taschen der Regimentsinhaber. Und doch hätte der Anblick des Landes sie rühren sollen. Viele Aecker lagen seit Jahren unbestellt, ganze Dörfer waren verlassen, die Städte verarmt; auf die Theuerung war Hungersnoth und jetzt noch die Pest gefolgt. Gleichwohl erpreßten die Offiziere Geld oder Geldeswerth mit mehr als türkischer Grausamkeit; die hei= mische Soldateska, die sich niederträchtig an dem Elend der Landsleute bereicherte, zeigte sich fast noch erbarmungsloser und habgieriger, als zuvor die Mansfelder oder Wallensteiner gethan.

Und dabei war sie nicht einmal im Stande, den äußeren Feind abzuwehren. Als im Juli 1638 die Nachricht von dem Heran= nahen eines schwedischen Heeres unter dem General Baner kam, flüchtete der Kurfürst nach Preußen, und sein Heer in der Mark löste sich auf.

Er nahm nach Königsberg auch seinen Sohn mit. Der Prinz lernte dort wieder eine andere Volksart kennen und eigen= thümliche Staatsverhältnisse. Die letzteren boten freilich keinen angenehmen Anblick. Denn nicht bloß daß die Stände hier eine Macht besaßen, die dem Fürsten gar wenig freie Bewegung ließ; sie stützten sich auch auf das Ausland, auf Polen, von welchem das Herzogthum ein Lehen war. Auch die materielle Lage befriedigte keineswegs; denn wenngleich Preußen nicht so verheert war wie die Mark, so hatte es doch auch schwer zu leiden gehabt; hier hatte der Krieg, der zwischen Polen und Schweden geführt worden, seine Spuren hinterlassen.

Zwei Jahre lang hatte der Hof hier verweilt, während in der Mark unter Schwarzenbergs Statthalterschaft alles ging, wie es gehen mochte, da brachte der Tod endlich eine Wand= lung der Dinge. Der Kurfürst erkrankte plötzlich; ein Fieber befiel ihn, von dem er sich, obwohl erst drei und vierzig Jahre alt, nicht wieder erholen konnte; am 1. Dezember 1640 raffte es ihn hin. In der langen Reihe der Hohenzollern bildet Georg Wilhelm durch seine Untüchtigkeit eine seltene Ausnahme. Die einzige Wohlthat, die er seinem Volke erwies, war, daß er starb.

1640—1660.

Regierungsantritt und erste Anfänge.

Ein Jüngling von zwanzig Jahren bestieg Friedrich Wil=
helm den Thron, um sich alsbald kraftvoll wie der reifste Mann,
weise wie der erfahrenste Greis zu bewähren. Wie jammervoll
war die Erbschaft, die er antrat; wie riesenhaft die Arbeit, die
ihm zufiel! „Seine Provinzen," sagt Friedrich der Große von
ihm, „waren zum Theil in den Händen der Schweden, die das
Kurfürstenthum in eine entsetzliche Wüste verwandelt hatten, wo
man die Dörfer nur durch Aschenhaufen, welche des Grases
Wachsthum verhinderten, und die Städte nur durch Schutt und
Trümmer erkannte. Die klevischen Lande waren ein Raub der
Spanier und Holländer, welche unerhörte Steuern daraus ent=
nahmen und unter dem Vorwande, sie zu vertheidigen, plün=
derten. Preußen blutete noch aus den Wunden, die ihm der
Einfall Gustav Adolfs geschlagen. In so verzweifelter Lage,
wo sein Erbtheil durch viele Fürsten überfallen war; Herrscher
ohne Besitz, Kurfürst ohne Macht, Bundesgenosse ohne Freunde;
begann Friedrich Wilhelm seine Regierung; und in dieser frühen
Jugend, dem Alter der Verirrungen, wo die Menschen kaum
fähig sind, sich selbst zu beherrschen, gab er Beweise einer voll=
endeten Klugheit und aller derjenigen Tugenden, welche uns
würdig machen, Menschen zu regieren."

Er selbst, Friedrich Wilhelm, nannte die Last, die er auf
sich nahm schwer, fast unerträglich! Aber er übernahm sie mit
frischem Jugendmuth, mit ernst entschlossener Thatkraft, mit

festem Gottvertrauen. Die Worte des Pfalmes, die sein Wahl=
spruch waren, „Herr, thue mir kund den Weg, darauf ich wan=
deln soll," kamen ihm tief aus dem Herzen. Er hoffte mit
Gottes Hilfe zu vollbringen, was in der Trauerrede am Sarge
seines Vaters für ihn selbst gebetet worden: „Möge der Herr
mit ihm sein, daß durch ihn wieder gebaut werde, was so lange
wüst gewesen, daß er einen Grund lege, der für und für bleibe."
Am meisten schien seine Anwesenheit in der Mark nöthig.
Der Jammer, der von dort ertönte, war herzzerreißend. „Freund
und Feind," so klagte der Stadtrath von Berlin, „hätten das
Land zur Wüste gemacht; die es schützen sollten, die Offiziere,
ließen sich schwere Summen geben, lebten herrlich, ohne die
Mannschaft zu bezahlen, für welche sie den Sold zögen, wäh=
rend die Gemeinen verhungerten oder fortliefen. Vor den kur=
fürstlichen Reitern sei kein Stück Vieh, ja kein Mensch sicher,
weshalb der Ackerbau gar nicht betrieben werden könne. Alle
Geschäfte und Nahrung hörten auf. Städte und Dörfer stän=
den wüst; auf viele Meilen finde man weder Menschen noch
Vieh, weder Hund noch Katze. Dennoch würden die Kriegs=
steuern mit Gewalt beigetrieben. Den Bürgern habe man Häu=
ser, Aecker, Gärten, Wiesen und Weinberge genommen und den
Offizieren gegeben, die von Steuern frei seien, wodurch die
übrigen Bürger überlastet und genöthigt würden zu entlaufen.
Seit drittehalb Jahren habe Berlin allein, ohne Köln, für die
kurfürstlichen Völker ohne den Hofstaat beinahe 70,000 Thaler
bezahlt, sei außerdem von den Schweden hart gedrückt worden.
Die Rathsdörfer lägen in Asche; die Beamten, Geistlichen und
Schullehrer könnten nicht besoldet werden. Viele hätten sich
beeilt, durch Wasser, Strang und Messer ihrem elenden Leben
ein Ende zu machen, und die Uebrigen seien im Begriff mit
Weib und Kind ihre Wohnungen zu verlassen und in das bit=
terste Elend zu gehen."
Noch schlimmer als den Bürgern, erging es den Bauern.
Sie waren überall in der Mark Bettler geworden, und in der
Uckermark kam es vor, daß die Verhungernden einander selbst

anfielen, daß Menschenfleisch gekocht, gebraten und gefressen wurde.

Aber um zu helfen mußte der Kurfürst die Macht haben. Zunächst galt es überhaupt nur erst die Zügel des Regiments in die Hand zu bekommen. Friedrich Wilhelm ging dabei mit eben so viel Vorsicht als Festigkeit zu Werke. Er beließ Schwarzenberg vorläufig in seinem Amte; aber er traf Maßregeln, die eine neue Politik ankündigten. Vor allem versicherte er sich der Truppen in den Marken. Er befahl, sie sollten ihm und nur ihm vereidigt werden; er ordnete zugleich eine Verringerung des bisher über Gebühr hohen Soldes an. Beides erregte den Zorn der Soldateska. Die meisten Obersten weigerten sich des geforderten Eides, da sie dem Kaiser geschworen hätten. Der Kommandant in Spandau, v. Rochow, erklärte, erst müsse er vom Kaiser seines Eides entlassen sein und einen neuen Vertrag mit dem Kurfürsten abgeschlossen haben. Einige Regimenter, z. B. das von Krachtsche in Berlin, erhoben thatsächliche Meuterei. Dagegen der Kommandant von Küstrin, Konrad von Burgsdorf, gehorchte und ging mit solchem Eifer auf die Wünsche des neuen Herrn ein, daß sein Beispiel auch andere zum Gehorsam brachte. Um so entschlossener ging der Kurfürst weiter vor. Er löste die widerspenstigen Regimenter auf, und aus dem kleinen Reste der Zuverlässigen — 3000 Mann — bildete er ein Truppenkorps, das wenigstens zur Besetzung der Festungen, Spandau, Küstrin, Peiz, hinreichte (1641). Zugleich begann er eine Unterhandlung mit Schweden, um einen Waffenstillstand herbeizuführen. Die Stände der Mark hatten es längst gewünscht, aber Schwarzenberg es stets widerrathen. Doch dieser überlebte den Verlust seines Ansehens nicht lange; er starb am 3. April 1641. Den Kaiser beschwichtigte der Kurfürst, indem er ihm nachwies, wie nothwendig jener Waffenstillstand für das erschöpfte und wehrlose Land sei. Alle diese Maßregeln hatte er von Königsberg aus erlassen; dort hielt ihn noch das wichtige Geschäft der Belehnung zurück.

Die Polen wollten ihn das Lehen sehr theuer erkaufen

laſſen. Sie machten Bedingungen, durch welche das Herzog=
thum in völlige Abhängigkeit von dem polniſchen Reiche ge=
kommen wäre; es ſollten z. B. Pillau und Memel polniſche
Kommandanten erhalten. Dergleichen wies Friedrich Wilhelm
aufs entſchiedenſte zurück. Doch mußte er immerhin manche
drückende Verpflichtung eingehen, namentlich nicht unerhebliche
Geldopfer bringen. Dafür erlangte er nach vielen Hin= und
Herhandeln endlich die Belehnung. Dieſer Ceremonie hatte er
ſich in Perſon zu unterziehen. Er begab ſich daher Anfangs
Oktober 1641 nach Warſchau, wo der Lehnsherr, König Wla=
dislaus IV. von Polen, Hof hielt. Hier erfolgte am 17. Ok=
tober 1641 dieſe Feierlichkeit. Vor dem königlichen Schloſſe
war eine Tribüne errichtet, dort ſaß auf dem Throne der König;
zu ſeiner Rechten hielten zu Roß die Kavaliere des Kurfürſten,
die denſelben hergeleitet, zur Linken ſein eigenes Gefolge. Zwei
Leibkompanieen des Königs, eine des Kurfürſten, waren ringsum,
das ſchauluſtig andrängende Volk abzuwehren, aufgeſtellt. Es
war halb drei Uhr Nachmittags. Der hohe Vaſall erſchien.
Er kam, nicht als Kurfürſt von Brandenburg, ſondern als Her=
zog von Preußen. Drei Senatoren der Republik Polen führ=
ten ihn, Sobieski, der Woiwod von Ruski, Gembicki, der Woi=
wod von Lenußki, und Kaſonowski, der Kaſtellan von Sendo=
mir. Vor dem Throne des Königs lag ein koſtbar geſticktes
Polſter; dort kniete Friedrich Wilhelm, wie es Lehnsbrauch war,
nieder. Dann ergriff er die rothe Lehensfahne, die ihm der
König reichte, und ſprach den Schwur der Lehenstreue nach,
den ihm der Großkanzler des polniſchen Reiches vorlas. Dann
erhob ſich der König, umarmte ſeinen Vaſallen, und die Feierlich=
keit war vollendet. Friedſam und ſtill war ſie verlaufen. Doch
hatten unter den polniſchen Edelleuten viele ſchel dazu ge=
ſehen; es verdroß ſie, daß der Kurfürſt ſo leichten Kaufs zur
Herrſchaft in Preußen gelangen ſollte. Einige der Landboten
ſchickten ſich ſogar an, dawider aufzutreten; aber der König drohte
noch zu rechter Zeit, wofern ſie die Feier mit Proteſten zu
ſtören kämen, würde er ſie hinauswerfen laſſen. Auch der päpſt=

liche Nuntius durfte seinen Widerspruch wenigstens nicht hier laut machen; er reichte ihn der polnischen Regierung schriftlich ein.

Gern hätte der König sich den Kurfürsten näher verbunden; er ließ dem jungen Fürsten seine Tochter zur Frau antragen. Friedrich Wilhelm wich höflich aus: „So lange ich mein Land nicht in Frieden regieren kann", sprach er, „darf ich mich nach keiner andern Geliebten als dem Degen umsehen."

Von Warschau kehrte der Kurfürst nach Preußen zurück, nahm dort von den Ständen des Landes die Erbhuldigung an und wandte dann seine Hauptsorge den Verhandlungen mit Schweden zu. Es kam dabei wieder vielfach der Plan zur Sprache, die junge Königin Christine, wie ihr Vater es gewünscht, mit Friedrich Wilhelm zu vermählen. Aber es war damit auf beiden Seiten kein wirklicher Ernst. Christine wollte ihre Freiheit, die schwedische Aristokratie wollte ihre Macht behalten und Friedrich Wilhelm hatte keine Lust, „bloß der Mann der Königin" zu werden. Ihm lag nur daran, seinem Lande vor den Schweden Ruhe zu verschaffen, und dies erreichte er. Im Mai 1643 ward der Waffenstillstands-Vertrag fest abgeschlossen.

Kurz vorher war der Kurfürst nach der Mark gekommen. Wie traurig sah es hier aus! ganze Landstriche waren zur Wildniß geworden, das Volk verarmt und durch Krieg und Pest gelichtet; es fehlte an Geld, an Arbeitskräften. Auch die geistigen Interessen lagen furchtbar danieder, fast alle Schulen waren verödet, hörten seit Jahren keines Lehrers, keines Schülers Stimme. Doch schon athmete das Land ein wenig wieder auf; die Verminderung und Disciplinirung der einheimischen Truppen und die Waffenruhe mit den Schweden machten ihre heilsame Wirkung bereits fühlbar.

Der Kurfürst kam auch nicht mit leeren Händen; er brachte aus Preußen mehrere hundert Last Getreide mit und vertheilte sie zur Aussaat. Er lud, die wüsten Hufen, die verlassenen Dörfer zu besetzen, Kolonisten ins Land. Er entfaltete überhaupt eine landesväterliche Thätigkeit, von der schon nach kurzer Zeit die rühmlichen Spuren zu sehen waren. In einem Bericht des schwedischen Generals Torstenson vom Januar 1645 heißt es von des Kurfürsten Land und Leuten: „Sintemal selbige in gutem Zustand, also daß nicht allein die alten Inwohner zu dem Ihrigen sich wieder gefunden, sicher wohnen, den Ackerbau, Handel und Wandel ungehindert fortsetzen, sondern auch anderer Herrschaften Unterthanen sich unter des Kürfürsten Schutz begeben und gleich den Seinigen dessen Lande zum Besten und mehreren Aufnehmen ihre Nahrung treiben thun."

Auch die klevischen Lande gelang es dem Kurfürsten jetzt von ihren schwersten Lasten zu befreien; in Folge von Unterhandlungen, welche der Prinz von Oranien und der König von Frankreich unterstützten, zogen die hessischen und größtentheils auch die holländischen Truppen, die dort gelegen, ab, und brandenburgische rückten ein (1643). Nur Wesel, Rees und einige andere feste Plätze blieben in der Gewalt der Holländer, welche dieselben als Pfand für eine alte Schuld inne hielten. Es hatte nämlich ein amsterdamer Kaufmann, Peter Hoefyser, im Jahre 1616 dem damaligen Statthalter von Kleve, Kurprinzen Georg Wilhelm, unter Garantie der Generalstaaten eine Anleihe von 248000 holländischen Gulden (100000 Reichsthalern) vermittelt, wobei ein Mäklergeld von einem und ein Zinsfuß von sieben Prozent ausgemacht worden. Diese Schuld war, da Brandenburg mit den Abzahlungen in Rückstand kam und die Generalstaaten Zinseszins berechnet wissen wollten, unmäßig aufgelaufen. Außer Stande sie mit Geld zu befriedigen und ebensowenig in der Lage ihnen mit Gewalt entgegenzutreten, mußte der Kurfürst dulden, daß die Holländer jene Festungen als Pfänder behielten. Vor der Hand war er zufrieden, für Kleve, wie für die Mark, Neutralität erlangt zu haben.

Zwar erkannte der Kaiser diese nicht an; aber in Wien war die Kriegslust nun endlich im Abnehmen. Ferdinand III., seit 1637 auf dem Throne, konnte nicht, wie einst sein Vater Ferdinand II., auf glänzende Siege zurückblicken; von dem Angriff hatte er längst müssen zur Vertheidigung übergehen; schon handelte es sich nicht mehr darum, ob er Deutschland werde erobern, sondern ob er seine Erblande vor den Fremden werde schützen können. Doch waren Schweden und Frankreich trotz mancher gewonnenen Feldschlachten keineswegs so ganz Herren der Lage. Die schwedischen Heere bestanden zu neun Zehnteln aus Deutschen und waren aus deutschen Kontributionen geworben und bezahlt; mit den französischen verhielt es sich nicht viel anders. Diese Mächte durften also in Deutschland die Saiten nicht allzuhoch spannen. Denn im Reich war das Bedürfniß, war der Ruf nach Frieden allgemein. Der Kaiser versuchte nun dieses Bedürfniß zu nutzen. Er knüpfte mit den Gegnern Friedensunterhandlungen an; aber er wollte sie im Namen des Reichs, als Vertreter aller Glieder desselben führen. Dabei wären dann die Interessen der Stände, die weltlichen und die religiösen, in die Hände Habsburgs gelegt worden. Dieser Gefahr durften sich die Stände nicht aussetzen. Als der Kaiser (auf dem frankfurter Deputationstage 1643) einen dahin zielenden Antrag machte, erhob sich sogleich dagegen Widerspruch, und an der Spitze der Opposition stand Kurbrandenburg. Der Kaiser suchte dann die Stände zu trennen; er beanspruchte wenigstens im Verein mit den Kurfürsten das Reich bei den Friedensverhandlungen zu vertreten. Aber auch hiegegen erklärte sich Friedrich Wilhelm. Sein Gesandter mußte darauf verweisen: „die anderen Stände hätten den bisherigen Krieg ebenso schwer empfunden, wie die Kurfürsten und würden durch den Frieden ebenso verpflichtet, müßten also auch das Recht haben mitzurathen". Ebenso widersetzte er sich dann dem Plane, für den der Kaiser die anderen Kurfürsten bereits gewonnen, alle Stände, evangelische wie katholische, zum Kampfe gegen Schweden zu vereinigen. Er blieb dabei, dem Reiche thue nicht eine Verlängerung des Krieges noth, sondern der Friede und an der Schließung desselben müßten alle Theil haben. Mit dieser frankfurter Gesandtenkonferenz beginnt die selbständige, die deutsche Politik Preußens.

Der Kaiser gab nach; an den Friedensunterhandlungen, die im März 1644 zu Münster zwischen Frankreich und

Deutschland, zu Osnabrück zwischen Schweden und Deutsch=
land eröffnet wurden, nahmen neben dem Kaiser auch die Stände
des Reiches Theil. Hier standen nun die Forderungen lange
Zeit einander schroff entgegen; die Katholischen wollten die Er=
oberung, welche ihre Kirche in den Jahren 1620 bis 1627
durch Tillys und Wallensteins Waffen gemacht hatte, bestätigt
sehen, die Evangelischen verlangten die Herstellung des Zustandes
vor dem Kriege. Frankreich und Schweden wollten mit Land
entschädigt werden; Kaiser und Reich mußten wünschen, sie mit
Geld abzufinden.

Eine Hauptschwierigkeit bildete die pommersche Frage. Im
Jahre 1637 war Herzog Bogislav XIV. von Pommern als
der letzte seines Stammes gestorben, und nach dem grimnitzer
Vertrage vom Jahre 1529 mußte das Land nun an den Kur=
fürsten von Brandenburg fallen. Auch ward dieses Recht von
niemandem bestritten, und bereitwillig hatte der Kaiser 1641
dem Kurfürsten die Belehnung mit Pommern wie mit der Mark
ertheilt. Aber die Schweden hatten das Land inne und er=
klärten offen, sie würden es behalten; der Kurfürst solle ander=
weitig entschädigt werden. Sie waren um so weniger geneigt,
diesen Besitz fahren zu lassen, da sich der Plan, Brandenburg
und Schweden durch eine Heirath der Herrscher zu vereinigen,
zerschlug; denn Friedrich Wilhelm bot seine Hand einer Prin=
zessin, die sein Herz gewählt. Es war Luise Henriette von
Oranien, die anmuthige Tochter des Prinzen Friedrich Heinrich,
Erbstatthalters der Niederlande. Im Spätherbst des Jahres
1646 begab er sich zum Zweck dieser Verbindung nach dem
Haag. Als er hier Anfangs Dezember eintraf, fand er seinen
künftigen Schwiegervater von einer tödtlichen Krankheit befallen
und bereits so schwach, daß man die Vermählung beschleunigen
mußte, damit er dieses freudige Ereigniß noch erlebe. Die
Hochzeit fand daher schon wenige Tage nach der Ankunft des
Bräutigams, am 7. Dezember statt. Das junge Brautpaar
erregte bei allen, die zugegen waren, verdiente Bewunderung;
Friedrich Wilhelm, ein männlich=schöner Jüngling von sechs und

zwanzig Jahren, gekleidet in weißen Atlas, der mit filbernen Spitzen besetzt, geschmackvoll mit Gold gestickt und reich mit Diamanten und Perlen gestickt war; an seiner Seite in weiblicher Jugendblüthe die neunzehnjährige Braut, auch sie von fürstlicher Pracht strahlend, in einem silberstoffenen Kleide mit Perlen besetzt, dessen Schleppe sechs junge Gräfinnen trugen, und auf dem Haupte eine Krone von Perlen und Brillanten. Uebrigens wurde das Fest in der Stille und in fast bürgerlicher Einfachheit gefeiert.

Reiches Eheglück erblühte dem Kurfürsten aus diesem Bunde. Aber politische Vortheile hatte er von demselben nicht. Die Hoffnung, die Generalstaaten würden ihn kräftig bei seinem Recht gegen Schweden unterstützen, schlug fehl. Gleichwohl erklärte er vor wie nach mit größter Entschiedenheit, niemals werde er Pommern hergeben, es möchte auch gehen wie es wolle. Dieses Land, das ihm von Gott und Rechtswegen gehöre, sei ihm ebenso sehr als Vormauer seines Kurfürstenthums und zur Verbindung mit Preußen, wie zu rechter Theilnahme am See- und Oderhandel durchaus nöthig.

Hätte nur seinem Rechte die Macht zur Seite gestanden! Aber so wenig wie Holland half ihm der Kaiser. Mit mehr Nachdruck nahm sich Frankreich seiner an; es bewirkte, daß die Schweden endlich (im Jahre 1647) sich bereit erklärten, wenigstens einen Theil Pommerns dem Kurfürsten zu überlassen und für den Rest ihm Entschädigung zu verschaffen. Aber da es keineswegs im Interesse Frankreichs lag, um dieser Sache willen sich mit seinem mächtigen Verbündeten zu überwerfen, so hing es von dem guten Willen Schwedens ab, wie viel schließlich Brandenburg bekommen sollte. Friedrich Wilhelm hielt es daher für nöthig, einzulenken. Er näherte sich den Schweden wieder. Er stellte sich sogar die Frage, ob es nicht für ihn das beste wäre, in ein enges Freundschaftsverhältniß mit ihnen zu treten. Wie gewissenhaft er dabei ebenso seine Pflichten als deutscher Reichsfürst wie seinen Nutzen erwog, geht aus einem Gutachten hervor, welches er über diese Frage

im Juni 1647 eigenhändig niederschrieb und seinen Ministern
vorlegte. Dasselbe kennzeichnet seine schwierige Lage, seinen
politischen Blick und seinen besonnenen Charakter. Es lautet: *)

„Ob ich zwar ungern zu solchen Extremitäten schreiten
wollte, daraus man muthmaßen könnte, daß ich gegen meine
Pflicht, mit welcher ich zuvörderst dem Reich, sodann dem
Kaiser verpflichtet bin, handeln oder dagegen etwas beginnen
möchte — insonderheit weil ich bis dato darin beständig verblieben, welches auch nicht allein Freunde, sondern auch Feinde
mir ohne Passion nachsagen müssen — in was für einen Zustand mein Staat besteht, ist keinem besser bewußt denn mir
selbsten, welchen solches auch am meisten angeht, derhalben mir
und meinen Landen nichts zuträglicher sein kann, als daß Gott
der Allmächtige seinen Segen von oben herab geben und verleihen wolle, daß die itzige General-Friedens-Traktaten zu Osnabrück und Münster ehist zu einem glücklichen Schluß und
Frieden ausschlagen und gedeihen möge. Welcher Schluß vielleicht etlichen gar nahe für der Thür zu scheinen, mir aber noch
wenig Hoffnung machen thut, dahero denn das Hoffen und
Harren einem schier zu lange fällt, indem die Unterthanen,
Land und Leute von Fremden besessen, verderbet und endlich
gar mein Ruin daraus entstehen und folgen wird, daß man
mir nicht allein die Lebensmittel entziehen, sondern auch die
übrigen Lande, welche mir Gott gegeben, mit Gewalt genommen und keine Konsideration (sie sei gleich wegen der Religion, der nahen Anverwandtniß halben, damit ich einem oder
dem andern Theil verwandt, oder aber daß man sie einiger Ungerechtigkeit halben bei der Posterität beschulden solle) nehmen,

---

*) Ueberschrieben ist es: „Bedencken ob Ich einige partie itzo oder ins
Künftige annehmen solle darinnen etliche obstacula welche vorgewandt
werden mochten, als nemlich das man Sich den Kayser dem reiche Pollen
und Spannien hiburch zuwider machen wurde, Undt dan worrumb man
diese Schwierigkeitten auffen Wege reumen solle und müsse." Im Text
ist des leichteren Verständnisses halber die Orthographie modernisirt und
die Interpunktion berichtigt worden.

daraus dann diese Frage entstehet: Wie man solches Unheil bei Zeiten vorkommen und verhüten solle.

Dieses ist die. schwerste Frage, welche wol bedürfte durch des Salomonis Weisheit erörtert zu werden; glaube auch, daß Salomon und David nie keine solche schwere Deliberation gehabt. Denn wenn man betrachtet, wie meine Lande gelegen; auf einer Seite ist die Krone Schweden, auf der andern der Kaiser, und sitze gleichsam mitten zwischen ihnen innen und erwarte, was sie mit mir anfangen oder thun wollen, ob sie mir das meinige lassen oder nehmen wollen. Eine Partie*) zu wählen ist gefährlich wegen der Gefahr die hieraus. entstehen könnte; mit dem Kaiser zu legen und zu heben ist itzo zu spät, denn seine Macht fast gar abgenommen hat, ja diejenigen auf welche er sich zum höchsten verlassen, auch im Anfang gute Dienste gethan**), fallen auch von ihm ab zu fremden Kronen, treffen eine Neutralität und ziehen also die ganze Last sich vom Hals und beschweren den Kaiser hinwieder mit selbiger.

Gesetzet es hätte der Kaiser noch Mittel, dieses Werk auszuführen, ich erwählte seine Partie; dadurch würde ich mich die Krone Schweden, Frankreich und die Staaten zum Feinde verursachen und würden sie mir endlich auch die Kur Brandenburg nehmen können. Nehme ich nun die schwedische (Partei), so mache ich mich dem Kaiser und Spanien wegen der klevischen Lande zum Feinde.

Einem Katholischen sich zu vertrauen ist auch nimmermehr rathsam; denn sie selber in öffentlichen Schriften gesetzet haben, daß den Ketzern, wie sie uns nennen, kein Glauben zu halten sei. Weil sie nun vermeinen, daß sie uns keinen Glauben, keine Treue zu halten schuldig seien, wie können wir denn solchen Leuten trauen? Zudem so ist es noch nicht vergessen wie die Kaiserlichen uns vor diesem in der Mark Brandenburg

---

*) d. h. den Bund mit Schweden.
**) Namentlich Baiern, das mit Frankreich und Schweden im März d. J. einen Neutralitätsvertrag geschlossen hatte.

traktiret haben, welches die Rubera der verwüsteten Städte und Dörfer noch bezeugen. Was sonsten noch neulich, da die kaiserliche Armee bei Magdeburg gelegen, vorgangen, will ich geschweigen; jedoch hab ich noch ein oder zwei neue Exempel, daraus zu spüren, in was vor Prädikament ich beim Kaiser bin, indem ich die einige Stadt Hamm vom Kaiser begehret, damit er solcher desto besser versichert sein möchte, und ihm zum besten, meinen armen Unterthanen aber nicht zur großen Beschwer von der Krone Schweden belagert werden möge. Will geschweigen der Vorenthaltung des Fürstenthums Jägerndorf; da ich drum nichts anders als nur einige Ergötzung oder Satisfaction gesucht, man mich auf andere Traktaten gewiesen, und also mir hierin auch nichts zu Willen gewesen ist. Hieraus kann man nun sehen, was ich mich zum Kaiser und den Katholischen zu versehen haben werde; an Zusagen und Promessen wird es wol nicht ermangeln, ja an kaiserlicher und spanischer Seite werden sie alles thun, was ich begehren werde, dafern ich mich nur mit ihnen konjungiren werde; aber es ist zu besorgen, nur so lange als sie meiner werden von Nöthen haben, und ihre eigene Regul an mich alsdann erfüllen.

Die schwedische Partie belangend, so weiß man wol, wie selbige mich traktiret und was ich mich noch ins künftige zu ihnen werde zu vermuthen haben, und wie weit ich ihnen trauen solle, kann ich noch nicht wissen; viel Freundschaft hab ich von ihnen noch nicht empfangen, wie männiglich bekannt; und sollte ich die kaiserliche Partie nehmen, würde ich alsdann ihr Feind sein, welches mir dann und meinen armen Unterthanen zum größeren Verderb gereichen und nicht zu rathen sein. Derwegen sollte man wol rathen, daß ich in dem Stand, in dem ich anitzo bin, verbleiben und alle Ungewitter über mich ergehen lassen; bin auch wol versichert, daß die von der alten Welt derselbigen Meinung gleichfalls sein würden.

Aber hier heißt es: Wo finden wir Brot in der Wüsten? und da man mir das meinige nimmt und den Brotkorb so hoch hängen thut, muß derowegen eine Resolution fassen, und

halte dafür, daß es beſſer ſei mit denen in Verbündniß zu
ſtehen, welche eines Glaubens (ob zwar einige Streitigkeiten
ſein, welche aber nicht hinderlich an der Seligkeit). Denn
allein kann ich mich nicht ſchützen. Bin alſo genöthigt, dieſe
ſchwediſche Partie anzunehmen, es ſei offenſive oder defenſive.
Denn aus zween Uebeln muß man allzeit das größte*) erwählen, ob es ſchon einen Schaden bringen möchte. Ja in
Regard Preußens könnte ich ſolche Allianz ſchließen und würde
mir ſolche ſehr zuträglich ſein. Muß aber hierin behutſam
gegangen werden, damit nichts gethan werde, ſo gegen meinen
Eid den ich der Kron, wie auch dem Könige" (von Polen)
„gethan und geleiſtet habe.

Möchte einer hierwider einwerfen, ob nicht noch ſo lange
damit zu verziehen wäre, eine Allianz zu ſchließen, bis man
ſehe, wo das Werk mit den Traktaten hinausſchlagen wollte,
hier findet ſich die Antwort ſelbſt: ob meine Soldateska ſo lange
Hunger leiden kann bis zu Ausgang des Schluſſes? und halte
ich dafür, das ſei nicht möglich. Auch könnte hieraus entſtehen,
daß man mich nachmals nicht ſonderlich begehren möchte. Sie
könnten eine Bataille gegen den Kaiſer erhalten, und dann wäre
es ganz mit ihm auf einmal gethan; alsdann würde die Konſi-
deration, ſo die Kron" (Schweden) „nun noch hat, daß ſich das
Glück wenden möchte, auch aus ſein und würden ſie alsdann
noch mehr leges dem Kaiſer und den Kur- und Fürſten vorſchreiben.

Aus dieſer Allianz würde dieſes ins künftige entſtehen, daß
ich mich konſiderabel durch eine Armee machen könnte, auch nachmals mit der Landgräfin" (von Heſſen) „und ihren Völkern
ſich konjungiren, da auch endlich Lüneburg und Braunſchweig
dazu gebracht werden könnten. Auch dafern die Krone Schweden
gar zu unbillig in ihren Poſtulatis wäre, könnten wir ſelbiger
vorſchreiben, was wir alsdann wollten, und würde der Kaiſer
nachmals erfahren, daß er getreue Kur- und Fürſten im Reich

---

*) bedeutet wohl „das großartigſte."

gehabt hätte. Hieraus würde man auch schließen, daß solches aus keiner Leichtfertigkeit geschehen, sondern vielmehr aus Liebe gegen dem Reiche und eines jedweden Vaterland. Denn was wäre dem Kaiser und dem Reiche gedient mit armen von Land und Leuten verjagten Kur= und Fürsten? halte also dafür und schließe auch dahin, daß solche Allianz in Gottes Namen an= zufangen wäre, auch künftig bei der Posterität genugsam zu verantworten sein würde. Aber dieses letztere müßte in aller= geheim negoziret werden, und würde nicht dienen, wenn solches auskäme.

Zwar möchte man meinen, es wäre besser, erst ingeheim dieses Werk mit Braunschweig, Lüneburg und der Frau Land= gräfin allein zu kommuniziren, ob selbigen eine solche Konjunktion belieben möchte; aber es ist höchlich zu besorgen, daß es etwa von einem oder dem andern Theil auskommen möchte, dadurch dann die Krone Schweden wieder eine neue Aktion auf mich wegen der pommerschen Lande nehmen dürfte, auch solche Kon= junktion nicht gestatten, sondern selbige mit Gewalt verhindern.

Dieses ist nun meine Intention und Meinung und begehre, ihr als Räthe solche zu sekundiren; verhoffe auch, daß es auf sothanen Fall zu einem guten Ende ablaufen werde, und Gott solchem billigen und redlichen Vornehmen gnädig mit seiner Gnade beiwohnen und seinen Segen dazu von oben herab ver= leihen werde."

Indessen die Räthe hielten einen Bruch mit dem Kaiser doch für zu gewagt. Dazu kam, und dies war das Ent= scheidende, daß Schweden selbst keineswegs rechte Neigung zeigte, sich vor Abschluß der westfälischen Friedensverhandlungen mit Brandenburg zu alliiren. Der Kurfürst mußte sich also ent= schließen, in seiner Isolirtheit zu verharren und zwischen den großen Mächten weiter zu laviren.

Um so weniger konnte er daran denken, in der pommerschen Frage allen Trotz zu bieten.

Die Nothwendigkeit nachzugeben machte sich auf dem Friedens=Kongreß jetzt überhaupt geltend; es sah endlich eine jebe Partei die Unmöglichkeit ein, ihren Willen ganz und voll durchzuseßen; so opferte denn eine jede etwas, und man vereinigte sich. Die Religion betreffend wurde festgesetzt, daß im Reiche der evangelische Gottesdienst überall da der herrschende sein solle, wo er es am 1. Januar 1624 gewesen. Es wurden ferner den Reformirten gleiche Rechte und Freiheiten mit den Lutheranern und Katholiken zugesprochen. Diese Bestimmung war dem Eifer Friedrich Wilhelms zu danken, der dabei noch mehr mit der Unduldsamkeit der Lutheraner als des Kaisers zu kämpfen gehabt hatte. Reichte doch der sächsische Gesandte noch kurz vor Abschluß des Friedens eine Protestation gegen jenen Artikel ein, und der danziger Magistrat schickte gar eine Gesandtschaft nach Stockholm, um die Königin zu bitten, sich nicht der Reformirten anzunehmen; aber der schwedische Minister antwortete, die am Kriege Theil gehabt, müßten auch am Frieden Theil haben.

Der Streit über Pommern wurde so geschlichtet, daß die Krone Schweden Vorpommern und Rügen, der Kurfürst aber Hinterpommern erhielt. Zu seiner Entschädigung wurden vormals geistliche Güter verwandt, nämlich die Bisthümer Kamin, Halberstadt und Minden und das Erzbisthum Magdeburg, Länder, die sich längst dem evangelischen Bekenntnisse zugewandt hatten. Die Rechte und Einkünfte, die in denselben früher der geistliche Fürst gehabt, machten nun das weltliche Fürstenthum aus. Das nunmehr in ein Herzogthum verwandelte Stift Magdeburg sollte übrigens erst nach dem Tode des bisherigen Administrators, eines sächsischen Prinzen, an Brandenburg fallen. Sah man auf Umfang, Volkszahl und Fruchtbarkeit dieser Landschaften, so konnten sie als reichlicher Ersatz für Vorpommern gelten; auch war es heilsam, daß Brandenburg durch sie nun tiefer in Deutschland hineinwuchs. Im Ganzen vergrößerte sich das Staatsgebiet um etwa 520 Quadratmeilen, d. i. um ein gutes Drittheil. Doch fügte sich der Kurfürst nur sehr ungern in jenen Tausch, verzichtete auf jene wohlgelegene und häfenreiche Küste nur mit großem Widerstreben.

So wurde denn am 24. Oktober des Jahres 1648 der Friede unterzeichnet. Ganz Europa feierte das lang' ersehnte Ereigniß; in Deutschland begrüßte man es mit jener freudigen Rührung, die der Todkranke empfindet, wenn ihm der Arzt anzeigt, daß er die Krisis überwunden habe und nun auf Genesung rechnen dürfe.

Die Staatsidee.

Im dreißigjährigen Kriege war das alte deutsche Reich zusammengebrochen, und der westfälische Friede hatte es nur scheinbar wieder aufgerichtet. Denn dieser Vertrag machte die deutschen Fürsten im wesentlichen beinahe zu Souveränen; er verlieh ihnen namentlich das Recht, Bündnisse zu schließen und Kriege zu führen, außer gegen Kaiser und Reich, und er stellte ihren Besitz unter den Schutz des Auslandes; denn Schweden und Frankreich leisteten für den Zustand, den er festsetzte, Gewähr. Die Theile führten fortan wie das Ganze ein völkerrechtlich verbürgtes Dasein, die Fürsten trieben eine eigene selbständige Politik so gut wie der Kaiser. Aber wenn nun im Grunde die Reichsgeschichte endigt und die Territorialgeschichte an ihre Stelle tritt, so ist es das Werk des großen Kurfürsten, daß diese einen würdigen Inhalt bekommt, daß die deutsche Geschichte nunmehr übergeht in die preußische. Er ist der Gründer des preußischen Staates.

Die Lande, über die er seit 1648 gebot, waren zahlreich und ausgedehnt; kein anderer Reichsfürst hatte soviel Besitz; nur dem Kaiser stand er hierin nach. Ueberschaute man von Osten nach Westen seine Staaten, so lag da zuerst das geräumige Herzogthum Preußen, mit den Häfen Memel und Pillau und den Städten Tilsit, Königsberg, Insterburg und Marienwerder, kleinerer zu geschweigen, ein Land von 657 Geviertmeilen. Dann, etwa halb so groß als jenes, das Herzog-

thum Hinterpommern nebst dem Fürstenthum Kamin mit
Stolpe, Kolberg, Köslin, Stargard. Dann das Kurfürsten=
thum Brandenburg, die Marken, 730 Geviertmeilen. An
dieses sich schließend das Herzogthum Magdeburg und das
Fürstenthum Halberstadt, 149 Geviertmeilen (ersteres frei=
lich vor der Hand noch in fremdem Nießbrauch). Weiter im
Westen das Fürstenthum Minden, 22 Quadratmeilen; endlich
die Grafschaften Mark und Ravensberg und das Herzog=
thum Kleve, 100 Quadratmeilen. Im Ganzen ein Gebiet
von 2000 Quadratmeilen, größer als manches Königreich, als
Schottland oder Portugal.

Doch schien diese Herrschaft beträchtlicher als sie war.
Zunächst, die Lande waren durch den Krieg entvölkert und ver=
armt; es lebte auf jenen 2000 Quadratmeilen im ganzen kaum
eine Million Menschen. Sodann, sie bildeten kein zusammen=
hängendes Ganze; weit zerstreut lagen sie von Memel bis
Wesel, von vieler fremder Potentaten Gebiet durchzogen. End=
lich, und dies war das schlimmste, sie hingen auch innerlich
nicht zusammen. Es war eine Anzahl Kleinstaaten, die nichts
mit einander gemein hatten als die Person des Fürsten. Und
in keinem dieser Staaten war die Macht des Fürsten sehr er=
heblich. Ueberall band ihn die Verfassung; er konnte ohne den
Willen der Stände, d. i. der Vertreter des landsässigen Adels
und der Städte, nichts wesentliches durchsetzen; denn zu allem
wesentlichen gehörte Geld, und die festen Einkünfte des Fürsten
waren gering, betrugen im ganzen nur etwa eine halbe Million
Thaler.

Wie verderblich dieser Zustand, hatte der eben beendete
Krieg gezeigt; die Territorien, in ihrer Vereinzelung schwach,
waren das eine in dieses, das andere in jenes Feindes Hand
gefallen, und was die Stände ihrem Fürsten verweigert, das
hatten sie hundertfach den Fremden geben müssen. Friedrich
Wilhelm war entschlossen, seine Herrschaft auf eine bessere
Grundlage zu stellen. Die kleinen Sonderstaaten sollten zu
einem einzigen großen Staatskörper, der sich selber schützen

könne, verbunden und dem Fürsten zu der Pflicht auch die
Macht gegeben werden, den Staat nach außen würdig zu ver-
treten. Er wollte nicht in Preußen nach dem Willen der
Polen, in Brandenburg nach dem Willen der Schweden, in
Kleve nach dem Willen der Holländer regieren; einheitlich und
selbständig sollte überall seine Regierung sein und gestützt auf
die gesammte Kraft aller seiner Lande. So verstand er seine
Aufgabe; er hielt dafür, daß er damit ebenso sehr des Volkes
Sache führe, wie seine eigene.

Das einzige Mittel aber ein vertheidigungsfähiges Staats-
wesen herzustellen war die Gründung eines tüchtigen stehenden
Heeres. Man konnte nicht mehr wie einst mit der Werbung
von Söldnern warten wollen, bis der Feind im Lande war.
Der Krieg wurde jetzt so geführt, daß, wer nicht schon im
Frieden gerüstet war, das Versäumte nicht wieder einholen
konnte. Und das Heer mußte ein einheitliches, mußte der
Träger des Staatsgedankens sein. Söldnerhaufen, die, von den
Ständen geworben, dem Landesherrn nicht unbedingt gehorchten;
Provinzialtruppen, die außerhalb ihrer Provinz oder für eine andere Provinz zu fechten verweigerten; konnten nicht Heeren ge-
genübergestellt werden, wie sie jetzt ins Feld zu rücken pflegten.
Es galt, zum Schutz für alle kurfürstlichen Lande eine einzige
kurfürstliche Armee zu schaffen. Und wie der Nutzen, so mußte
auch die Last, der Unterhalt für diese Armee allen Landen
gemeinsam sein.

Wie nöthig war selbst für die allernächsten Zwecke eine
ansehnliche Streitmacht! Es gab doch kein bringenderes Bedürfniß, als nun nach geschlossenem Frieden die Truppen der
fremden Mächte endlich los zu werden. Aber die Räumung
ging sehr langsam von statten, und aus manchen Landestheilen
schienen die Fremden überhaupt nicht weichen zu wollen. Die
Holländer hatten noch immer einen Theil von Kleve inne; die
Schweden zogen im Herbst des Jahres 1649, nachdem sie
Brandenburgs Antheil an der ihnen vom Reich zugestandenen
Kriegsentschädigung von fünf Millionen, nämlich 141670 Thaler,

empfangen, aus Halberstadt, Minden und der Kurmark ab; jedoch Hinterpommern zu verlassen machten sie keine Anstalten. Sie benutzten den Umstand, daß in dem Friedensvertrage keine ganz bestimmte Grenze zwischen dem schwedischen und dem branden= burgischen Antheil an Pommern festgesetzt war, um dem Kur= fürsten thatsächlich das Ganze vorzuenthalten. Wer mit ihnen erfolgreich verhandeln wollte, mußte eben außer dem Recht auch die Macht haben.

Aber die Stände sahen die Sache überall ganz anders an als der Kurfürst. Ihnen lag an dem Besitze Pommerns nichts, sie kümmerten sich überhaupt nur, um die Interessen des Heimat= landes. Der Preuße betrachtete den Brandenburger, der Branden= burger den Klever, und dieser hinwieder jene als Ausländer und wie Wildfremde. Jeder fand es unerhört, für den andern etwas thun zu sollen. Von einem Staat, in den die Territorien aufgehen müßten, wollten sie überhaupt nichts wissen. Und ebenso wenig von einer kurfürstlichen Armee. Nicht einmal in Brandenburg waren die Stände gemeint, für solche oder über= haupt für irgend welche Zwecke neue Lasten zu übernehmen; hier wie überall beriefen sich Adel und Städte auf ihre alten ver= brieften Rechte, nach welchen ohne ständische Bewilligung kein Groschen erhoben, also auch kein Soldat geworben werden durfte; sie bestanden auf ihrem Schein; in Preußen und in Klebe waren die Stände sogar gewohnt, zum Schutze ihrer Ver= fassung das Ausland, dort die Polen, hier die Holländer, herein= zuziehen.

Der Kurfürst seinerseits hatte auf fremde Hilfe nicht zu rechnen. Vielmehr sahen die Nachbarn seine Verlegenheiten mit mehr oder weniger offener Freude an; sie stimmten darin überein, man müsse Kurbrandenburg nicht aufkommen lassen. Wollte er seine Pläne durchführen, so mußte er es seinen Unter= thanen und aller Welt zum Trotz thun. Zu den Schwierig= keiten der äußeren Lage mußte er einen Zwiespalt im Innern, einen Kampf mit den Ständen fügen. Er scheute die Arbeit, die Gefahr nicht, er unterzog sich diesem Kampfe.

In den letzten Jahren des Krieges hatte er seine Truppen in der Mark bis auf etwa 6000 Mann vermehrt. Nach dem Frieden hielten die Stände es nun für selbstverständlich, daß diese kleine Armee wieder abgeschafft werden müsse. Sie legten auf dem Landtage zu Berlin im August 1650 einen Entwurf vor, wie mit acht Kompanien (1600 Mann) das Land hin=reichend gedeckt, wie mit nicht ganz 5000 Thalern monatlich die brandenburgische Militärorganisation zu bestreiten sei. Selbst diese so geringe Leistung hielten sie für erheblich und dankens=werth; sie sprachen die bestimmte Erwartung aus, „kurfürstliche Durchlaucht werde ihre unterthänigst gehorsamste Bezeigung nicht zu ihrem eignen Verderb und Schaden gereichen lassen, noch ex absoluta potestate ihnen das zulegen, was von gesammten Ständen nicht bewilligt, ihnen auch zu leisten unmöglich sei."

Aber der Kurfürst verminderte seine Truppen nicht, sondern ließ das für ihren Unterhalt Nöthige weiter erheben. Darauf erfolgte von Seiten der Stände im Herbst desselben Jahres eine geharnischte Erklärung: „des Kurfürsten Verhalten gereiche ihnen zu wirklicher Beschimpfung und wüßten sie nicht, womit sie es verschuldet hätten; bei andern Potentaten werde es viel anders gehalten; in Magdeburg hörten die Kriegskontributionen auf; in Mecklenburg, wo man doch auch noch mit Schweden in allerlei Differenzen stehe, ebenso; in Kursachsen, in Lüneburg sei bereits viel Volk abgedankt; im ganzen Reich werde kein Exempel gefunden, daß nach geschlossenem Frieden den Unter=thanen ein mehreres sollte aufgebürdet und von der Soldateska nichts abgedankt werden; sie hätten ihr unglückliches Fatum billig zu beklagen. Der Kurfürst stehe vorgedachten Potentaten weder an Macht, noch an Weisheit und Verstand nach, warum er ihnen denn an Güte und Mildthätigkeit nachstehen wolle, diesen eigentlich fürstlichen Tugenden, durch welche Fürsten den Göttern gleich geachtet würden." Zum Schluß verwahrten sie ihr Recht auf das feierlichste: „es seien freiwillige, nicht noth=wendige Bewilligungen, wenn sie zum Unterhalt von Truppen im Frieden etwas gewährten."

Der Kurfürst ließ sich nicht beirren; er antwortete den Ständen: „Das Beispiel anderer Potentaten passe nicht, da keiner von ihnen eine Provinz noch zu gewinnen oder zu verlieren habe; dem allgemeinen Besten zu Liebe habe er, indem er Vorpommern aufgegeben, viel von seinem Rechte geopfert, sein Privatinteresse zurückgesetzt und nur auf den Reichsfrieden und das Wohl seiner Lande gesehen; aber nun müßten sie auch bedenken, daß das Herzogthum Hinterpommern mit den Marken einem und demselben Landesherrn von Gott und Rechtswegen zustehe, daß diese Lande gleichsam Glieder eines Hauptes seien; sie müßten für Pommern ebenso eintreten, wie wenn es sich um ein Stück der Marken handle."

Doch waren die Märker vergleichsweise noch die willigsten. In Preußen widersprachen die Stände sogar, als der Kurfürst im Jahre 1646 zum Schutze des Landes einige brandenburgische Truppen einrücken ließ; „es dürften", hieß es, „in Preußen nur einheimische Truppen stehen." Aber wie sah es mit diesen aus? Der Adel verweigerte den schuldigen Lehndienst oder leistete ihn schlecht, und die von den Ständen geworbenen Söldner liefen auseinander oder plagten die Bauern. In Kleve hatte der Kurfürst nur seine Kompanie Leibgarde stehen. Selbst diese geringe Last war den Ständen noch zu viel. Sie forderten, auch die Leibgarde müsse zurückgezogen werden, „weil sonst böse effectus zum Untergang der treuen klevischen Unterthanen unfehlbar daraus entspringen würden." Von Jülich her drohte das Kriegsvolk des in spanischem Dienst stehenden Herzogs von Lothringen einzufallen; gleichwohl lehnten die klevischen Stände den Vorschlag, brandenburgische Truppen herbeizurufen, entschieden ab und protestirten gegen jeden andern Schutz des Landes, als denjenigen, den sie sich im Nothfall von den Generalstaaten erbitten würden (Dezember 1648). Sie wollten um keinen Preis, daß der Kurfürst von Brandenburg ihnen leiste, was der Herzog von Kleve zu leisten außer Standes war. Die Schwäche ihrer Landesherrschaft betrachteten sie als Bedingung ihrer eigenen Wohlfahrt; ihre ständischen Freiheiten galten ihnen mehr als das Heil und die Ehre des Ganzen.

Es blieb dem Kurfürsten nichts übrig als sich mit Gewalt das Ansehn und die Mittel zu verschaffen, deren er bedurfte. Glückliche Erfolge nach außen sollten ihm im Innern Raum schaffen, um hier wiederum die Macht zu gründen, auf die gestützt er dauernd in der Welt eine geachtete Rolle spielen könnte. Er scheute sich nicht, schon wenige Jahre nach Beendigung des fürchterlichen Krieges von neuem Krieg zu erheben.

Zwischen den Häusern Kurbrandenburg und Pfalz-Neuburg bestand seit einem Menschenalter über ihre Besitzungen am Niederrhein ein Streit, der durch die Verschiedenheit ihres religiösen Bekenntnisses verbittert wurde. Den Gegenstand desselben bildete die Erbschaft des im Jahre 1609 verstorbenen Herzogs Wilhelm von Jülich-Kleve-Berg. Im Vertrage von Xanten 1614 war eine Theilung beliebt worden; aber es waren noch manche Gründe zum Zwist dabei unausgetragen geblieben. Ein Vertrag, den Friedrich Wilhelm im Jahre 1647 mit dem alten Pfalzgrafen geschlossen, sollte diese vorläufig beseitigen. Allein der Pfalzgraf hielt nicht, was er versprochen. Er hatte sich verpflichtet, die Evangelischen in den Ländern seines Antheils, in Jülich und Berg, ungestört bei ihrer Religion zu belassen. Statt dessen drückte sie der fanatische Papist aufs unbarmherzigste. Die Abmahnungen des Kurfürsten beantwortete er mit Hohn und Schmähungen. Da zog Friedrich Wilhelm das Schwert. Im Juni 1651 ließ er 4000 Mann, unter dem General v. Sparr in Berg einrücken, und als dem Pfalzgrafen die Truppen des Lothringers zu Hilfe kamen, berief er neue Regimenter aus den Marken und ordnete in der Grafschaft Mark und in Kleve eine Landesvertheidigung an. Darüber gab es nun im ganzen deutschen Reiche großes Geschrei, und nicht bloß Kaiser und Reich, auch die klevischen Stände waren über den Friedensbrecher entrüstet. Die letzteren veröffentlichten gar (14. Juli) eine Erklärung, worin es hieß: „die Landesherrschaft

habe sich unterstanden, ohne der Landstände Vorwissen und Be=
willigung ein großes Kriegsvolk zu armiren; aber sie, die
Stände, verböten hiemit allen Eingesessenen des Landes, ins=
besondere den Drosten, Richtern, Rentmeistern und den andern
Beamten, sich zur Beschwerung der Unterthanen gebrauchen zu
lassen; zugleich ermächtigten sie jedermann, sich der Kontribution
zu weigern und das Erpreßte zurückzufordern." Der Kurfürst
ließ das Plakat abreißen und die Häupter der Opposition ge=
fangen nehmen. Uebrigens hielt er mit den Feindseligkeiten
gegen den Pfalzgrafen inne und nahm die Vermittelung des
Kaisers an. Denn die Erwartung, daß sich Holland mit
ihm verbinden werde, war nicht in Erfüllung gegangen. Er
steckte also das Schwert wieder ein; doch hatte er soviel er=
reicht, daß wenigstens die ärgsten Bedrückungen der Evangelischen
aufhörten.

Man begann Kurbrandenburgs kühne Thatkraft zu fürchten.
Bei den diplomatischen Verhandlungen, die auf dem Reichstage
und am wiener Hofe behufs Ausführung des westfälischen
Friedens gepflogen wurden, zeigte Friedrich Wilhelm auch Um=
sicht und Zähigkeit. So fiel seine Stimme mehr und mehr ins
Gewicht; man mißachtete nicht mehr wie ehedem seine For=
derungen. Der Kaiser, der des Kurfürsten guten Willen zur
Königswahl seines Sohnes brauchte, bat ihn um eine Zusammen=
kunft. Friedrich Wilhelm entschloß sich zu dieser Annäherung.
Anfangs November 1652 reiste er nach Prag, wo Kaiser
Ferdinand Hof hielt. Man ließ es an Ehrenbezeigungen gegen
ihn nicht fehlen. An der Grenze Böhmens empfing ihn der
Graf Sinzendorf im Namen des Kaisers und geleitete ihn nach
Prag. Eine Viertelmeile vor der Stadt kam ihm der Kaiser
mit seinem Sohne, dem Könige von Ungarn, und dem Hof=
staat entgegen. Als der Kurfürst den Kaiser erblickte, verließ
er seinen Wagen und ging dem Kaiser, der ebenfalls abgestiegen
war und nun auf ihn zuschritt, entgegen und wollte ihm, wie
die Etikette es vorschrieb, die Hand küssen. Der Kaiser dul=
dete es nicht und begrüßte ihn herzlich, lud ihn dann zu sich

in seinen Wagen ein. Beim Einzuge in die Stadt donnerten Kanonen und bildeten zwei Regimenter Infanterie nach dem kaiserlichen Palaste Spalier. Am folgenden Tage (16. November) fand unter großen Feierlichkeiten die öffentliche Audienz statt. Eine kaiserliche Kutsche brachte den Kurfürsten nach dem Hradschin, wo ihm der Kaiser bedeckten Hauptes bis über die Schwelle seines Gemaches entgegenkam. Nachdem beide Fürsten im Audienzsaal Platz genommen, hielt der Kurfürst, auf des Kaisers Begehr ebenfalls bedeckten Hauptes, eine kurze Anrede und empfahl sich dann, vom Kaiser bis an die Thürschwelle, vom Könige von Ungarn bis an den Wagen begleitet. Besuche bei den gleichfalls nach Prag geladenen Kurfürsten von Sachsen, von Mainz und von Trier und mancherlei Feste folgten. Die Frucht dieser Reise war, daß der Kaiser erklärte, Schweden solle nicht eher die Belehnung mit den ihm im westfälischen Frieden zu= gefallenen Reichslanden, noch auch für dieselben Sitz und Stimme auf dem deutschen Reichstage erhalten, bis es dem Kurfürsten Hinterpommern ausgeliefert haben werde. Dies wirkte. Der Grenzvergleich zwischen Schweden und Brandenburg, bisher durch die übermäßigen Ansprüche der ersteren Macht aufgehalten, kam im April 1653 zu Stande; allerdings nicht ohne Verluste für den Kurfürsten. Er mußte einen Strich auf dem rechten Oderufer mit den Städten Damm, Gollnow, Greifenhagen, Kamin abtreten. Aber Hinterpommern wurde ihm nun doch endlich eingeräumt. Am 16. Juni 1653 erfolgte die Uebergabe dieses Landes an die brandenburgischen Bevollmächtigten. Nach= dem so der lange Streit über das Erbe Bogislavs XIV. end= giltig geschlichtet war, vereinigten sich die beiden Theilhaber im folgenden Jahre zu gemeinsamer feierlicher Bestattung der Leiche, die bis jetzt — siebzehn Jahre lang — im Schlosse zu Stettin, von Trabanten bewacht, über der Erde gestanden hatte. Die Feier fand am 4. Juni 1654 zu Stettin statt. Wie es Brauch war beim Erlöschen eines Fürstengeschlechts, wurde Bogislavs Zepter zerbrochen und nebst Bischofsmütze und Trauer= fahne ins Grab geworfen, das Majestätssiegel zerschnitten, aber davon der eine Theil an den brandenburgischen, der andere an den schwedischen Bevollmächtigten gegeben. So warf man auch Helm und Schild nicht ins Grab, sondern jenen bekam Schweden, diesen Brandenburg.

Der Erfolg, den Friedrich Wilhelm in der pommerschen Sache davongetragen, hob sein Ansehen auch bei den Unter= thanen. Zunächst in der Mark. Die Stände wurden hier all= mählich fügsamer. Sie ließen sich zu größeren Bewilligungen für die Truppen herbei. Doch verlangten sie dagegen Bestätigung und Erweiterung ihrer sonstigen Vorrechte. Der Kurfürst ging darauf ein. Da er Adel und Städten neue und große Lasten für den Staat aufzulegen gedachte, so hielt er es für billig, ihnen Besitz und Macht in ihren Kreisen zu mehren. Im Landtagsprozeß vom 26. Juli 1653 wurden demgemäß nament= lich die Privilegien des Adels erheblich vergrößert, der Vorzug seines Blutes anerkannt, seine gesellschaftliche Stellung erhöht. Adlige Güter sollten fortan in der Regel nicht in bürgerlichen Besitz kommen dürfen; adlige Fräulein, die sich an Bürgerliche verheiratheten, sollten an ihrer Mitgift verkürzt werden; in die Patrimonialgerichtsbarkeit des Grundadels sollten ferner keine Eingriffe mehr von Seiten der kurfürstlichen Behörden geschehen; endlich die Leibeigenschaft sollte an den Orten, wo sie gebräuch= lich, auch verbleiben und im Zweifelsfall nicht der Junker für seinen Anspruch, sondern der Unterthan gegen denselben den Beweis zu führen haben. Also unter der Bedingung, daß sie ihm hülfen, einen tüchtigen brandenburgischen Staat herzustellen, ließ der Kurfürst die brandenburgischen Junker auf ihren Gütern unumschränkte Herren werden. Er hat die Adelsmacht ver= stärkt, aber in den Dienst des Staats gespannt.

Dieser Staat, den er gegründet, ward vornehmlich durch drei Dinge charakterisirt: einheitliches Regiment, Ord= nung der Finanzen, Organisation der Armee. In allen drei Richtungen begann die Thätigkeit des Kurfürsten schon während der ersten Jahre nach dem großen Kriege. Durch Verordnung vom 4. Dezember 1651 richtete er den Geschäfts=

gang neu ein. Das Amt des Kanzlers fiel fort; die Geschäfte wurden, mit Ausnahme der Finanzen und der Militärsachen, dem „Geheimen Rath" überwiesen und nach Landessachen gesondert den einzelnen Räthen dauernd übertragen. Aber der Geheime Rath hatte nichts zu entscheiden, er bereitete nur vor, berieth, berichtete an den Kurfürsten; dieser selbst entschied alles, gab alle Befehle. Er regierte persönlich. Sein Kabinet war das Zentrum des Staates. Hier war es, wo von dem Fürsten allein oder mit Hilfe einiger geschickter Räthe, namentlich des Freiherrn Otto von Schwerin*), der seit 1656 unter dem Titel eines Oberpräsidenten Direktor des Geheimrathskollegiums war, alle jene Maßregeln ersonnen, alle jene Entschlüsse gefaßt wurden, die dann von der hohen Beamtenschaft in die Form der Verordnungen gebracht, nach allen Richtungen das öffentliche Leben anregten und gestalteten.

Eben hier mündeten auch die Geschäfte der besonders eingerichteten Finanz- und Militärverwaltungen. Die Ordnung der Finanzen war einem kollegialisch geordneten Kammer-Rath übertragen. Er hatte nach ganz neuen Grundsätzen zu verfahren. Insbesondere wurde, wo es nur anging, an Stelle der Naturallieferungen Baarzahlung und an Stelle unbestimmter und wechselnder Ausgaben eine feste Leistung eingeführt; ferner die Verwaltung, die bisher den größten Theil der Einkünfte verschlang, billiger bestellt; die Domänen nicht mehr selbst bewirthschaftet, sondern vortheilhaft verpachtet; der Hofstaat von einem Troß ganz unnützer Diener befreit; den Unterschleifen der Beamten wie der Vergeudung ein Ende gemacht; über alles aber, großes und kleines, genau Buch geführt und für jede Ausgabe im voraus die Einnahme bezeichnet. Ordnung und Sparsamkeit waren die Losung. Eine wissenschaftliche Finanzwirthschaft, gestützt auf Statistik, begann.

---

*) Geboren den 18. März 1616 zu Stettin, wurde 1641 brandenburgischer Kammergerichtsrath, 1645 Geheimrath, 1648 vom Kaiser in den Reichsfreiherrnstand erhoben. Er starb am 14. November 1679 zu Berlin.

Auch in den Militärsachen wurde eine wichtige Neuerung vorgenommen; der Kurfürst trennte die Verwaltung der Armee von dem Oberbefehl. Erstere übertrug er dem Grafen Georg Friedrich v. Waldeck. Dieser ist der erste wirkliche Kriegs=minister Brandenburgs gewesen. Noch reichten die Einkünfte des Kurfürsten bei weitem nicht aus, um eine Kriegsmacht dauernd in Sold zu halten, die, wie er wünschte, im Stande sei, allen anstoßenden Mächten in jedem Augenblicke entgegen=zutreten. Er suchte daher neben dem stehenden Heere auch eine Landwehr einzurichten. Rechtlich bestand noch die alte Lehn=folge; aber sie wurde längst nicht mehr geleistet. Der Kurfürst machte sie wieder geltend, setzte Strafe auf die Versäumniß dieser Pflicht. Wer zum Lehndienst aufgerufen, nicht erschien, sollte nach der ersten Ladung um 50, nach der zweiten um 100, nach der dritten um 200 Thaler gebüßt werden. Unter ähn=lichen Androhungen wurde von den Städten auf zehn Häuser, vom platten Lande auf zwanzig Hufen ein Bewaffneter gefordert. Indessen war doch von solchem Landaufgebot niemals so viel zu erwarten, als von einer disciplinirten Berufsarmee. Es kam also immer wieder darauf an, die Finanzen in Flor zu bringen.

Zu diesem Zwecke mußte die Steuerkraft des Landes er=höht werden. Ohnehin lag dem landesväterlichen Herzen des Kurfürsten nichts näher, als den allgemeinen Wohlstand zu fördern. Seine erste Sorge war gewesen, dem Ackerbau auf=zuhelfen, und seine Bemühungen hatten schon während der Kriegszeit Erfolg gehabt. Er setzte sie im Frieden fort. Es gab namentlich in den Marken eine Unzahl von wüsten Feldern und Feuerstellen. Im Teltow allein waren seit dem Jahre 1624 von 1175 Bauernstellen 841, von 720 Kossatenstellen 420 ein=gegangen. Es galt, diese ungeheuren Lücken, die der Krieg ge=rissen, einigermaßen wieder auszufüllen. Auf seinen eigenen Domänen gelang es dem Kurfürsten. Denn er bot die liberalsten Bedingungen, gab den Einwanderern zu den Hufen und Häusern auch Freiheit auf sechs Jahre von der Pacht und von allen öffentlichen Lasten. Die Kurfürstin schloß sich diesen Bemühungen an. Sie gründete unter dem Beistande Schwerins in ihrem Dorf Bötzow, nach ihr Oranienburg genannt, eine Musterwirthschaft, die dem Garten- und Wiesenbau in den Marken Eingang schaffte. Aber die landesherrlichen Domänen bildeten nur einen vergleichsweise kleinen Theil des Landes. Einen größeren hatten ehemals die freien Bauern inne gehabt. Wie furchtbar waren diese zusammengeschmolzen! Dafür gab es nun — ein schlechter Tausch für den Staat — große Rittergüter. Denn die verlassenen Aecker waren dem Gutsherrn zugefallen, und er verwandelte sie meist in Schafweiden, weil Wolle der sicherste Ausfuhrartikel war. Der dreißigjährige Krieg hatte dem Adel das „Bauernlegen" in Masse und ohne Kosten ermöglicht. Im Dorfe Selchow z. B. hatte im Jahre 1610 die Gutsherrschaft 5 Hufen, während die Bauern, 11 an der Zahl, zusammen 53 Hufen besaßen; im Jahre 1624 war das Gutsfeld auf 22 Hufen gewachsen, das Bauernfeld auf 36 Hufen, welche 8 Hüfnern gehörten, vermindert; im Jahre 1652 war nur noch einer von den Hüfnern übrig, zwei fremde zogen ein. Ihres eigenen Vortheils wegen bemühten sich freilich auch die Edelleute, neue Arbeitskräfte, neue Ansiedler herbeizuziehen. Doch kamen ihre Aecker nur langsam wieder in besseren Anbau. Denn tüchtige, nicht ganz mittellose Einwanderer gingen, wenn sie wählen konnten, lieber auf die kurfürstlichen Kammergüter; der einheimische Bauer dagegen, der, durch den Krieg an den Bettelstab gekommen, nun froh sein mußte, wenn ihm der benachbarte Edelmann überhaupt ein Stück Land und Geräth und Korn gab es zu bestellen, ließ sich die drückendsten Bedingungen, ja selbst die Leibeigenschaft gefallen, aber arbeitete dafür auch lässiger als vordem.

Aus Holland hatte der Kurfürst die Ueberzeugung mitgebracht, daß Gewerbe und Handel die reichsten Quellen des Nationalwohls seien; jenem suchte er zunächst durch Verordnungen aufzuhelfen, die den Zunftzwang lockerten und es jungen Anfängern im Handwerk erleichterten vorwärts zu kommen; diesen belebte

er wieder, indem er besonders die Verkehrswege im Lande ver=
besserte und vermehrte. Es wurden die Arbeiten begonnen,
die Oder mit der Spree zu verbinden, um namentlich den Ober=
handel, der durch den schwedischen Besitz von Stettin gelähmt
war, über Berlin und in die Elbe zu führen. Es wurden auch,
neue Nahrungszweige anzupflanzen, von Staatswegen eigene
industrielle Anstalten eingerichtet, insbesondere Eisenhämmer,
Glashütten, Kupferwerke angelegt.

Zum Besten des Handels gereichte auch eine andere Schöpfung
jener Zeit, die der Kurfürst zunächst allerdings im allgemeinen
Staatsinteresse anordnete, die Post. Früher hatte die Regierung
Briefschaften durch Dragoner, sogenannte Landreiter, befördern
lassen; Privatleute hatten sich ihre eigenen Boten miethen müssen.
Im Jahre 1650 ließ der Kurfürst eine ständige Reitpost ein=
richten, die auch dem Publikum diente. Später wurde dann
auch die Fahrpost hinzugefügt. 1654 fand schon ein regelmäßiger
Postwechsel mit Stationen von vier bis fünf Meilen statt und
lief auf der ganzen Strecke von der kurländischen Grenze bis
Geldern, über einen Raum von 187 Meilen. Gerade für
diesen Staat mit seinen weithin zerstreuten Gebieten war die
Post ein Bedürfniß ersten Ranges; sie erleichterte nicht bloß
den Verkehr im allgemeinen, sie zog auch um die Provinzen ein
engeres politisches Band, leistete der Einheit des Staatswesens
großen Vorschub. Die Oberleitung hatte anfangs Graf Schwerin,
die meisten Verdienste um die planmäßige Ausbildung dieses
Unternehmens hatte der Postdirektor Michael Mathias. Der
Graf von Taxis, als Reichserbpostmeister, protestirte; er hielt
sich in seinen Privilegien gekränkt, beanspruchte allein das Recht
Posten anzulegen. Friedrich Wilhelm ließ sich dadurch nicht
stören; er hielt sein Postregal fest.

Er suchte noch auf anderem Wege dem Erwerb zu dienen.
Trotz seines scharfen Verstandes leicht auch zu Unternehmungen
geneigt, die seiner Zeit vorauseilten, gedachte er einen groß=
artigen Seehandel zu schaffen. Schon 1647 errichtete er eine
ostindische Handelsgesellschaft; er beabsichtigte (was dann freilich

nicht in Ausführung kam, da es an Geld mangelte), von den Dänen das Fort Dansburg (jetzt Trankebar) auf der Küste Koromandel zu kaufen. Seine Schiffe sollten von den hinterpommerschen und ostpreußischen Häfen aus an dem Welthandel der die Holländer so reich machte, Antheil nehmen.

Neben der Steuerkraft des Landes wurden auch dessen geistige Interessen frühzeitig in Pflege genommen. Es kam für den Staat zunächst darauf an, die Institute, aus denen seine Organe, die Beamten, Lehrer und Geistliche hervorgingen, also die höheren Schulen wieder in Blüthe zu bringen. Schon aus diesem Grunde beeilte sich der Kurfürst, die halbverwüstete Universität Frankfurt a. O. und das im Jahre 1636 von den Schweden zerstörte joachimsthaler Gymnasium von neuem herzustellen; letzteres verlegte er 1655 nach Berlin und da es anfangs an einem geeigneten Lokal fehlte, so räumte er den Lehrern und Schülern vorläufig einige Zimmer im Schlosse ein. Für seine rheinischen Lande gründete er zu Duisburg eine eigene, reformirte Universität, welche 1655 eröffnet wurde. Sie sollte dem düsseldorfer Jesuitenkollegium gegenüber den reformirten Glauben und den freien wissenschaftlichen Geist zur Geltung bringen. Er wußte wohl, daß wahre Geistesbildung nur bei Freiheit der Forschung gedeiht. Als eifernde Geistliche darüber Beschwerde erhoben, daß auf der neugestifteten Universität die gottlose cartesianische Philosophie vorgetragen werde, antwortete ihnen der Kurfürst, die Professoren seien für ihre Lehren keiner geistlichen Behörde verantwortlich. Er unterschied hier Lehre und Leben. Das letztere sollte allerdings der Kirchenzucht unterliegen. Und hiezu lieh er bereitwillig seinen Arm. So entließ er 1661 einen Gelehrten, den Historiographen Hübner, den er 1653 nach Berlin berufen, weil dieser nicht zu bewegen war, die Kirche zu besuchen. Auf Gottesdienst hielt er eifrig und erließ deshalb oft Verordnungen; z. B. im Juli 1649 an den Magistrat zu Stendal: „Weil dadurch", schrieb er, „die Nachmittagspredigten sehr versäumt und die Gemüther von der Gottesfurcht ab und auf Eitelkeit und Thorheit geführt werden, daß man an den

Sonn= und Festtagen den Komödianten, Fechtern, Gauklern, Leinenfliegern und anderem leichten unnützen Gesindel ihr Spiel auf den Rathhäusern zu üben verstattet; so wollet Ihr solches durchaus nicht nachgeben, sondern die Komödianten und Fechter auf andere Tage verweisen, den übrigen aber ihr Hand= werk gänzlich legen."

Auch eine eigene Pflanzschule des Offizierstandes hielt der Kurfürst für nöthig. Sobald ihm 1653 Hinterpommern zurückgegeben war, schickte er den General v. Sparr nach Kolberg und ließ unter dessen Leitung diesen Platz zu einer starken Festung umschaffen. Zugleich aber errichtete er hier eine „Akademie ritterlicher Uebungen", auf welcher die Jugend des hinterpommerschen Adels zum Kriegsdienst wissenschaftlich vor= bereitet werden sollte. Man lehrte hier auch französisch und spanisch; die Absicht war, daß die Junker, nachdem sie ihre Schule gemacht, auswärtige Dienste suchen möchten, um nach solchen Wanderjahren als erfahrene Offiziere in den kurfürstlichen Dienst zurückzukehren. Aus diesem Institut, welches 1705 nach Berlin verlegt wurde, ist das berliner Kadettenkorps erwachsen.

Schon gleich nach dem Frieden urtheilte man in Wien über Friedrich Wilhelm: „Der Kurfürst von Brandenburg ist nach dem Kaiser an Land und Leuten der größte und konsiderabelste Herr im Reiche und hat eine überaus große Ambition sich noch größer zu machen." Dies war richtig. Er legte sogar auf Dinge Werth, die man heute als bloße Aeußerlichkeiten be= trachtet. Eifersüchtig wachte er darüber, daß ihm von den anderen Mächten die Ehrenbezeigungen, die ihm gebührten, stets voll und ganz ertheilt wurden. Doch war sein Beweggrund auch hiebei mehr die Rücksicht auf den Staat, als persönlicher Ehrgeiz. Er war in seinen Neigungen als Mensch eher einfach und schlicht. Aber je mehr ihm bei Beginn seiner Regierung die wirklichen Machtmittel fehlten, desto wichtiger war es, den Schein zu bewahren, nach welchem die Welt zu urtheilen pflegt. Seine Gesandten in Wien, Paris, London mußten allemal mit dem Pomp und Prunk großer Herren auftreten, obwohl sie oft nicht wußten, wovon sie die nächste Woche leben sollten. Auch galten damals die Formen der Konvenienz an sich keineswegs so wenig, wie heutzutage. Vielmehr hielten alle Stände und alle Staaten mit peinlicher Aengstlichkeit darauf, daß ihre Würde zu gehörigem Ausdruck kam. Zahllose Förmlichkeiten und die lächerlichsten Rangstreitigkeiten nahmen allemal, wenn Staaten mit einander verhandelten, die Thätigkeit der Gesandten aufs äußerste in Anspruch. Am weitesten trieb es darin der deutsche Reichstag. Man vergeudete dort die kostbare Zeit mit Fragen wie diese: dürfen nur die kurfürstlichen Gesandten auf rothen Stühlen sitzen? dürfen es nicht auch die fürstlichen? oder sind letzteren nur grüne Stühle zu verstatten? und wenn nicht, dürfen diese grünen fürstlichen Stühle dann wenigstens auf dem Teppich selbst stehen, wie die kurfürstlichen, oder nur auf den Fransen? Dergleichen Ceremonienkram mußte nun Friedrich Wilhelm auch hoch schätzen; man hätte ihn sonst gewissermaßen als ehrlos betrachtet. Jedenfalls gewann er selbst und sein Staat durch äußeren Glanz in der öffentlichen Meinung an Gewicht und Macht.

Aus diesem Grunde wünschte er sich denn auch eine groß=artige und prachtvolle Umgebung, eine Residenz, einen Hof, die eines großen Staates würdig wären. Wie stach Berlin zu seinem Nachtheil ab gegen den glänzenden Haag, ja selbst gegen jede andere Stadt in Holland und gegen viele in Deutsch=land. Als er hier zum ersten Male (am 14. März 1643) seinen Einzug hielt, waren von Berlin nur 845 Häuser, von Köln 364 vorhanden und beide Städte zusammen zählten kaum 8000 Einwohner. Viele dieser Häuser verdienten den Namen kaum, es waren Hütten, mit Stroh oder Schindeln gedeckt, mit hölzernen oder aus Lehm gemachten Schornsteinen. Die Straßen meist ungepflastert und voll Unrath; darin wühlten Schweine, die hier in großer Anzahl gezogen wurden, und deren Ställe häufig unter den Fenstern auf die Gasse mün=deten. Pumpen gab es nicht, nur Ziehbrunnen. Die Brücken waren baufällig; die Häuserverbindung zwischen Berlin und Köln an der heutigen langen Brücke unterhielt man mit

Kähnen. Auch das Schloß war verfallen. Es mußte, ehe
der Kurfürst dort wohnen konnte, erst das Dach ausgebessert
werden. Man that es vorläufig mit Dielen, da es an Ziegeln
fehlte. Auch das zu diesem Bau nöthige Pech, Kolophonium,
Wachs und Schwefel war in Berlin nicht aufzutreiben; man
mußte es erst aus Hamburg verschreiben.

Der Kurfürst that, was er konnte, um hier bessere Zustände
herbeizuführen. Er erließ Verordnungen, die den Schmutz ver=
bannten, befahl die nöthigsten Bauten, trieb, half auch selber
hie und da, ließ z. B. zur Verschönerung der Stadt den Lustgarten
entsumpfen. Viel für dergleichen aufzuwenden, gestatteten doch
seine Mittel nicht. Die Stadt mußte von selbst mit dem Staate
wachsen und aufblühen. Zunächst richtete er seinen Hof würdiger
ein. Was er hier durch bessere Ordnung ersparte, wandte er zu
neuem Schmuck an. Namentlich rief er Künstler aller Art her=
bei, den Baumeister Memhard, den Maler Honthorst, die
Elfenbeinschnitzer Leonhard Stern und Michael Däbler, den
Bildhauer Larson, den Erzgießer Vignerol. Sie kamen größten=
theils aus Holland, damals dem Hauptsitze der Kunst, und
durch sie wurde der holländische Geschmack, den der Kurfürst
so sehr liebte, besonders auch in der Art zu bauen und die
Zimmer auszuschmücken, nun in der Mark Mode. Auch die
Stempelschneidekunst nahm Aufschwung. Der Kurfürst fand an
großen, kostbaren Medaillen viel Gefallen und ließ solche bei
jeder Gelegenheit schlagen.

Der Glanz des Hofes sollte die Würde des Staates dar=
stellen. Dieser selbst war nicht ausschließlich um seinetwillen
vorhanden. Er sollte nicht bloß der Dynastie Macht, den
Unterthanen Schutz verleihen. Der Kurfürst faßte seine Auf=
gabe noch weiter. Von aufrichtiger Frömmigkeit beseelt und
voll Eifer für den Protestantismus, wollte er seinen Staat zu
einem Hort und Bollwerk für alle Evangelischen, zunächst in
Deutschland, machen. Für alle, nicht für eine der evangelischen
Sekten. Er war reformirt und seiner kalvinischen Kirche von
Herzen zugethan; aber er verabscheute die Unduldsamkeit, die

damals zwischen den Anhängern Kalvins und Luthers bestand. Sie wäre auch in seiner Stellung sehr verderblich gewesen. Denn der größte Theil seiner Unterthanen, zumal in Preußen, Brandenburg, Pommern, war lutherisch. Er begriff, daß sein Volk nur durch Eintracht der beiden evangelischen Sekten stark und glücklich, sein Staat nur durch gleiche Vertretung beider die Vormacht des deutschen Protestantismus werden könne. So schrieb er denn die religiöse Duldung, die Glaubensfreiheit auf seine Fahne, unter der er doch nicht Gleichgiltigkeit, nicht Glaubenslosigkeit verstand. Auch hierin widerstrebten ihm seine Unterthanen, die ihren Haß wider Andersgläubige nicht mochten fahren lassen. Aber er war unermüdlich zur Einigkeit zu mahnen; unermüdlich auch sich bedrückter Protestanten im Auslande an= zunehmen. Oft freilich mußte er sich dabei mit Worten be= gnügen; aber die Richtung war doch gegeben. Alles, was er in dieser seiner ersten Zeit that, waren ja überhaupt nur erst Anfänge; aber sie sind die Anfänge gewesen zu allem großen, was der Staat nachmals geleistet hat.

Erwerbung der Souveränetät.

Das junge Staatswesen, das in Brandenburg unter Friedrich Wilhelms Händen erwuchs, hatte in der Welt ringsum nicht einen wahren Freund, aber unter seinen Nachbarn viele, die es mit Mißgunst und mit Haß betrachteten. Sein gefährlichster Feind war Schweden. Diese Macht hatte im dreißigjährigen Kriege den Weg der Eroberung mit soviel Erfolg beschritten, daß sie auf demselben dauernd Halt zu machen, sich nicht ent= schließen mochte. Auch der Adel, die Beamten, die Offiziere in Schweden verlangten, eingedenk der reichen Beute jenseits des Meeres, nach neuen Kriegen; die schwedische Armuth war nicht satt, nur lüsterner geworden. In dieser Stimmung befand sich jenes Land, als im Jahre 1654 die Königin Christine ab= dankte und deren Vetter, Pfalzgraf Karl Gustav von Zweibrücken, unter dem Namen Karl X. den schwedischen Thron bestieg. Er theilte die Leidenschaften, die ihn mit ihren Hoffnungen be= grüßten. Er war so kriegslustig, so ruhmbegierig, als sein beutesüchtiges Volk nur wünschen konnte. Einen Vorwand, das Schwert zu ziehen, brauchte er nicht zu suchen. Die schwedische Dynastie, der er durch seine Mutter, eine Schwester Gustav Adolfs, angehörte, war der jüngere Zweig des Hauses Wasa. Der ältere Zweig, katholisch und darum einst von den Schweden entthront, regierte in Polen. Das Haupt desselben, König Johann Kasimir, legte nun wider Karls X. Königthum

Protest ein; ihm selbst gebühre von Rechtswegen die Krone Schwedens. Karl Gustav beschloß mit den Waffen zu antworten.

Seit Menschenaltern hatte Schweden nach der Herrschaft über die Ostsee gestrebt. Es besaß sie jetzt zum größten Theil; im Osten waren Finnland und Liefland, im Süden Vorpommern und Wismar schwedische Provinzen. Es wünschte den Ring zu schließen, wenigstens die Küste von Wismar bis Riga ganz unter seine Botmäßigkeit zu bringen, und die bereits allbekannte Ohnmacht des polnischen Reiches eröffnete hiezu gute Aussicht. Nur der Kurfürst von Brandenburg stand als erhebliches Hinderniß im Wege. Er besaß wichtige Theile dieses Küstengebietes, Hinterpommern und Ostpreußen, und war nicht der Mann, sie gutwillig abzugeben. Aber Karl X. hoffte, wenn er nur erst Polen bezwungen, auch leicht des Kurfürsten Herr zu werden.

Er begann mit freundlichen Erbietungen. Er forderte ihn auf, sich mit ihm zu einer Theilung Polens zu verbinden. Aber er forderte zugleich, daß ihm Memel und Pillau eingeräumt würden. Auch ohnedies hätte der Kurfürst abgelehnt; er war nicht gemeint, aus freien Stücken an der Vergrößerung der schwedischen Uebermacht mitzuarbeiten. Er beschloß vielmehr ihr entgegenzutreten. Während er Schweden, das bald drohend, bald schmeichelnd ihn zum Bündnisse einlud, mit Verhandlungen hinhielt, rüstete er mit größtem Eifer sein Heer und sein Land, um Gewalt mit Gewalt abtreiben zu können. Am meisten suchte er das Herzogthum Preußen in wehrhaften Stand zu bringen. Auf nachdrückliche Unterstützung der Stände konnte er hier anfangs nicht rechnen. Sie meinten, es sei lediglich des Kurfürsten Pflicht, das Land zu schützen. Sie waren auch unter sich uneins und ihr Ausschuß, der die Landessachen verwaltete, — die Oberräthe, — war ohne Kraft. Ein guter Kenner der preußischen Zustände jener Zeit, der kurfürstliche Gesandte v. Hoverbeck in Warschau, schildert dieselben im Frühling 1655 folgendermaßen: „Die Universität, die Geistlichkeit,

die drei Städte Königsberg sind gegen die Oberräthe, die
Ritterschaft ist unter sich uneins in Religions= und Ständesachen,
indem der eine für das höchste Glück hält, was der andre für
das größte Verderben ansieht, der eine als Privilegium und
Freiheit preist, was der andere für eine Beschwerde hält, der
eine sich nach der polnischen Regierung sehnt, vor welcher der
andre den größten Abscheu hat; ihnen insgesammt sind die
Pächter und Pfandinhaber der kurfürstlichen Güter zuwider.
Dann wieder haben die Oberräthe Streit über Streit mit dem
Hofgericht; die von der Ritterschaft sind wider die sämmtlichen
Städte, die kleinen Landstädte wider die großen, in den Städten
fast allenthalben der Rath wider die Gemeine, die Zünfte und
Handwerker wider den Rath und die Kaufleute." Erst als im
Mai 1655 aus Polen und Schweden die sichersten Nachrichten
kamen, daß der Krieg zwischen diesen Mächten dicht bevor=
stehe, einigte die Gefahr das Land und wurden die Forderungen
des Kurfürsten, Geld zu bewilligen, Truppen zu werben,
erfüllt.

Im Juli 1655 brach der Sturm los. Aus Liefland fiel
ein schwedisches Heer in Litauen ein, aus Vorpommern ein
anderes in Großpolen. Das letztere Heer, an dessen Spitze
sich der König Karl selbst stellte, war ohne Erlaubniß des Kur=
fürsten durch Hinterpommern gezogen. Er mußte es dulden;
dem ersten Anprall der schwedischen Macht hielt er sich
nicht gewachsen. Aber er schloß jetzt mit den Generalstaaten
ein Bündniß ab; auch den Holländern lag ja daran, daß
die Ostsee nicht ein schwedischer See werde. Doch war von
dort vor der Hand ein thätlicher Beistand nicht zu erwarten,
und inzwischen wurde seine Lage immer gefährlicher. Denn
beim ersten Stoße, den Karl Gustav führte, brach das polnische
Reich wie ein Kartenhaus zusammen. Vor den disciplinirten
schwedischen Truppen löste sich überall das polnische Adels=
aufgebot fast ohne Schwertstreich auf, schon am 30. August
zog Karl Gustav in Warschau ein, Anfangs Oktober auch in
Krakau; fast alle Woiwodschaften des Reiches huldigten ihm,

und sein besiegter Gegner Johann Kasimir floh über die Grenze nach Schlesien.

Dennoch wagte es der Kurfürst, die Neutralität Preußens nunmehr auch mit den Waffen geltend zu machen. Anfangs September marschirte er mit 8000 Mann aus der Mark nach der Weichsel. Im polnischen Preußen nahm man ihn freudig als Retter auf. Auf einer Versammlung des Adels zu Dirschau (28. Sept.) hieß es anfangs, der Kurfürst möchte wohl heimlich mit den Schweden im Einverständniß sein. Als diese Meinung widerlegt worden, riefen einige der Herren: „So sei er unser Protektor, und wer dem widerspricht, den wollen wir niedersäbeln!" Dann Andere: „Nein, er sei unser König, wenn er uns unsere Religion lassen will!" Andere dagegen: „Noch haben wir einen König, er sei einstweilen unser Protektor!" Aber das nöthige zu leisten, war niemand gemeint, und die Städte, Danzig, Thorn und Elbing, auf deren Geld der Kurfürst mehr gerechnet, als auf die Säbel der Edelleute, waren zu Opfern am wenigsten bereit. Unter diesen Umständen, da die Vertreter Westpreußens sich so lässig zeigten und das Land ungerüstet war, hielt der Kurfürst es für gerathen, seine Streitkräfte zu schonen und sich auf die Behauptung des Herzogthums zu beschränken. Das Heer, welches er hier durch Vereinigung der märkischen mit den ostpreußischen Truppen aufgestellt, war freilich beträchtlich; es zählte an regelmäßigen Truppen fünfzehn Regimenter Reiterei, acht Regimenter Infanterie, dazu ein aus ostpreußischen Lehnspflichtigen zu Roß gebildetes Regiment und drei Regimenter Wibranzen, d. i. ostpreußische Miliz zu Fuß, im ganzen etwa 20000 Mann. Aber dies Heer war noch neu; ein Theil der Mannschaften nicht einmal recht einexerzirt; die Offiziere einander meist noch unbekannt und des Zusammenwirkens ungewohnt; der Oberbefehlshaber, Feldzeugmeister Otto von Sparr, zwar ein General von Erfahrung, Festigkeit und Zuverlässigkeit, aber mehr geeignet, Pläne eines andern auszuführen, als selbst deren anzugeben, mehr geeignet für ein kleines als für ein großes Heer, befähigter für den Vertheidigungskrieg als für Feldschlachten. Vor allem, dieses Heer war das einzige, welches der Kurfürst besaß; er durfte es nicht schon jetzt, nicht ohne die höchste Noth einsetzen. Gegen ihn zog die altgediente, sieggewohnte schwedische Armee heran, verstärkt durch polnische Truppen, die in großer Zahl bei ihrem Ueberwinder Dienst genommen. An ihrer Spitze stand ein König, der über die Mittel großer Reiche gebot. Ohne Mühe gewann Karl Gustav, sobald er aus Polen herbeikam, das westliche Preußen; von zwei Seiten, von Litauen und von Ermland her, rückten seine Truppen dann gegen das Herzogthum. Vergebens wartete Friedrich Wilhelm auf die Hilfe, die Holland versprochen; die Generalstaaten schickten weder Geld noch Schiffe noch Soldaten. Ebenso wenig kümmerten sich Kaiser und Reich um ihn. Er blieb auf seine eigenen Kräfte angewiesen. In dieser Lage schien ihm das beste, sich dem Schwedenkönig, den er zu bezwingen nicht stark genug war, mit guter Miene zu fügen. Am 17. Januar 1656 unterzeichnete er zu Königsberg den Vertrag, welchen ihm dieser den Degen in der Hand anbot. Kraft desselben trat an die Stelle der polnischen Lehnshoheit über Preußen nunmehr die schwedische; auch mußte der Kurfürst sich verpflichten, schwedischen Kriegsschiffen seine Häfen zu öffnen, schwedischen Truppen den Durchzug durch das Herzogthum zu gestatten und die Hälfte seiner preußischen Seezölle an Schweden zu überlassen. Außerdem sollte er 1500 Mann Hilfstruppen stellen. Dagegen erhielt er das Bisthum Ermland, ebenfalls als schwedisches Lehen. So hatte er denn nun statt eines schwachen Lehnsherrn einen starken. Das war ein schlechter Tausch. Aber er hoffte, das Joch, das ihm Schweden aufgelegt, bald wieder abzuschütteln.

In der That änderte sich die Lage sehr rasch zu seinem Vortheil. Es zeigte sich, daß Polen leichter zu erobern als zu behaupten war. Schon im Dezember 1655 war Johann Kasimir zurückgekehrt und fand überall Anhang, wohin die weitzerstreuten schwedischen Besatzungen nicht reichten. In feierlichem Gottesdienst vor dem wunderthätigen Bilde der Mutter

Gottes von Czenstochau weihte er ihr das Königreich Polen und that das Gelübde, in demselben die alleinseligmachende Kirche mit allem Fleiß auszubreiten. Der Papst aber entband alle, die dem Fremden, dem Ketzerkönig Treue geschworen, ihres Eides. Da ergriff zugleich religiöse und nationale Begeisterung Adel und Volk, und im Februar 1656 brach ein allgemeiner Aufstand aus. Die schwedischen Garnisonen wurden erdrückt oder eingeschlossen, und bald stand Johann Kasimir mit einem Heere vor Warschau. Er forderte den Kurfürsten auf, sich nun ebenfalls gegen die Schweden zu erheben.

Aber dieser hielt sich Polen gegenüber zu nichts mehr verpflichtet. Es hatte ihm sein Herzogthum nicht vertheidigen können; er selbst hatte dasselbe und zwar mit der gesammten Macht seines Staates schützen müssen. Weder Polens, noch Schwedens, sondern lediglich seine eigenen Interessen waren ihm maßgebend.

Karl X. erkannte dies wohl. Er suchte den Kurfürsten, dessen Hilfe ihm jetzt ganz unentbehrlich war, durch Zugeständnisse zu gewinnen. Er trug ihm ein neues und günstigeres Bündniß zur Theilung Polens an. Friedrich Wilhelm ging darauf ein. Es ward zu Marienburg am 25. Juni 1656 abgeschlossen. Die ganze kurfürstliche Streitmacht sollte sich kraft dieses Vertrages mit der schwedischen zum Kriege gegen Polen vereinigen, und der Kurfürst dafür die Woiwodschaften Posen, Kalisch, Siradien und Lencziz zu souveränem Besitz erhalten. Uebrigens erklärte Friedrich Wilhelm, er wolle keineswegs den Untergang des polnischen Reiches; es müsse verkleinert fortbestehen. Auch dieses Zugeständniß machte ihm der Schwedenkönig. So hoch war seine Hilfe im Preise gestiegen. Der Kurfürst ließ darauf an Johann Kasimir den Vorschlag richten, er möge Polen in eine erbliche Monarchie verwandeln; er werde diese Aenderung durchsetzen können, wenn er Frieden mit Schweden schließe. Doch in Polen war jetzt alles voll Kampfbegier und Siegeszuversicht. Man wies Friedrich Wilhelms Vermittelungsanträge stolz zurück. Die Großen des Reiches äußerten, „der

Schwede sei nur ein Frühstück für ihre Tataren, und was den
Brandenburger betreffe, so würden sie diesen ungetreuen Vasallen
mit Stumpf und Stiel ausrotten", und ihr König meinte,
„wenn sich der Kurfürst ihm selbst zu Füßen würfe, so wisse
man noch nicht, ob er Gnade fände."

Diese Drohungen hielten den Marsch der Brandenburger
nicht auf. Am 14. Juli rückten sie unter des Kurfürsten Führung
von Soldau her über die Grenze ein, um sich dem Heere Karl
Gustavs anzuschließen, welches auf Warschau marschirte. Abends
am 27. Juli erfolgte zwei Meilen vor dieser Stadt die Vereinigung.
Die verbündete Streitmacht war nicht groß, 9000 Mann Schweden,
8600 Mann Brandenburger, 50 Geschütze. Eine Meile vor
ihnen lagerte in verschanzter Stellung bei Praga, der Vor=
stadt Warschaus, eine mehr als doppelt so starke Armee, der
Kern der polnisch=litauischen Reiterei, dazu Schwärme von
Tataren, und große Haufen bewaffneter Bauern und Quartianer,
d. i. polnischer Miliz zu Fuß, im ganzen über 40000 Mann.
Gleichwohl beschlossen die beiden Fürsten unbedenklich den An=
griff; sie verließen sich auf die größere Tüchtigkeit ihrer Truppen.
Am folgenden Tage, Freitag den 28. Juli, setzten sie also den
Marsch gegen Praga fort. Er ging nur langsam von statten; denn
das rechte Weichselufer, an welchem sie hinaufzogen, war voll
Wald und Sumpf. Der König führte den rechten Flügel längs
des Flusses, der Kurfürst den linken durch den Wald. Abends
sieben Uhr erreichten sie das Ende des Waldes; dort lagen bis
zum Flusse die Verschanzungen des Feindes, dahinter breitete
sich bis Praga freies Feld. Aus dem Paß zwischen Wald und
Fluß herausgetreten, griff sofort der König an und warf die
Vortruppen des polnischen Heeres in ihre Verschanzungen zurück.
Die einbrechende Nacht beendete dies Gefecht.

Am folgenden Morgen unter dem Schutze eines Nebels
stellte sich die verbündete Armee in Schlachtordnung. Zur
Unterscheidung steckten die Schweden Strohbüschel auf die Hüte,
die Brandenburger Eichenlaub. Den letzteren zur Linken am
Ende des Waldsaumes befand sich eine kleine Anhöhe, die den

Paß beherrschte und von den Polen auch mit Geschütz besetzt war. Hier griff der Kurfürst an, während zur Rechten der König vorging. Die Brandenburger hatten den wichtigen Punkt bald genommen; sie behaupteten ihn auch; die wüthenden Angriffe, welche erst das polnische Fußvolk, dann die tatarische Reiterei gegen sie unternahm, wurden einer nach dem andern abgeschlagen. Unter dem Schutze dieses Bollwerks führte der König seinerseits nun ein kühnes Manöver aus. Gegen Mittag schwenkte er mit seinem Flügel hinter den Brandenburgern und durch die umschwärmenden Tataren links ab. Die Bewegung glückte, da die immer von neuem bestürmten brandenburgischen Vierecke nicht einen Augenblick wankten, und nun waren die polnischen Verschanzungen umgangen. Der Feind verließ dieselben und nahm weiter rückwärts Stellung.

Die Verbündeten folgten und ordneten sich zu der neuen Schlacht, die nun im freien Felde anhub. Sie begann Nachmittags 5 Uhr mit einem furchtbaren Anprall der gesammten feindlichen Macht gegen das kleine verbündete Heer. Fast wurde der linke, jetzt schwedische Flügel durchbrochen; doch hielt er sich, warf die breite Fluth der tatarischen Reiterei zurück, und von neuem anprallend mußte sie wieder weichen. Gegen das Centrum und den rechten Flügel, wo die Brandenburger standen, erschöpften die Polen selber ihre Kraft, ohne etwas auszurichten. Dort war der König, hier der Kurfürst inmitten des Handgemenges. Bis zur Dunkelheit währte der Kampf. Beide Theile lagerten die Nacht über auf dem Schlachtfelde. Der nächste Tag mußte die Entscheidung bringen.

Der Sonntag, 30. Juli, brach wiederum in Nebel an; erst nach sieben Uhr Morgens ward es klar. Sofort traten die Verbündeten an, zum letzten Kampf. Der Schlüssel der polnischen Stellung war jetzt im Osten Pragas ein verschanztes Gehölz. Dem brandenburgischen Fußvolk im Centrum unter General v. Sparr ward die Aufgabe, es im Sturm zu nehmen; die beiden Flügel sollten vorrückend diesen Angriff decken. Sparr eröffnete die Bewegung mit einer lebhaften Kanonade; dann ließ er die Sturmkolonne, 1000 Musketiere unter Oberst Syberg, vorgehen. Der Stoß gelang; der Feind räumte das Gehölz. Nachdringend vertrieb ihn Sparr auch von einem dahinter= gelegenen Höhenzuge; in wilder Flucht stürzten die Polen der Weichsel zu und über die Brücke, die von Praga nach Warschau führte. Inzwischen war auch der Kurfürst selber mit der Reiterei siegreich vorgedrungen und zur Linken jagte der König die Tataren vor sich her. Die Niederlage des Feindes war vollständig.

Auf ihrer Flucht hatten die Polen die Brücke in Brand gesteckt; auch Praga stand in Flammen. Dies hinderte für den Augenblick weitere Verfolgung. Mit dem Rest seines Heeres floh Johann Kasimir, der in Warschau den Ausgang der Schlacht erwartet hatte, südwärts nach Lublin. Der Rath von Warschau überbrachte dem Kurfürsten die Schlüssel der Stadt. Am nächsten Tage gegen Abend hielten die beiden verbündeten Fürsten ihren Einzug. Die Polen hatten auf dem Schlachtfelde und beim drangvollen Uebergang über den Strom 4000 Mann an Todten verloren; von den Verbündeten waren nur 400 Mann gefallen. Der dreitägige Kampf war nicht allzu blutig, der Kaufpreis des Sieges nicht allzu theuer gewesen.

Längst hatte Friedrich Wilhelm den Ruf eines geschickten Staatsmannes gehabt; jetzt hatte er sich auch als tapfern Sol= daten und guten General bewährt. Noch weit mehr Aufsehen aber machte in Europa die Thatsache, daß sein junges Heer sich gleich in seiner ersten Schlacht so vortrefflich erprobt, daß es sich der alten schwedischen Armee so völlig ebenbürtig er= wiesen hatte. Am meisten die Kaiserlichen empfanden hierüber Mißbehagen und Unruhe.

In der Freude des Sieges vergaß der Kurfürst doch seine Politik nicht. Das Interesse seines Staates forderte, daß weder Schweden noch Polen übermächtig würde. In der Mitte lag für ihn das Heil, in dem rechten Gleichgewicht der beiden Mächte. Daher lehnte er Karl Gustavs Ansuchen, gemeinsam mit ihm den Krieg noch tiefer in Polen hineinzutragen, ab und ging mit dem Kern seiner Truppen nach Preußen zurück.

Es zeigte sich bald, daß Karl **X.** größeres unternommen, als er durchzuführen vermochte. Während er in Polen Krieg führte, wurde Liefland von den Moskowitern verheert, und die Dänen rüsteten sich, auf die erste Kunde von seinen Mißerfolgen in Schweden einzufallen. Sein Sieg bei Warschau stillte diese Feinde nicht, sondern erregte ihm neue. Der Kaiser schickte sich an, den Polen zu helfen; auch die Holländer nahmen eine drohende Haltung an. In Polen selbst richtete er wenig mehr aus. Die leicht zersprengten Reitermassen des polnischen Adels scharten sich ebenso leicht wieder zusammen. Von neuem eroberten sie Warschau, von neuem drängten sie die Schweden in die Vertheidigung zurück.

Karls Gegner suchten den Kurfürsten auf ihre Seite zu bringen. Besonders zudringlich waren die Russen. Anfangs September erschien in Königsberg der Kanzler des moskowitischen Großfürsten und verlangte im Namen seines Herrn, des Zaren Alexei, der Kurfürst solle sich von Schweden trennen und das Herzogthum Preußen von dem Zaren zu Lehen nehmen, der bereits Liefland erobert habe und mächtig genug sei, ihn gegen jedermann zu schützen. Friedrich Wilhelm erwiderte: „er habe beschlossen, Preußen hinfüro von niemandem zu Lehen zu tragen."

In der That stand es längst bei ihm fest, daß seine Politik darauf gerichtet sein müsse, der Vasallenschaft Preußens ein Ende zu machen. Darum wies er auch die Anträge der Polen zurück, denn sie nahmen immer noch seine alte Lehnspflicht zur Grundlage. Zwar besaß er nicht Truppen genug, um die ganze Grenze von Soldau bis Memel gegen die litauischen und tatarischen Horden zu beschützen, die nun (im Oktober 1656) bald hier bald dort ihm ins Land fielen und wo sie erschienen, Dörfer und Städte verbrannten und die Menschen scharenweise in die Sklaverei fortschleppten. Diese vorübergehenden Leiden mußten ertragen werden, um ein dauerndes Gut zu erringen, und soviel Macht hatte er wohl, daß gegen seinen Willen die Polen nicht Schwedens, wie die Schweden nicht Polens Meister werden konnten.

Nach dem marienburger Vertrage hätte Karl Gustav dem
Kurfürsten den Besitz der vier Woiwodschaften verschaffen müssen;
er war nicht einmal im Stande, ihm das Herzogthum zu be=
schützen. Denn es half wenig, daß die Verbündeten neuerdings
wieder einen Erfolg im Felde davontrugen, daß die Polen von
einem schwedisch=brandenburgischen Truppencorps unter Steenbock
und Waldeck im Gefecht bei Philippowo (22. Oktober) geschlagen
wurden. Johann Kasimirs Heer erhielt fortwährend neuen Zu=
lauf; er konnte es wagen die Weichsel hinab nach Danzig zu
ziehen; ungehindert langte er am 15. November in dieser Stadt
an, die während des ganzen Krieges sich glücklich der Schweden
erwehrt hatte. Karl Gustav bedurfte, um sich in Polen zu
halten, mehr denn je der Unterstützung des Kurfürsten.

Er schlug ihm ein neues Abkommen vor. Er bot gute
Bedingungen, und sie wurden angenommen. Schweden gab
endlich den Plan, sich im herzoglichen Preußen festzusetzen, auf
und erkannte des Kurfürsten Souveränetät hier und im Ermland
an; dagegen versprach dieser, dahin zu wirken, daß im Friedens=
schluß die Krone Schweden das polnische Preußen mit Pomerellen
und Kurland und Liefland erhalte, während er selbst mit dem
Herzogthum und Ermland als souveränem Besitz sich begnügen
und auf die Woiwodschaften verzichten wolle; beide Theile ver=
pflichteten sich zu gegenseitiger Hilfleistung. Dies war im
wesentlichen der Inhalt des Vertrages, der am 20. November 1656
zu Labiau zwischen dem Könige und dem Kurfürsten abge=
schlossen wurde.

Die Hilfleistung, die dieser Vertrag festsetzte, betrug 4000
Mann. Soviel ließ der Kurfürst denn auch zu dem Heere des
Königs stoßen, als derselbe im März des nächsten Jahres einen
neuen Feldzug ins innere Polen unternahm. Es waren gute
Truppen, geführt von dem erfahrenen General v. Waldeck.
Was er schuldig, hatte der Kurfürst somit geleistet. Aber mehr
zu thun, wie ihn der König sofort ersuchte, gar mit der ganzen
Macht seines Staates wider Polen loszubrechen, das lehnte er
ab. An eigenen Truppen konnte Karl Gustav zu diesem Zuge

auch nur 4000 Mann verwenden. Mit solchen Mitteln war das weite Reich nicht zu erobern. Da traf ihn im Juni 1657, während er in Galizien hin und her zog, die Nachricht, daß König Friedrich III. von Dänemark ihm den Krieg erklärt habe. Er nahm es zum willkommenen Vorwand, diesen Schauplatz zu verlassen und anderwärts ein ergiebigeres Kriegstheater zu wählen. Er zog durch die Neumark, Pommern, Holstein, stürzte sich auf Dänemark, die Last des polnischen Krieges dem Kurfürsten zuschiebend. In seinen Briefen fuhr er fort, ihm von seiner Freundschaft und Dankbarkeit zu sprechen; aber auf dem Durchmarsch durch die deutschen Lande des Bundesgenossen hauste er wie ein Feind.

Friedrich Wilhelm bezahlte ihn mit gleicher Münze. Es traute eben keiner dem andern; jeder von beiden suchte lediglich seinen eigenen Nutzen. Der Schwedenkönig hatte bei seiner Abreise aus Polen (5. Juli) eigenhändig und deutsch ein Beruhigungsschreiben an den Kurfürsten gerichtet: „die ganze Welt werde des hochedlen Fürsten konstantes Gemüth und absonderliche Generosität, daß er bei so schweren Zeiten in seiner Freundschaft weder wanke noch weiche, admiriren; seinerseits sei er nicht gesonnen, das Werk hier in irgend einem Hazard zu hinterlassen, sondern habe seine Maßregeln so getroffen, daß er dem Verbündeten stets alle getreue Assistenz und Handbietung leisten könne." Zugleich versicherte er, in acht Wochen werde er wiederkommen. Das waren nur Redensarten. Während er in Dänemark Siege erfocht, kamen die wenigen Truppen, die er in den noch besetzten polnischen Plätzen zurückgelassen, immer mehr ins Gedränge und waren nicht im Stande sich selbst zu helfen, geschweige dem Kurfürsten, dessen Lande, zumal die Neumark und Preußen, den verwüstenden Einfällen der wilden Horden Johann Kasimirs offen lagen. Schweden hatte sich offenbar in Unternehmung eingelassen, die über seine Kräfte gingen. Andrerseits war Polen, durch die Niederlagen der Dänen stutzig gemacht, jetzt endlich bereit, zu gewähren, was es bisher so hartnäckig verweigert hatte, nämlich auf die Vasallenschaft des

Herzogthums zu verzichten. Der Kurfürst hielt die Zeit für gekommen, mit Schweden zu brechen und seinen Frieden mit Polen zu machen. Am 24. September schrieb er dem Schweden=könige: „dessen Versicherung, in acht Wochen mit seiner Armee zurückzukommen, sei unerfüllt geblieben; er sei so vielen mäch=tigen Feinden gegenüber allein gelassen worden; aber wenn es ihm auch schwer gefallen, deren Angriffen zu widerstehen und sie mit Traktaten hinzuhalten, so habe er doch erwägen müssen, daß es dem Könige freilich nicht zu verdenken sei, wenn er die Bewachung seines eigenen Reiches der Durchführung des pol=nischen Krieges vorgezogen; mit Rücksicht hierauf habe er denn weit über die acht Wochen hinaus gewartet. Da sich nun aber der König mehr und mehr in den dänischen Krieg vertiefe, alle Vermittelungsversuche scheiterten und nach dem Falle Krakaus auch der Anmarsch der Oesterreicher drohe, so habe er auf den dringenden Wunsch der Stände seines Herzogthums mit den Bevollmächtigten Polens Verabredungen getroffen, durch welche er seine Lande vor sonst unvermeidlicher gänzlicher Verwüstung sichere."

Karl Gustav wußte bereits, daß der Kurfürst die Partei gewechselt. Er sandte den Brief unerbrochen zurück, weil die Adresse deutsch geschrieben sei und im Titel Großmächtiger, nicht Großmächtigster stehe.

Es waren nicht bloße Verabredungen, ein förmlicher Ver=trag_bestand bereits zwischen dem Kurfürsten und dem Polen=könige; er war am 19. September 1657 zu Wehlau unter=zeichnet worden. Der Kurfürst verzichtete in demselben auf alles, was er in diesem Kriege oder durch Verträge mit Schweden gewonnen; dagegen gestand ihm Polen zu, daß er das Herzog=thum Preußen in voller Souveränetät besitzen solle. Zugleich schlossen die beiden Mächte zu gegenseitiger Sicherung mit einander ein Schutz= und Trutzbündniß. Behufs genauerer Fest=setzung desselben hielten Friedrich Wilhelm und Johann Kasimir dann Anfangs November eine persönliche Zusammenkunft zu Bromberg. Die Wünsche, die der Kurfürst hier vortrug,

fanden zuerst nicht recht Gehör. Er schickte daher an den
General v. Sparr, der mit Truppen nach der Mark marschirte, den
Befehl, dieselben näher an Bromberg heranzuführen; „denn die
Polen" fügte er hinzu, „wollen uns hier Gesetze vorschreiben."
Unter diesem Druck kamen die Verhandlungen am 5. November
zu befriedigendem Abschluß. Dieser Ergänzungsvertrag bestimmte
die Truppenleistung Polens auf 8000, des Kurfürsten auf 4000
Mann und gewährte dem letzteren, da er Ermland aufgab, den
erblichen Besitz der Starosteien Lauenburg und Bütow in
Pomerellen und den Pfandbesitz des Amtes Draheim und der
Stadt Elbing, welche sich freilich noch in den Händen der
Schweden befand.

Natürlich war Karl X. über den Abfall des Kurfürsten
sehr aufgebracht, und da es ihm gelang, Dänemark ganz nieder=
zuwerfen, so hatte Friedrich Wilhelm von seiner Rache alles
zu fürchten. Er schloß daher im Februar 1658 auch mit Oesterreich,
dem Verbündeten Polens, einen Vertrag zu gegenseitiger Unter=
stützung. Der Zweck war, zunächst Dänemark zu befreien.
Diese Absicht wurde für jetzt doch nicht erreicht. Die Oester=
reicher zögerten, wollten allein den Kurfürsten vorschieben.
Darüber verloren die Dänen zuletzt Muth und Kraft und nahmen
im März die harten Bedingungen an, unter denen ihr Besieger
ihnen den Frieden anbot.

Auch sonst zeigte sich Oesterreich unzuverlässig und wenig
geneigt, den Vortheil des Kurfürsten wahrzunehmen. Gleich=
wohl bedachte sich dieser nicht, dem Hause Habsburg eben jetzt
den größten Dienst zu leisten. Im Jahre 1657 war Ferdinand III.,
schon vor ihm sein ältester, zum römischen König erwählter Sohn
gestorben. Das Reich war ohne Kaiser. Aufs äußerste be=
mühte sich der junge König von Frankreich, Ludwig XIV., die
noch immer glänzendste Krone der Christenheit auf sein Haupt zu
bringen oder wenigstens zu verhindern, daß sie wieder dem Hause
Habsburg zufiele. Mit großen Geldsummen und noch reicheren
Versprechungen hatte er sich bereits eine ansehnliche Partei in
Deutschland gemacht; Kurmainz, Kurköln und Kurpfalz waren

gewonnen, auch Pfalz-Neuburg, Braunschweig und Hessen-Kassel hielten zu Frankreich. Ebenso Schweden, welches ja seit 1648 in den deutschen Dingen mitzureden berechtigt war. Es kam darauf an, auf welche Seite der mächtigste Reichsstand, Kur-brandenburg, treten würde. Friedrich Wilhelm entschied sich für Oesterreich. Sollte Deutschland nicht ganz dem Einfluß der Fremden, der Franzosen und Schweden, erliegen, so mußte die Kaiserkrone bei den Habsburgern bleiben, die, in der älteren Linie über Oesterreich, Böhmen, Ungarn, in der jüngeren Linie über Spanien, Neapel, Belgien herrschend, eine Hausmacht be-saßen, welche allein im Stande war, dem gewaltig aufstrebenden und jetzt mit England und Schweden alliirten Frankreich das Gleich-gewicht zu halten. Brandenburgs Meinung drang durch. Ferdi-nands III. zweiter Sohn, König Leopold von Böhmen und Ungarn, wurde im Juli 1658 von den Kurfürsten zum Kaiser gewählt.

Mittlerweile wuchs die Gefahr, die von Schweden drohte. Karl Gustav hatte nach der Bezwingung Dänemarks neue und große Rüstungen gemacht. Er war jetzt fertig und zum Sprunge bereit. Kein Zweifel, daß sich der gewaltige Kriegsfürst nun-mehr auf Brandenburg stürzen werde. Er sprach es selbst aus, wie er gegen Friedrich Wilhelm gesinnt sei. „Dieser Kurfürst", sagte er zum französischen Gesandten, „ist zu mächtg; man muß seinem Ehrgeiz, dessen Größe niemand so kennt wie ich, Grenzen setzen; man muß sich den Plänen eines Fürsten ent-gegenstellen, der sich dereinst furchtbar machen wird, wenn man nicht vor ihm auf seiner Hut ist."

Der Kurfürst versäumte nicht, sich gegen den Sturm, der heranzog, zu wappnen; er verstärkte sein Heer, er befestigte selbst Berlin; im Mai (1658) arbeiteten hier täglich 4000 Mann an den Wällen und Bastionen. Auch seine Bundesgenossen regten sich nun mit allem Eifer. Brandenburg war ja gegen die Schweden für Polen und für Oesterreich die Vormauer. Im Posenschen machte sich ein polnisches Heer unter Czarnecky, ein österreichisches unter Montecuculi marschfertig. Der Ober-befehl ward dem Kurfürsten übertragen.

Aber der Streich fiel nach einer andern Seite, als alle
Welt erwartet hatte. Bevor er den Krieg in Deutschland, in
Polen auf sich nehme, meinte Karl Gustav sich völlig den Rücken
decken, sich ganz in den Besitz Dänemarks setzen zu müssen.
Schleswig-Holstein und Jütland waren noch vom letzten Feld=
zuge her in seiner Gewalt; aber die Inseln und die Hauptstadt
waren frei. Er beschloß, auch diesen Rest des dänischen Reiches
wegzunehmen. Im August stach er mit seiner Flotte von Kiel
aus in See. Man glaubte, es gehe nach Pommern oder
Preußen. Erst als die Segel gelichtet waren, gab er die
Richtung kund: nach Kopenhagen.

Der rasche Ueberfall, mitten im Frieden, mißlang dennoch.
Die Stadt vertheidigte sich mit dem Muthe der Verzweiflung.
Karl X. mußte sich zu einer langwierigen Belagerung ent=
schließen. Inzwischen brachten die Hilferufe des Königs von
Dänemark, der als Herzog von Holstein den Schutz des deut=
schen Reiches ansprach, und der Herzöge von Mecklenburg, in
deren Land schwedische Truppen eigenmächtig Quartier genommen,
bald neue Kämpfer ins Feld. Vor allen eifrig erhob sich der
Kurfürst. Er erkannte, daß jetzt der Augenblick zum Handeln
gekommen. Auch die andern mahnte er, jetzt nicht länger still
zu sitzen, sondern die Schweden, zunächst in Holstein, anzu=
greifen. Auf seinen Befehl stießen jetzt die Generäle Czarnecky
und Montecuculi mit ihren Truppen zu den seinigen; an der
Spitze dieser Armee, die als Reichsarmee zur Befreiung von
fremdem Joche kam, säuberte er im September Mecklenburg,
im Oktober Holstein von den Schweden. Statt eines Kriegs=
manifestes ließ er einen Aufruf „An den ehrlichen Deutschen"
veröffentlichen, eine Flugschrift, in der es hieß: „Wir sind mit dem
letzten Kriege schier Dienstknechte fremder Nationen geworden;
was sind Rhein, Weser, Elbe, Oderstrom anders als fremder
Nationen Gefangene? Was ist unsere Freiheit und Religion
mehr, als daß andere damit spielen? Unter dem Vorwand der
Religion und Freiheit ward unser edles Vaterland gar jämmerlich
zugerichtet und an Mark und Bein dermaßen ausgesogen, daß

von dem einst so herrlichen Körper schon nichts mehr übrig ist, als das Skelett; wem noch deutsches Blut im Herzen warm ist, muß darüber weinen. Drum gedenke ein jeder, der kein schwe= disches Brot essen will, was er für die Ehre des deutschen Namens zu thun habe, um sich gegen sein eigenes Blut und sein einst vor allen Nationen berühmtes Vaterland nicht zu ver= sündigen. Gedenke, daß du ein Deutscher bist!"

Den Schweden kam der Angriff des Kurfürsten gerade so unerwartet, wie es zuvor der ihrige den Dänen gewesen war. Hastig verließen ihre Besatzungen, noch zum Abschied raubend und brennend, die fetten holsteinischen Quartiere und warfen sich in die Feste Friedrichsödde am kleinen Belt. Auch Schleswig und Jütland mußten sie vor den Verbündeten räumen, deren Uebermacht auf dem Festlande ihnen keine Hoffnung ließ. Denn 30000 Mann zählte die Armee, die der Kurfürst herangeführt; eine für jene Zeit gewaltige Stärke; die Hälfte davon bildeten seine eigenen Truppen, dazu 13000 Kaiserliche, 5000 Polen. Ende Oktober war sein Hauptquartier in Flensburg; dort wartete er, daß die Flotte, welche die Generalstaaten den Dänen zu Hilfe gesandt, komme und ihm sein Heer nach den Inseln hinüber setze. Aber die Holländer begnügten sich, Kopenhagen von der Seeseite frei zu machen. Die Belte sperrten sie den Schweden nicht. Sie verhielten sich, wie sie pflegten, langsam und zweideutig. Wenigstens die nächstliegende, die Insel Alsen durfte der Kurfürst dem Feinde nicht lassen; ihr Besitz war ihm schon deshalb nöthig, um das Festland in Sicherheit zu be= haupten. Er verlegte im Dezember sein Hauptquartier nach Düppel am Alsensund und bereitete dort den Uebergang vor. Derselbe erfolgte am 15. Dezember, gedeckt von zwei dänischen Orlogschiffen. Es waren Kaiserliche und Brandenburger, im ganzen 1800 Mann, die zu dieser Unternehmung verwandt wurden. Einschiffung, Ueberfahrt, Landung gingen glücklich von statten. Die schwedischen Truppen auf der Insel wollten sich anfangs vertheidigen, zogen es dann aber vor zu kapituliren; so ergab sich am 16. Sonderburg, darauf auch Nordburg.

Dort erhielt die Besatzung, 1200 Reiter, freien Abzug; nur mußte sie ihre Pferde und ihr Geschütz, 24 Kanonen, zurücklassen; hier wurde die Besatzung, 800 Reiter, kriegsgefangen. Der Schimmer der Unbesieglichkeit, der bisher die schwedischen Waffen begleitet hatte, fing an zu verfliegen.

Auch wo Karl Gustav in Person befehligte, auf Seeland, hatte er jetzt nur Mißerfolge. Seine Flotte war von der holländischen geschlagen worden; er hatte die Belagerung Kopenhagens in eine bloße Einschließung verwandeln müssen, und diese wirkte nicht, weil den Dänen die See offen stand. Nun drohte ihm selbst ein Angriff. Offenbar hinderte vorerst nur die Ungunst der Jahreszeit, daß die Kaiserlichen und die Brandenburger ihm noch näher auf den Leib drangen.

Damals lagen Frankreich und England noch immer im Kampfe mit Spanien, dessen Widerstandskraft zum Theil auf der moralischen und materiellen Unterstützung beruhte, die ihm das verwandtschaftlich befreundete Oesterreich leistete. Daher sahen die Westmächte in dem Kaiser ihren Feind, in Schweden, dem Gegner Oesterreichs, ihren Freund, und jetzt in Schwedens Niederlage gewissermaßen ihre eigene. Sie beschlossen, zu Gunsten Schwedens sich in den dänischen Krieg einzumischen. Im April 1659 erklärten sie den Holländern, sie wollten diesem Kriege ein Ende machen und forderten dazu die Mitwirkung der Generalstaaten. Die englische Flotte, die gleichzeitig im Sund erschien, gab dieser Forderung Nachdruck. Eingeschüchtert schloß Holland mit Frankreich und England einen Vertrag, das sogenannte Haager Concert (21. Mai), behufs Herstellung eines Friedens unter Bedingungen, die für Schweden sehr günstig, für Dänemark sehr ungünstig waren.

Die Westmächte wandten sich auch gegen die anderen Helfer der Dänen. Vor allem kam es ihnen darauf an, Brandenburgs Bund mit dem Kaiser zu lösen und den Kurfürsten auf ihre eigene Seite zu ziehen. Gewöhnt deutsche Fürsten wie seine Klienten zu behandeln, schrieb der leitende Minister Frankreichs, der Kardinal Mazarin, an Friedrich Wilhelm im Tone väter-

licher Ermahnung: „er könne nicht unterlaffen, ihm im all=
gemeinen zu fagen, daß, wenn er eine ernfte Erwägung feiner
wahren Intereffen anftellen wolle, er finden werde, daß fie
niemals in befferer Sicherheit fein würden, als unter der
Proteftion und Freundfchaft der Krone Frankreich; er werde
diefe Wahrheit erkennen, wenn er den Verfuch machen und die
alten Maximen feines Haufes wieder aufnehmen wolle, von
denen er fich ein wenig entfernt habe.“ Zugleich fchickte er
einen feiner Agenten, einen deutfchen Publiciften, Namens Frifch=
mann, der fich ebenfo durch Dreiftigkeit wie durch Gefcheitheit
auszeichnete, als feinen Bevollmächtigten an den Kurfürften und
gab ihm ein Begleitfchreiben mit, in dem es hieß: „Der König,
von deffen Freundfchaft diefe Sendung ein recht ausdrückliches
Zeugniß fei, habe erwogen, daß, obfchon der Kurfürft fich von
feinen wahren Intereffen ein wenig abgekehrt habe, nur uner=
wartete Umftände und gleichfam ein widriger Wind ihn von
dem rechten Kurfe entfernt hätten; er fei überzeugt, daß der=
felbe nicht ungern fehen würde, den Hafen wieder zu ge=
winnen, wenn er mit Ehre und Sicherheit zurückkehren könne“
(28. Februar 1659).

Der Kurfürft fchrieb zurück (7. April): „wenn feine Vor=
fahren die Maxime gehabt hätten, die Intereffen anderer Fürften
der Erhaltung ihres eigenen Staates vorzuziehen, fo geftehe er,
daß er fich von derfelben entferne; er fühle fich in feinem Ge=
wiffen gezwungen, die Länder, die er durch die Gnade Gottes
befitze, zu vertheidigen, und fehe nicht ein, mit welchem Grunde
er darüber von irgend jemandem getadelt werden könne.“

Den Agenten, der am 17. April bei ihm in feinem Haupt=
quartier Wiborg angelangt war, ließ er erft lange auf Audienz
warten; dann, nachdem er ihn gehört, gab er auf feine An=
träge, die hauptfächlich darauf abzielten, zwifchen Brandenburg
und Oefterreich eine Spannung herbeizuführen, eine nicht eben
fehr befriedigende Antwort. Frifchmann verlangte fie fchriftlich.
Man gab fie ihm. Er erklärte: er habe erwarten dürfen, daß
man fie franzöfifch abfaffe; denn deutfch verftehe fein Hof nicht.

Man erwiederte ihm: da er, ein Deutscher, in seines Königs Namen französisch schreibe, so würde den brandenburgischen Ministern nicht verdacht werden können, daß sie in deutscher Sprache geantwortet; doch würden sie künftig lateinisch schreiben und lateinische Antwort erwarten. In der That bediente sich der Kurfürst dann gegen Ludwig XIV. und später auch gegen Karl II. von England öfters der lateinischen, damals in der Diplomatie noch vielfach üblichen Sprache, wovon diese, zumal da sie Latein nicht verstanden, wenig erbaut waren.

Die Dazwischenkunft der Westmächte, der Abfall der Holländer verschlimmerten Dänemarks Lage; desto nöthiger hielt es der Kurfürst, den Krieg gegen Schweden nachdrücklicher als je zu führen. Er marschirte im Mai gegen Friedrichsödde, nöthigte den Feind, auch diesen Platz zu räumen. Dann wollte er nach Fünen übersetzen. Er benachrichtigte König Friedrich davon und bat um Schiffe. In Kopenhagen hatte man schon voller Verzweiflung an Unterwerfung gedacht. Jetzt faßte man dort neuen Muth.

Indeß vorerst mißlang der Plan gegen Fünen. Nur die an der Nordwestspitze Fünens gelegene kleine Insel Fanö konnte erreicht und erobert werden; 1500 Kaiserliche unter General Strozzi, 1500 Brandenburger unter General Goltz vollbrachten am 10. Juli diese Waffenthat. Nach Fünen hinüberzukommen, was um dieselbe Zeit mit größerer Macht versucht ward, hinderte der plötzlich umschlagende Wind. Den Angriff hier zu erneuern, schien dann, weil die Schweden mit ihren Schiffen den Belt bedrohten, nicht rathsam.

Dagegen bedrängten die Verbündeten nun den Feind an seiner empfindlichsten Stelle, in Vorpommern. Der Kaiser hatte dies längst gewünscht, der Kurfürst es widerrathen, weil er fürchtete, die Kaiserlichen möchten sich hier dauernd festsetzen. Jetzt befahl der Kaiser seinen Truppen den Einmarsch, schickte aus Schlesien ein neues Heer ab, welches im August in Vorpommern einrückte. Wenigstens allein wollte der Kurfürst die Kaiserlichen dort nicht schalten lassen. Auch er ging nun mit

5*

Truppen dorthin ab. Die größeren Plätze hielten sich, viele
kleinere kamen rasch in die Gewalt der Verbündeten.

In Westpreußen ging es den Schweden nicht besser. Die
Garnisonen, die sie dort zurückgelassen, waren verlorene Posten,
deren einer nach dem andern von den Kaiserlichen, Polen,
Brandenburgern überwältigt wurden. Bald traf Karl X. in
seiner Nähe ein noch härterer Schlag. Er hatte die Holländer
durch Verweigerung gewisser Handelsvortheile erbittert; um ihn
nachgiebiger zu stimmen, liehen sie jetzt den Verbündeten ihren
Beistand. Eine holländische Flotte unter de Ruyter erschien
Mitte November in der kieler Bucht, nahm dort dänische und
brandenburgische Regimenter an Bord; holländische Truppen
wurden hinzugefügt. Den Oberbefehl über diese Armee — im
ganzen 10000 Mann — empfing der brandenburgische General
Quast. Glücklich landete er mit ihr auf Fünen. Dort standen
6000 Mann Schweden, befehligt vom Pfalzgrafen von Sulzbach.
Sie vertheidigten sich tapfer genug, erlitten aber bei Nyborg
am 24. November eine vollständige Niederlage. Die Brandenburger allein erbeuteten in dieser Schlacht sieben Standarten
und acht Fahnen. Der Pfalzgraf entkam; sein Heer, von
welchem 2000 Mann gefallen waren, ward kriegsgefangen.

Aber um dieselbe Zeit ging in den Verhältnissen großer
europäischer Mächte zu einander eine Veränderung vor, welche
Schweden zu gute kam. Frankreich hatte sich Anfangs November
im pyrenäischen Frieden mit Spanien vertragen und konnte nun
mit größerer Kraft seinen Willen geltend machen. Sein Haupt-
gegner in Europa blieb Oesterreich; sein Interesse forderte daher,
daß Schweden nicht geschwächt würde. Es drohte mit Krieg,
falls man nicht dem haager Konzert entsprechend den Schweden
einen guten Frieden gewähre. Der Kaiser mochte die Heraus-
forderung nicht annehmen; er hatte keine Lust, sich in einen so
großen Kampf zu begeben, um am Ende im Falle des Sieges
dem Hause Brandenburg den Besitz Vorpommerns zu verschaffen. Die Polen waren des Krieges längst müde. Es verstärkte die friedliche Stimmung, daß im Februar 1660 ein jäher

Tod Karl X. hinraffte. Der Kurfürst suchte vergebens sich der Strömung, die immer günstiger für Schweden ward, entgegenzustemmen. Er mußte sich ihr anschließen. Seit Anfang Januar 1660 tagten Bevollmächtigte aller Theile im Kloster Oliva, bei Danzig; am 3. Mai dieses Jahres unterzeichneten sie hier den Frieden. Derselbe setzte alles auf den Stand vor dem Kriege, nur daß die Verträge zu Wehlau und Bromberg bestätigt wurden.

Gegen die Hoffnungen gehalten, die sich der Kurfürst bereits auf die Erwerbung Vorpommerns gemacht, war dies Ergebniß des schweren Kampfes für Brandenburg scheinbar gering. Erst in der Folge sah die Welt, was es auf sich hatte, daß die Hohenzollern souverän geworden. Souverän geworden nur in einem Drittel ihres Gebiets, in einem entlegenen Grenzland, das sich fast wie eine polnische Enklave ausnahm. Aber auf jenem Fleck Landes haben sie dann ein Königthum gebaut, das zu einem der mächtigsten des Erdenkreises werden sollte.

Was schon damals zu Tage lag, war der Gewinn für Deutschland. Dieser Friede war seit zweihundert Jahren der erste politische Erfolg im deutschen Nordosten; er rettete das ostpreußische Land, das dem Slawenthum schon halb im Rachen steckte; er erschwerte damit auch Westpreußens Polonisirung. Die deutsche Pflanzung am Baltastrand, die von Kaiser und Reich war im Stich gelassen worden, hatte den rechten Schirmherrn gefunden. Im Frieden von Oliva schaffte der Kurfürst der Nation die erste Sühne für den schimpflichen thorner Frieden, den einst der deutsche Orden (1466) schließen müssen.

1660—1672.

Der Kampf mit den Ständen.

Der fünfjährige Krieg, den man zu Oliva beendet, hatte rings alle Ostseeländer verheert, hatte von allen Theilnehmern große Opfer an Geld und Menschen gefordert; aber zuletzt nur einem, nur dem Kurfürsten, wesentlichen Vortheil gebracht. Weil nur dieser, sagten seine wenigen Freunde, zugleich Klugheit und Tapferkeit bewiesen. Weil er eine Politik getrieben, die voll Arglist und Pfiffigkeit, sagten seine vielen Neider. Namentlich die Schweden beklagten sich, daß er gegen sie zweideutig, dann treulos gehandelt. Aber sie selbst hatten Gewalt vor Recht gehen lassen und dem Schwächern die Waffe der List aufgenöthigt. In den Kampf der mächtigeren Nachbarn hineingerissen, hatte Friedrich Wilhelm sich der Ansprüche, die beide Parteien an ihn machten, bald mit dem Schwerte, bald durch Schlauheit erwehren müssen. Bald sich beugend, bald dreinschlagend, jetzt auf dieser, dann auf jener Seite, so bedacht wie geschickt, auch den ungünstigen Dingen noch irgend einen Vortheil abzugewinnen, war er freilich ebenso oft auf den Spuren des Fuchses gegangen, als des Löwen; aber sich selbst war der Vielgewandte immer treu gewesen; denn auf seinen verschlungenen Wegen folgte er demselben festen Leitstern, seiner Pflicht, der Pflicht, das Gut und das Blut seiner Unterthanen einzig und allein für einheimische Interessen aufzuwenden.

Aber den wenigsten erschien damals, was Friedrich Wilhelm that, in diesem Lichte. Die fremden Diplomaten bewunderten

ihn im stillen bereits, aber nicht wegen seiner Zwecke, sondern
im Grunde wegen eben jener Verschlagenheit, die man ihm doch
auch wieder zum Vorwurf machte. Sein Volk aber war weit
entfernt, was er errungen, für werth der Opfer zu halten, die
es gekostet. Ja, es versprach sich nichts gutes von dieser Sou=
veränetät; es fürchtete sie selbst; der gemeine Mann aus Un=
wissenheit, die leitenden Klassen aus Eigennuß.

In der That schritt der Kurfürst nun in den zweiten Kampf
um seine Souveränetät. Nachdem er sie glücklich dem Ausland
abgerungen, galt es auch im Innern ihre Gegner zu bezwingen.
Er wollte nicht despotisch herrschen, aber insoweit unumschränkt
sein, daß er die Kräfte seines Volkes dem Staate dienstbar
machen könnte. Mit der alten ständischen Verfassung war dies un=
möglich. Denn sie stellte es immerfort in das Belieben einer bevor=
rechteten Minderheit, zu geben oder zu verweigern, was der Staat
zu seiner Sicherheit nothwendig und dauernd brauchte; sie stellte
auch das Recht des Theiles, der einzelnen Landschaft, höher als
das Recht des ganzen Staates. In beidem widersprach sie der
Staatsidee, wie sie der Kurfürst erfaßt hatte und zu verwirk=
lichen entschlossen war. Nirgends bestand dieser Gegensatz
zwischen dem Fürsten und den Ständen in solcher Kraft und
Schroffheit wie in Kleve und in Preußen. Am Rhein und am
Pregel mußte der Kampf ausgefochten werden.

In Kleve hatten sich die Stände, d. i. Adel und Städte,
gestützt auf den Beistand, den ihnen das benachbarte Holland
lieh, in den letzten Zeiten Rechte ertroßt, die sie von dem
Fürsten beinahe ganz unabhängig machten. Im Grunde regierte
nicht er, sondern sie. Friedrich Wilhelm hatte sich nach Macht
und Bedarf zuweilen über jene Rechte hinweggesetzt; aber sie
bestanden doch fort, behinderten ihn auf Schritt und Tritt,
ließen seine Regierung als ungesetzliche, als Gewaltherrschaft
erscheinen, gegen welche die Stände denn auch zu protestiren
nicht aufhörten. Und doch war diese klevische Verfassung nur
in der Form gerecht, in der Sache voll schreiendster Ungerechtig=
keiten. Ueberall waren damals die Stände gewohnt, den aller=

größten Theil der öffentlichen Lasten auf das niedere Volk zu wälzen; in Kleve trieb man es in dieser Hinsicht am weitesten. Hier trugen nach der zu Recht bestehenden Matrikel oder Steuerliste die Städte im Herzogthum Kleve ein Sechstel, in der Grafschaft Mark ein Zwölftel der Steuerlast; das übrige fiel auf die Bauern und Tagelöhner. Wenn der reiche Bürger in Hamm, Kleve, Wesel 5 bis 6 Thaler zahlte, mußte der ärmste Mann auf dem Lande 15 Thaler und darüber, der Bauer 70 bis 80 Thaler zahlen. Dagegen der landsässige Adel und die Geistlichkeit waren von Steuern und Zöllen gänzlich befreit.

Gegen diese Verfassung unternahm nun der Kurfürst bald nachdem ihm der Friede zu Oliva die Hände frei gemacht, einen Staatsstreich. Er ließ sich die Rezesse oder Landtagsabschiede vorlegen, auf denen die Privilegien der klevischen Stände beruhten. Er fand, daß einige dieser Gesetze mit seinem Fürstenamt ganz unverträglich seien; namentlich die Bestimmung, nach welcher ohne Bewilligung der Stände Truppen weder geworben noch ins Land gebracht werden durften, sowie das Recht der Stände, sich zum Schutze ihrer Privilegien eigenmächtig zu versammeln und Widerstand zu leisten. Diese und ähnliche Rechte beseitigte er; die anderen stellte er zu einem neuen Rezeß zusammen, welchen er an seinen Statthalter in Kleve, den Prinzen Moritz von Nassau, mit dem Befehl schickte, ihn den Ständen vorzulegen. Am 24. August 1660 ward ihnen die kurfürstliche Willensmeinung kund gethan. Friedrich Wilhelm erklärte darin: „sein Wunsch sei, daß auch die klevischen Lande die Früchte des Friedens nun wirklich genießen möchten; die Stände hätten ihm so oft ihre Devotion versichert, daß er nicht zweifle, sie würden nun auch den Worten die Thaten folgen lassen. Er habe die Rezesse durchsehen und sie so verändern lassen, wie es zum Besten des Landes nothwendig sei. Dieser neue Rezeß solle den Ständen gegen Rückgabe der früheren ausgehändigt werden; er habe ihn so eingerichtet, daß die Stände damit zufrieden sein könnten. Er habe Gründe, warum er das Werk in ganz kurzem abgethan sehen wolle; in Verhandlungen darüber wolle er sich nicht einlassen." Zugleich kündigte er seine baldige Ankunft in Kleve an.

Der Zorn der Stände war groß, aber auch ihre Furcht; denn bald darauf rückte ein Regiment kurfürstlicher Truppen ein, offenbar um etwa versuchten Widerstand sofort zu brechen. In dieser Stimmung trat am 24. September der Landtag in Kleve zusammen. Er lehnte alle Anträge der Regierung, insbesondere den neuen Rezeß, ab und verlangte, daß über die angeordneten Truppenmärsche, die das Land in Schrecken gesetzt hätten, befriedigende Aufklärung gegeben werde. Darauf empfing der Statthalter von Berlin die Weisung: der Rezeß müsse vor Ankunft des Kurfürsten angenommen sein, dann erst werde er sich in Betreff der Regimenter so erklären, wie die Stände es wünschten. Er erwarte, daß der Statthalter es zu keinen Weitläufigkeiten werde kommen lassen; es könne an dem Rezeß nichts geändert werden, wenn nicht ein neuer Streit daraus entspringen solle. Er sei nicht gemeint hierin irgend welche Verzögerung zu verstatten, sondern wenn die Stände sich nicht dazu verstehen und die Billigkeit nicht annehmen wollten, so werde er andere Mittel zu finden wissen, um seine Absicht durchzusetzen.

Die Stände ihrerseits schickten eine Eingabe nach Berlin, in der sie sich zu alleruntertänigster Devotion erklärten, ihre Freude aussprachen, demnächst ihrem gnädigsten Herrn die Hände zu küssen, aber über den neuen Rezeß sich in unbestimmten, auf spätere Verhandlungen vertröstenden Redensarten ausdrückten. Inzwischen beriethen sie mit einander, wie die bedrohte Freiheit zu retten sei.

Da traf, Mitte Oktober, ein Reskript des Kurfürsten ein, welches alle Beamte des Eides, den sie auf die alten Rezesse geleistet, entband und dies durch ein Plakat bekannt zu machen befahl; „damit", wie der Wortlaut war, „es zu jedermanns Wissenschaft komme und ein jeder Unserer getreuen Unterthanen Unserer guten Intention versichert werde." „Wir wollen zwar nicht hoffen", hieß es weiter, „daß sich Unsere Stände unterstehen werden, wie sie wohl vormals gethan, der Sache halber an jemanden in oder außer dem Reiche eine Klage zu bringen; sollten sie es aber wagen, so würden Wir dergleichen Remedirung dagegen bringen, daß sie endlich solche unziemliche Wege wohl vergessen und Uns Unsern gebührenden Respect zu erweisen lernen sollen."

Darauf wurde der Landtag von dem Statthalter wiederum und zwar nach Duisburg zum 28. Oktober einberufen. In seiner Eröffnungsrede sagte der Prinz den Ständen: „nie habe ihnen eine wichtigere Berathung vorgelegen; des Landes Wohlfahrt oder Ruin hänge von ihrem Beschluß ab. Er weise ausdrücklich hierauf hin, damit ihm nicht einst vorgeworfen werde, er habe das Unglück des Landes verschuldet, indem er nicht die Größe der Gefahr gezeigt. Es seien in den Rezessen der früheren Jahre gewisse Artikel vorhanden, um derentwillen der Kurfürst die Verfassung nicht halten könne und nicht halten wolle; vor allem daß er nur den zum Statthalter ernennen dürfe, den die Stände genehmigten, daß seine Räthe, Diener, Beamte auf die Rezesse vereidigt sein sollten, daß er seine Räthe und Diener nicht ohne Gutheißen der Stände wählen dürfe, daß er kein Kriegsvolk im Lande werben oder halten, ja persönlich nur mit 300 Mann ins Land kommen dürfe, daß die Stände, wie und wann sie wollten, Zusammenkünfte zu halten befugt seien. Solche Befugnisse, welche die Stände völlig zu Mitregierern machten und eine stete Uneinigkeit zwischen ihnen und dem Fürsten hervorriefen, seien weder in den älteren Rechten des Landes begründet, noch gereichten sie demselben zum Heile; sie seien dem Landesherrn in schlimmen Zeiten abgezwungen, einseitig von den Ständen dem Kaiser zur Bestätigung vorgelegt und trotz des landesherrlichen Protestes bestätigt. Der Kurfürst könne sie nach seinem Gewissen nicht länger dulden. Er werde ins Land kommen und zwar, wenn man den neuen Rezeß verweigere, mit hinreichendem Kriegsvolk, um gegen die Uebelgesinnten die nöthige persönliche Sicherheit zu haben. Sie möchten eingedenk sein, welche Verantwortung sie mit der Weigerung vor sich selbst, vor Gott und der Nachwelt auf sich laden würden."

Die Drohung machte Eindruck, um so mehr, da man wußte, daß der Statthalter entschlossen war, nöthigenfalls die Führer der Opposition verhaften zu lassen. Auch waren von den Gegnern der Regierung viele eben aus Furcht vor Gewalt gar nicht zum Landtag erschienen. Andrerseits hatte der Kurfürst unter den Ständemitgliedern bereits eine Partei; denn nicht wenige vom Adel dienten in seiner Armee. Diese gewannen die noch schwankenden. Die Opposition sah, daß sie in der Minder=heit bleiben würde; sie zog es vor, den Landtag zu verlassen. So kam es, daß die Stände, als über den neuen Rezeß ab=gestimmt wurde, denselben unbedingt annahmen (3. November). Der Statthalter beeilte sich, den erwünschten Beschluß der Stände nach Berlin zu berichten: „Wir haben", schrieb er, „eine absonderliche unterthänigste Devotion bei ihnen verspürt, so daß Eure Kurfürstliche Durchlaucht mit Freuden in diese Lande kommen können." Nun lenkten auch die bisherigen Oppo=nenten ein. Noch vor Ablauf des ersten Monats kamen jene Ständemitglieder, die sich auf dem Landtage nicht eingefunden oder vor der Abstimmung wieder von demselben entfernt hatten, zum Statthalter, entschuldigten sich und lobten, was beschlossen worden.

Im Anfang des Jahres 1661 erschien dann der Kurfürst in Kleve, berief den Landtag und vereinbarte mit demselben eine Reihe von Maßregeln, welche die Verwaltung hier auf einen neuen und besseren Fuß brachten. Insbesondere wurde das Polizei= und Gerichtswesen besser geordnet und durch Einrichtung besonderer Regierungskollegien eine gehörige Trennung und sach=liche Vertheilung der Regierungsgeschäfte bewirkt. Zugleich wurden die für das Militär nöthigen Summen festgestellt, und damit die Staatslasten künftig gleichmäßiger getragen würden, ein Ausschuß zur Revision der Matrikel eingesetzt. Auch ein anderes hochnöthiges Unternehmen, die Schiffbarmachung der Ruhr und Lippe, wurde begonnen.

Eine Weile regte sich wohl noch ab und zu, besonders bei den Städten, die nun mehr als bisher zahlen mußten, der alte ständische Trotz. Aber die Widerstandskraft war gebrochen; allmählich erstarb er. Das Regiment des Kurfürsten wurzelte hier um so fester, weil es ihm gelang, den bisher immer noch nicht völlig geschlichteten Erbstreit mit Pfalz=Neuburg endlich zum Austrag zu bringen. Nach dem Erbvergleich zu Kleve (9. September 1666) behielt er Kleve, Mark und Ravensberg, der Pfalzgraf Jülich und Berg; und nach einem im Jahre 1671 getroffenen Abkommen zahlte letzterer für die Herrschaft Ravenstein, die ihm überlassen wurde, eine Geldsumme. Seitdem hatte Friedrich Wilhelm an ihm einen getreuen und nützlichen Nachbarn.

Einen härteren Kampf als in Kleve hatte der Kurfürst mit den Ständen in Preußen zu bestehen. Während des letzten Krieges waren hier, wie in den anderen Landestheilen, die Steuern ohne Bewilligung der Stände beigetrieben worden. Der Statthalter des Kurfürsten, Prinz Radziwil, hatte die Stände nicht einmal um solche angerufen. Die Noth hatte es entschuldigt. Aber nichtsdestoweniger waren im Lande das Mißtrauen und der Unmuth darüber allgemein. Als nach den Verträgen von Wehlau und Bromberg der König von Polen in einem Erlaß an die preußischen Stände (22. August 1658) den Eid, den sie seiner Krone geschworen, für erloschen erklärte und nun der Kurfürst seinerseits von ihnen und allen Eingesessenen die Huldigung als Souverän verlangte, wurde ihm von den Landräthen, den Vertretern der Stände, erwiedert, dazu müsse ein Landtag berufen und zuvor den Landesbeschwerden abgeholfen werden. Der Kurfürst zog es vor, die Huldigung bis nach dem Frieden aussetzen zu lassen. Als dieser eintrat, erwartete das Land die Auflösung der Regimenter, und damit das Ende der Einquartierungen, der Naturallieferungen, der Geldsteuern. Nichts von alledem geschah, und der Unmuth ging in Erbitterung über. Man wußte, daß die Freundschaft zwischen dem Kurfürsten und dem polnischen Hofe bereits wieder erkaltet war, weil letzterer die Thronfolge einem französischen Prinzen verschaffen und ersterer es womöglich hindern wollte.

Man hoffte daher beim Widerstande an Polen Rückhalt zu
finden.

Zum Gedächtniß der neuerworbenen Souveränetät hatte
der Kurfürst eine Denkmünze prägen lassen mit der Umschrift:
pro deo et populo (für Gott und fürs Volk). In der That,
wenn er zur Durchführung seiner Staatsidee den Begriff der
Souveränetät im Sinne einer starken Monarchie auffaßte, so
vertrat er damit das Interesse der großen Mehrheit seiner Unter=
thanen; seine Sache war allerdings auch die Sache des Volkes.
Am meisten war dies in Preußen der Fall. Denn hier bestand
nach der hergebrachten Verfassung im Grunde eine völlige
Oligarchie, eine Herrschaft der Privilegirten, welche die Masse
des Volks in Knechtschaft hielten und aussogen. Auf dem
platten Lande und in den kleinen Städten ging es wie in Polen
zu. Der Bauer war sowohl auf den abligen Gütern als auf
den Domänen in Leibeigenschaft herabgedrückt worden; dem
Gutsherrn, dem Amtmann gegenüber, der zugleich die Polizei
und Gerichtsbarkeit ausübte, war er wie rechtlos. Mit dem
Tater, d. i. mit einer drahtumwundenen Lederpeitsche, wurde er
zur Frohnarbeit angetrieben, und wenn er sich widersetzte, konnte
er Jahrelang in Eisen geschlagen liegen, wofern er nicht gar zu
Tode geprügelt wurde. Nicht minder empörend war die Hab=
sucht, mit der die Gutsunterthanen ausgebeutet wurden. Und
auch in dieser Hinsicht machten es die Verwalter der landes=
herrlichen Domänen nicht besser als die abligen Grundbesitzer.
Gleichwohl kam aus den Domänen gar wenig in die fürstliche
Kasse. Sie waren meist verpfändet, und die es nicht waren,
wurden von den Amtshauptleuten zu eigener Bereicherung benutzt.
Auch darin glich der öffentliche Zustand dem polnischen Wesen,
daß die Beamten den Staat gewohnheitsmäßig bestahlen. Sie
waren sämmtlich Eingeborene und mußten es nach der Ver=
fassung sein. Um so mehr hielten sie den hergebrachten Zustand,
aus dem sie Vortheil zogen, für vortrefflich. Die Oberbehörden,
die Oberräthe und Hauptleute, waren überdies auf die Frei=
heiten und Rechte des Landes vereidigt. Sie führten die

Regierung im Namen des Kurfürsten, aber ihre Neigung und ihr Interesse war mit den Ständen.

Anderwärts hatten die Fürsten, wenn sie die Adelsherrschaft angriffen, sich auf die Städte oder auf die Geistlichkeit stützen können. Hier war gegen den Kurfürsten alles einig. Die Geistlichkeit, streng lutherisch gesinnt, haßte in ihm den Kalvinisten; die Stadt Königsberg, die geld- und volkreiche, die für die anderen Städte den Ton angab, haßte in dem Kurfürsten den Herrscher; sie erstrebte eine Selbständigkeit, wie sie unter Polens Hoheit dem mächtigen Danzig zu Theil geworden. Alle verabscheuten das Joch, das ihnen die Souveränetät des Kurfürsten aufzulegen drohte; alle bedauerten, daß die polnische Zeit, wo sie zwei Herren und deshalb thatsächlich keinen gehabt, nun sollte vorbei sein. Sie waren geneigt, wenn der Kurfürst vielleicht doch noch wieder in Krieg mit Polen geriethe, sich offen von ihm loszusagen. Die Königsberger suchten sogar selbst diesen Fall herbeiführen zu helfen. Als im Sommer 1660 ein polnischer Kommissär nach Elbing kam, um dem olivaer Frieden gemäß die Uebergabe jener Stadt an den Kurfürsten zu vermitteln, boten ihm die drei Städte Königsberg — Altstadt, Löbenicht und Kneiphof — 10000 Thaler, damit er dies nicht thue. Sie hofften, es werde dann wegen Elbings zwischen Polen und Brandenburg zum Bruche kommen.

Das Haupt dieser erbitterten Opposition war der Schöppenmeister vom Kneiphof, Hieronymus Rode, ein Mann von unbeugsamer Willenskraft und rücksichtsloser Verwegenheit, bankerot in seinen Vermögensverhältnissen, aber unerschütterlich in seinen Absichten und Ansichten. Ihm erschien der Kurfürst nur in dem Lichte eines selbstsüchtigen Gewalthabers, eines Tyrannen, der gewissenlos nach Rechten seine Hand ausstrecke, die er selbst einst dem Lande durch seinen Eid bekräftigt. Er hielt es für die heiligste Pflicht aller Preußen, die Freiheiten, die sie von ihren Vorfahren geerbt, unverkürzt auf ihre Nachkommen zu bringen. Und da diese ständischen Privilegien unter der polnischen Oberherrschaft so gut gediehen waren, so ersehnte er die Wieder-

Pierson, Der große Kurfürst. 6

herstellung derselben. Er stand mit dem polnischen Hofe in
Verbindung, besonders auch durch seinen Bruder, der katholisch
und Jesuit war. Er hatte von dort auch manche Aufmunterung
erfahren; war vom Könige als „der Edle von Rothenhof Roth"
geadelt worden, weshalb er sich nicht mehr wie seine Vorfahren
Rode, sondern Roth schrieb. Er hoffte noch auf andere Vortheile, besonders auch auf pekuniäre. Zugleich seinen eigenen
Nutzen und das Gemeinwohl meinte er mit seiner Politik
zu fördern. Die Bürgerschaft, nicht bloß im Kneiphof, sondern
in allen drei Städten, aus denen Königsberg bestand, war ihm
unbedingt ergeben. Er hatte mehr Einfluß als die Bürgermeister.
Die anderen Städte des Landes, sämmtlich weit kleiner als
Königsberg, ließen sich in der Regel die Leitung der Hauptstadt gefallen, und so stand Rode thatsächlich an der Spitze
des gesammten preußischen Bürgerthums. Diese Stellung gab
ihm aber auch beim Adel Ansehen. Als er ganz eigenmächtig
und sogar einem Verbote des Kurfürsten zum Trotz zu Anfang
des Jahres 1661 den Adel aufforderte, zu einer Besprechung
der Lage des Landes sich in Königsberg zu versammeln, folgten
mehr als zweihundert Edelleute dieser Einladung. Sie traten
am 11. Februar 1661 auf dem altstädtischen Rathhause zu
einer Sitzung zusammen, wo es an hitzigen und bitteren
Worten wider die Regierung des Kurfürsten nicht fehlte.

Fast ebenso gefährlich wie Rode war der Führer des Adels,
der Generallieutenant Albrecht von Kalckstein auf Knauten,
ein Junker von der schlimmsten Sorte, der ärgste Bauernplacker
und hochmüthig wie Luzifer, dabei aber ein verschlagener Intri-
gant und ebenso bereit, zur Befriedigung seiner Habsucht und
sonstigen Lüste höfisch zu kriechen, als roh und wüst Gewalt zu
brauchen. Gegen den Kurfürsten heuchelte er Devotion, aber
unter der Hand hetzte er die Stände noch mehr auf, und die
meisten vom Adel waren gewohnt auf ihn zu hören. Auch er
rechnete auf polnischen Beistand und suchte solchen herbeizuziehen.
Die Mittelsperson bei diesen Umtrieben war sein Sohn, der
Oberst Ludwig von Kalckstein, ein Mann von fast ebenso bösen

Sitten als der Vater, aber von noch wilderer Leidenschaftlich=
keit. Er war Amtshauptmann von Oletzko gewesen, hatte aber
diese Stelle verloren, weil er die Unterthanen gar zu brutal
schund. Racheschnaubend ging er nach Warschau, trat in den
Dienst des Königs und schürte nun dort die Mißstimmung gegen
Brandenburg, die am Hofe und bei vielen Großen des Reichs
bestand. Er stellte vor, der König brauche nur ein paar Regimente
ins Herzogthum zu senden, so werde sich der ganze Adel und die
Bürgerschaft Königsbergs sofort erheben. Zur Beglaubigung
wies er Briefe vor, die er aus Preußen erhalten, von nam=
haften Familien, den Schlieben, Buddenbrock, Packmohr,
Redern u. a.

Der Kurfürst hätte solche Pläne leicht von vornherein
durchkreuzen können, wenn er auf das Anerbieten eingegangen
wäre, welches ihm damals eine große Partei unter den polnischen
Magnaten machte. Man wollte ihm die Thronfolge in Polen
zuwenden, falls er es über sich gewinne, jährlich ein paar
Mal die Messe zu besuchen. Aber er meinte es mit seinem
Bekenntniß zu ernst, als daß er dieses Opfer hätte bringen
mögen. „Nimmermehr", sprach er, „begehre ich das Zeitliche
für das Ewige. Es würden die Polen selbst nicht viel von
mir halten, wenn ich könnte beschuldigt werden, Gott die Treue
gebrochen zu haben."

Desto nöthiger schien es ihm, die preußischen Dinge
ebenso vorsichtig als fest anzufassen. Die Oberräthe hatten
ihm in den grellsten Ausdrücken von der Noth des Landes, die
eine Folge der unbewilligten Steuerlast sei, geschrieben; durch
seinen Statthalter wußte er, daß diese ständischen Klagen sehr
übertrieben waren; aber vorerst beschäftigten ihn noch die
Angelegenheiten in Kleve, er verschob daher den Kampf in
Preußen noch eine kleine Weile und schrieb begütigend dorthin:
„Er werde nächstens selbst nach Königsberg kommen, dann
werde man sich leichter vergleichen. Er werde sich dabei so
gnädig und landesväterlich erweisen, daß alle diejenigen zu
Schanden werden sollten, welche ihm seiner Unterthanen bis=

6*

herige Treue abwendig zu machen versucht und unverschämter
Weise vorgegeben hätten, als wenn er durch die erlangte Sou=
veränetät sie zu unterdrücken und um ihre Privilegien und Vor=
theile zu bringen gemeint sei; der Ausgang werde es lehren."
Er sandte als seinen Bevollmächtigten, um mit den Ständen
auf einem allgemeinen Landtage zu verhandeln, seinen Minister
Otto v. Schwerin voraus. Er beauftragte ihn, zunächst die
ganz verwahrloste Verwaltung der landesherrlichen Güter und
Einkünfte in Ordnung zu bringen, namentlich die Kontrolle,
die bisher so gut wie gefehlt, wieder einzurichten. Der Ver=
schleuderung und den Unterschleifen sollte ein Ende gemacht
werden. Demnach wurde die Regierung zu Königsberg an=
gewiesen, die Rechnungen über die Erträge und Ausgaben des
letzten Jahres und des Jahres vor dem Kriege vorzulegen,
ferner Nachweise über die verpfändeten Domänen und über den
Unterhalt der Garnisonen und der Miliz einzureichen.

Die Beamten und die Stände, die solange den Staat
hatten benachtheiligen dürfen, waren aufs äußerste entrüstet.
„Die Kassirer der Landschaft", schrieb der Statthalter nach
Berlin, „haben, als sie zur Prüfung des von den Oberräthen
entworfenen Berichtes berufen wurden, diesen mit bitteren
Thränen vorgeworfen, daß sie feindselig gegen ihr Vaterland
handelten und auf die Freiheit verzichteten; sie selbst würden eher
sterben als zugeben, daß solch ein Bericht eingesandt werde."
Unter dem Adel hieß es, „man müsse etwas zum Schutz der
Freiheit wagen; es sei ja ein mehr als türkisches Joch, das man
tragen solle. Hätten die bäurischen Kosaken in der Ukraine sich
frei zu machen vermocht, so würde es ja wohl auch preußischen
Edelleuten glücken, besonders wenn die polnischen Brüder
ihnen hülfen."

Am 31. Mai 1661 wurde der Landtag zu Königsberg er=
öffnet. Schwerin suchte die erregten Gemüther zu beruhigen,
die Ständemitglieder einzeln zu gewinnen. Es handelte sich
darum, daß sie Geld für das Militär bewilligen und dem Kur=
fürsten huldigen sollten. Er richtete nichts aus. Die Stände

erflärten, der wehlauer Vertrag sei ohne ihre Mitwirkung ge=
schlossen, somit ein verfassungswidriger Aft; übrigens wäre die
Souveränetät für den Kurfürsten selbst schädlich und bei dem
geringen Umfang des Landes nicht einmal lebensfähig; auch
müßten sie noch nicht sicher, was des Königs von Polen Wille
sei; sie erachteten es deshalb für nöthig, eine Deputation nach
Warschau an den Reichstag zu schicken.

Sie stellten also die Souveränetät des Kurfürsten über=
haupt in Frage. Die Königsberger gingen noch weiter; sie
bestritten dieselbe geradezu. In ihren Kirchen wurde von den
Kanzeln herab immer noch für den König von Polen als Ober=
herrn gebetet.

Dieser Unfug hörte auch nicht auf, als vom Kurfürsten nun=
mehr eine neue Erklärung des Polenkönigs erwirft und bekannt
gemacht wurde, in welcher derselbe auf das deutlichste kundgab,
daß seine Lehnshoheit erloschen sei. Rode hatte seinen Sohn
nach Warschau geschickt. Er behauptete gegen die Bürger, er
habe von dort bessere Nachricht. Uebrigens habe der König
gar nicht das Recht, sie wie Aepfel und Birnen wegzuschenken.

Auch in der Geldfrage war vom Landtag nichts zu er=
langen. Nachdem wochenlang hin und her verhandelt worden,
erboten sich die Stände zu einer Bewilligung, aber unter den
ausschweifendsten Bedingungen. Sie forderten, alle Truppen
sollten abgedankt, die neuen Befestigungen, insbesondere das
Fort Friedrichsburg bei Königsberg, demolirt, dagegen die alte
ständische Landesvertheidigung wiederhergestellt werden; sie ver=
langten ferner, daß beim Eintritt einer minderjährigen Regierung
Polen die Vormundschaft führe, polnische Kommissäre, wenn
Streit zwischen dem Landesherrn und den Ständen entstehe,
an der Entscheidung betheiligt werden. Wofern der Kurfürst
dies alles gewähre, so wollten sie ihm mit einer guten Summe
Geldes beistehen. Die bisherigen Steuern, die nur auf Zeit
bewilligt seien, würden sie nicht weiter zahlen.

Die Regierung konnte auf solche Bedingungen natürlich
nicht eingehen; sie beschloß, den Landtag lieber unverrichteter

Sache zu vertagen. Darüber gab es denn erneuten Unwillen. Schwerin versuchte nochmals mit Güte zu beschwichtigen. Eines Tages (im Juli) ließ er Rode zu sich aufs Schloß kommen und meinte durch freundliches Zureden diesen neuen Volkstribun auf bessere Gedanken zu bringen; er bat ihn die Bürger lieber zu beruhigen als aufzureizen. Rode erwiederte: „an ihrem Rath= haus stehe geschrieben, es wäre kein Fürst so fromm, er trage doch einen Tyrannen in seiner Brust; der Kurfürst habe die Preußen zu armen Leuten gemacht, nun wolle er sie auch zu Sklaven machen." Schwerin unterbrach ihn, hielt ihm das Maßlose und Verbrecherische seiner Reden vor. „Das will ich dem Kurfürsten ins Gesicht sagen!" rief Rode dagegen; dann, als spräche er zu dem Fürsten, fuhr er heftig fort: „Hast du nicht genug, Kurfürst, daß du all unser Vermögen weg hast? willst du auch unsere Freiheit haben? kannst du dich an deiner Vorfahren Stand nicht begnügen und uns den unsern lassen? Wir werden uns nicht verhandeln lassen. Unsere Sache ist nur bis zum künftigen Reichstag ausgesetzt; da soll sich alles wohl geben. Aller ehrlichen Leute Meinung ist, daß der Kurfürst die Souveränetät nicht haben soll." Schwerin stand auf, wies ihn zur Thür hinaus. Jener ging, noch auf dem Wege seine Schmäh= reden fortsetzend.

Schwerin zeigte den Vorfall den Oberräthen an und for= derte, daß sie Rode wegen Majestätsverbrechens vor Gericht zögen. Sie antworteten, sie wollten erst sehen, ob der Mensch nicht Reue empfinde. Aber er rühmte sich seiner tapfern Worte, und die Bürgerschaft jubelte ihm zu.

Auch dem Kurfürsten, der sich damals in Kleve aufhielt, hatte Schwerin sogleich von jenem Auftreten Rodes und über= haupt von der rebellischen Stimmung, die sich vielfach zeige, Bericht erstattet. Friedrich Wilhelm schrieb ihm zurück (10. August), er möge sich an die Gutgesinnten wenden: „stellet ihnen für, daß Wir Uns zu ihnen als redlichen Leuten nicht versehen, daß sie daran Gefallen tragen würden, daß von gemeinen Leuten Unserer kurfürstlichen Ehre und Autorität dergestalt zu nahe

getreten werde. Wir würden auch in die Länge solchen un=
ruhigen Köpfen ferner nicht nachsehen, sondern Uns gegen der=
gleichen Aufwiegler Unsers Amts gebrauchen müssen. Doch
stellen Wir alles zu Eurer Dexterität, wie Ihr es vor Unser
bestes nach Anweisung der gegenwärtigen Conjuncturen erachten
werdet. Und gleichwie Uns zu gnädigstem Gefallen gereichet,
daß Ihr dem unbesonnenen und rasenden Schöppenmeister Rode
die Wahrheit gesagt, so sehen Wir fast nicht, wie Wir endlich
einzelnen Privatis soviel nachgeben und zu ihrem gegen Euch
als Unsern Gevollmächtigten öffentlich und ohne Scheu gethanen
rebellischen Reden ohne Unsere Verkleinerung und ihre mehrere
Verhärtung stillschweigen können. Zwar müssen wir den Zeiten
etwas nachgeben; könntet Ihr aber ein Mittel finden und
practifiren, wodurch dieser Rode als ein notorischer Rebell und
Aufwiegler mit Manier über die Seite gebracht würde, so würde
ohne Zweifel daran Uns und dem ganzen Lande ein guter Dienst
geleistet werden. Doch werdet Ihr alldort alles selbst besser
ermessen können."

Schwerin hielt Gewaltmaßregeln doch für zu gefährlich.
Zu solchen meinte die Landesbehörde, und hierin stimmte der
Statthalter Fürst Radziwil den Oberräthen bei, auch nicht
einmal die Macht zu haben. Kurz, die Regierung wagte nicht,
gegen den Schöppenmeister einzuschreiten.

Dagegen machte sie sich, nachdem der Landtag bis zum
Herbst vertagt worden, an ein paar andere, zwar vornehmere,
aber nicht so mächtige Missethäter. Unter den ungetreuen Amt=
leuten war der schlimmste ein Herr v. Fincke; er hatte als Amts=
hauptmann von Lötzen die gröbsten Betrügereien und Unter=
schleife begangen. Dieser wurde nun zum warnenden Beispiel
in Untersuchung genommen. Auch der Rittmeister v. Schlieben
auf Birkenfeld ward vorgeladen; er hatte seinem früheren Ad=
jutanten, der ihn um Zahlung einer alten Schuld mahnte, die
Ohren abschneiden lassen. Als der Landtag (am 18. Oktober
1661 in Bartenstein) wieder zusammentrat, bot sich bald die
Gelegenheit, auch das Haupt der aufsässigen Adelspartei zu

treffen. Der General v. Kalckstein war gewohnt unter den Deputirten des Adels das große Wort zu führen. Nun hatte der Landmarschall in Kalcksteins Abwesenheit sich mit Zustimmung der Uebrigen zwei von den Deputirten zu Substituten gewählt. Darüber ergrimmte jener; er kam in die Ritterstube, wo die Deputirten versammelt waren, warf dem Landmarschall die gemeinsten Schimpfwörter an den Kopf und schrie: „die Sub= stituten müßten herunter von ihren Plätzen; er werde seinen Säbel holen lassen und darunter fahren, daß die Fetzen herum= fliegen sollten. Die Engel im Himmel sollten darüber lachen. Es solle kein Stellvertreter sein und wenn der ganze Landtag darüber in Stücke gehe."

Die Landboten, so frech beschimpft, führten bei der Regierung gegen Kalckstein Klage; er wurde vom Landtage weggewiesen und zu gerichtlicher Untersuchung gezogen.

Wenn Schwerin gehofft, daß diese Maßregeln eine Um= stimmung der Opposition zur Folge haben würden, so täuschte er sich. Den Forderungen des Kurfürsten stellten die Stände in allem wesentlichen vor wie nach denselben entschiedenen Wider= spruch entgegen. Der Kurfürst hatte eine neue Regierungs= verfassung entworfen und ließ sie Anfangs Dezember dem Land= tag vorlegen. Dieser lehnte sie rund ab, und die Landräthe und Oberräthe stimmten der Ablehnung bei. Also seine eigenen Beamten machten jetzt mit den Ständen gemeinsame Sache gegen den Fürsten! Freilich, die neue Verfassung, die der Kur= fürst dem Lande geben wollte, unterwarf die Beamten ebenso dem Fürsten, wie die Stände dem Staate. Folgendes waren die Hauptpunkte dieses Entwurfes, über welche man klagte: erstens daß den Amtshauptleuten die Bewirthschaftung der landesherrlichen Güter entzogen wurde, zweitens daß die Ober= räthe die Befugniß verloren, selbstständig Prediger zu berufen; drittens daß den Geistlichen nicht mehr gestattet sein sollte, von den Kanzeln herab die Andersgläubigen zu schmähen und zu verfluchen oder ohne Genehmigung der Oberbehörde Kirchen= bußen zu verhängen; viertens daß den Ständen untersagt ward, eigenmächtig Verſammlungen zu halten. Der Eigennutz, die Unduldſamkeit, der Freiheitstrotz fühlten ſich gleichermaßen ver= letzt. Die Stände erklärten, nicht einmal in Verhandlungen über dieſen Entwurf eintreten zu wollen. Sie ſetzten vielmehr eine Schrift auf, die eine Zuſammenſtellung aller ihrer beſtehenden Rechte und Bräuche enthielt, ſchickten dieſelbe unmittelbar an den Kurfürſten nach Berlin und verlangten von ihm, daß er dieſe Verfaſſung anerkenne, beſtätige und ihnen ſo eine „Aſſe= curation" ertheile.

Der Kurfürſt war in hohem Grade erzürnt; aber die Ein= müthigkeit, mit welcher ihm die Preußen widerſtanden, mahnte zur Vorſicht. Auch ließ ſich ja nicht leugnen, daß dieſer Wider= ſtand, wie das Landesgeſetz nun einmal war, ſeine Berechtigung hatte. Friedrich Wilhelm antwortete daher in einem gemäßigten, verſöhnlichen Tone, zeigte ſich ſogar zum Nachgeben in einzelnen Stücken bereit, ohne indeß in der Hauptſache ſein Ziel aus den Augen zu verlieren. „Ihr könnt als verſtändige Leute leicht urtheilen", ſchrieb er (am 15. Dezember) an die Oberräthe, „wie Uns dergleichen Bezeigung von Unſern gehuldigten Unter= thanen anſtehen müſſe, und können Wir euch wohl verſichern, daß Zeit Unſerer nunmehro durch Gottes Gnade zweiundzwanzig Jahre geführten churfürſtlichen Regierung Uns kein Ding mehr afficiret oder zu Herzen gegangen, als eben dieſes Unſerer preußiſchen Unterthanen gegenwärtiges comportement. Wenn Wir nicht in Unſerm churfürſtlichen und chriſtlichen Gemüth ver= ſichert wären, daß Wir es mit vorgedachten Unſern Unterthanen getreulich und landesväterlich meinten und ihre Wolfahrt und Wachsthum nach allen Unſern Kräften und Vermögen befördert, ihre wohlhergebrachten Freiheiten und Privilegia aber beſtätiget und gehalten wiſſen wollten, ſo wollten Wir Uns über die große Uebereilung nicht bewegen. Demnach Wir aber verſpüren, daß ungeachtet alles Unſers gnädigſten Erbietens und wirklicher landesväterlichen Bezeigung ſie dennoch dergleichen Dinge zu prätendiren und zu behaupten ſuchen, welche ſie zum Theil nie= mals gehabt, zum Theil, daß ſie mit der landesfürſtlichen Hoheit incompatibel seien, selbst wohl sehen, so wissen Wir fast nicht, was Wir gedenken sollen und wie sie sich über den modum der Abschreib= und Ueberschickung der Verfassung formalisiren können; daß sie nicht vielmehr sich selbst beschuldigen, wie sogar un= gütlich und übereilig von ihnen mit ihrer vermeinten Affecuration verfahren.

Wir haben die Verfassung allhier nicht machen, sondern aus denjenigen Stücken, welche schon vor vielen Jahren gemacht gewesen, zusammentragen, auch zu Gewinnung der Zeit und damit nicht nur Unsere Stände, sondern auch jedweder Un= passionirter in der That sehen möge, daß Wir Unsern Ständen ihre Privilegia nicht zu entziehen, sondern zu bestätigen geneigt, dergestalt vollzogen zustellen lassen, auch bei der Ueberschickung ausdrücklich Uns dahin erklärt, daß Wir die Stände, so sie noch einige andere desideria haben möchten, gnädigst hören und Uns darauf nicht minder landesväterlich erklären wollten.

Und gleich wie Wir sie vorhin und noch in eben dieser Verfassung zur Genüge versichert, daß Wir Uns bei allen wichtigen Sachen ihres Einraths gebrauchen, auch ohne vorher mit ihnen gehabter Deliberation nichts neues zu schließen ge= dächten, ratione materiae aber in der Verfassung nichts neues enthalten (es wäre denn, daß Wir Unseren Bedienten zu Unserm und des Landes Besten ihres Amtes und Verrichtung halber gewisses Ziel und Maß gesetzt), so war ja nicht nöthig, die Zeit über abgethane Sachen mit verzögerlichen deliberationibus vergeblich zuzubringen, sondern zu Erlangung des Hauptzweckes desto mehr zu eilen. Und hätten Wir wohl Grund, den Ständen nochmals zu zeigen, wie ihre Intention wider ihr eigenes Beste laufe, und daß sie die größte Ursach haben, solche Unsere gnädigste und freiwillige Disposition mit unterthänigstem Danke anzunehmen, und das Uebrige mit mehrerem Nachdruck zu remonstriren und fürzustellen.

Dieweil aber das erste zum öftern geschehen, darneben Wir den Ruhm der Sanftmuth und den Vorsatz, mit Unsern gehor= samen Unterthanen nicht anders als landesfürstlich und gnädig

zu verfahren, bis in Unsere Grube durch Gottes Gnade zu erhalten Uns bemühen werden; auch nicht zweifeln, es werden sich
Unsere getreuen Stände und Unterthanen, nachdem die unzeitige
Hitze etwas verrauchet, und sie aus unpassionirter Lesung der
Verfassung keine eingebildeten Gefährlichkeiten gefunden haben,
nunmehro näher anschicken und von Uns nichts begehren, das
sie wissen, daß Wir nicht zu thun vermögen; — solchem nach
könnet ihr sie Unserer beständigen Gnade und landesväterlichen
Liebe versichern, auch von ihnen vernehmen, über welche Sachen
sie sich in specie zu beschweren vermeinen, dieselben euch aus-
stellen lassen und zu Unserer gnädigsten landesväterlichen Erklärung förderlichst einschicken. Wir werden Uns alsdann auch
darauf dergestalt gnädigst finden lassen, als es jemals getreue
und gehorsame Unterthanen von ihrem einigen Landesherrn desi-
deriren oder verlangen mögen."

Die Oberräthe bezeichneten ihm nun eine lange Reihe von
Punkten in seinem Verfassungsentwurf, welche dem Landtage
mißfielen. Einige derselben änderte er denn auch wirklich dem
Herkommen entsprechend ab. Aber an den Hauptpunkten hielt
er fest und mußte er festhalten. Mit Recht behauptete er z. B.
in Betreff der Punkte, welche sich auf die kirchlichen Dinge be-
zogen: „daß Wir die lutherischen und die reformirten Prediger
darin einander gleichgesetzt, daß sich beide des unzeitigen Eiferns,
Lästerns und Verdammens enthalten und daß beiderlei Religionen
Schulbedienstete keine Kinder ohne der Eltern Consens und
Willen an sich ziehen sollen, das erfordert Unser Amt und des
Landes Wohlfahrt und ist für sich christlich, recht und höchst
nöthig." Aber eben auf die Hauptpunkte kam es auch den
Ständen an. Sie lehnten daher den Entwurf nochmals ab.
Sie erklärten, es müsse hinsichts der Verfassung überhaupt beim
alten bleiben.

Etwas gefügiger zeigte sich der Landtag nun in der Steuer-
frage. Die Regierung verlangte eigentlich zwei Steuern, eine
Abgabe von dem Grundbesitz und eine vom Verbrauch. Jene,
die Hufensteuer, traf mehr den Adel; diese, die Accise, traf

mehr die Städte. Schwerin ließ die erstere fallen und drang
desto nachdrücklicher auf fernere Bewilligung der letzteren. Wirk=
lich glückte es ihm, hierdurch eine Spaltung unter den Ständen
herbeizuführen. Die Oberstände, nämlich die Landräthe und
die Ritterschaft, bewilligten die Accise. Der dritte Stand, die
Städte, protestirte umsonst dawider.

Wenigstens die Königsberger waren nicht gemeint, sich
dieser Auflage ohne weiteres zu fügen. Rode, obgleich auf
Befehl des Kurfürsten seit dem Dezember in Anklagezustand,
befand sich noch immer auf freiem Fuße. Der kneiphöfer Rath
hatte auf das Verlangen der Oberräthe, ihn verhaften zu lassen,
ablehnend geantwortet, es sei unthunlich, weil sonst unfehlbar
ein Tumult entstehen würde. Einer erneuten Weisung war
ebenso wenig Folge geleistet worden. Rode blieb unbehelligt.
Im Februar 1662 hatte er gar eine Reise nach Warschau ge=
macht und dort gleichsam als Vertreter der preußischen Städte
zu bewaffnetem Einschreiten aufgefordert. „Die Königsberger",
hatte er erklärt, „wollten eher dem Teufel unterthänig werden,
als länger unter solchem Drucke leben." Dann war er wieder
heimgekehrt und hetzte und wühlte mit verstärktem Eifer. Er
hielt jetzt, da es schien, als wollten die Oberstände abfallen,
desto größere Kühnheit für nöthig, um die Wankenden mit fort=
zureißen. Er verfaßte im Namen der drei Städte Königsberg
ein Schreiben an den König von Polen, in welchem diesem
mit der Bitte um Hilfe die heftigsten Beschwerden über den
Kurfürsten vorgetragen wurden. Er gewann für diese Schrift
die Billigung der drei Bürgerschaften und zweier Schöppen=
gerichte Königsbergs; am 17. Juni unterzeichneten sie dieselbe.
Sofort ging Rodes Sohn mit dem Briefe nach Warschau ab.

Rodes Plan war, das Land sollte sich in ähnlicher Weise
gegen den Kurfürsten erheben, wie 1454 der preußische Bund
es gegen den deutschen Orden gethan. Um dazu Muth zu
machen, bedurfte es wenigstens der moralischen Unterstützung
Polens. Diese erlangte er. Der König antwortete auf jenen
Brief mit einem Schreiben an die Königsberger, in welchem er

ihre Treue lobte und sie seines Schutzes bei Behauptung ihrer
Rechte und Freiheiten versicherte. Auch dem Schöppenmeister
schrieb er gnädig; er ermahnte ihn in seiner Treue auszuharren
(30. Juni).

Die Freude in Königsberg war groß. Man traf nun
weitere Maßregeln. Vor allem wurde Geld gesammelt, um
polnische Große zu bestechen und polnische Truppen zu werben.
Zugleich regte Rode nach dem Muster des weiland preußischen
Bundes eine engere Vereinigung zu Schutz und Trutz an. Er
entwarf die Eidesformel für den neuen Bund des Inhalts, daß
sie Gut und Blut daran setzen wollten, bei der Krone Polen
und dem polnischen Reiche zu verbleiben, allein zur Ehre Gottes
und um die alte Freiheit zu bewahren, unbeschadet den Rechten
des Kurfürsten. Mit solcher Klausel haben Aufständische stets
den Schein zu retten gesucht.

Am 4. Juli, einem Sonnabend, versammelte Rode die
drei Gemeinden in der kneiphöfer Domkirche und legte ihnen
jenen Bundeseid vor. Die Stimmung der Bürger war dafür;
doch verschob man noch die Ableistung des Schwures.

Es gab doch viele in der Stadt, die geradezu Rebellion
zu erheben nicht gesonnen waren. Mit Hilfe dieser Gemäßig=
teren, insbesondere der Bürgermeister, gelang es dem Statt=
halter, Prinzen Radziwil, jene Verbündung zu hintertreiben.
Nur die Kneiphöfer, von altersher zu Aufsässigkeit und Gewalt=
that mehr geneigt, scharten sich fest um ihren Schöppenmeister.
Sie schienen zu offener Empörung bereit. Man sah sie in
Waffen und mit fliegenden Fahnen durch die Straßen ziehen,
ihre Wälle besetzen, Kanonen auffahren. Doch es blieb bei der
Demonstration. Sie fühlten sich nicht stark genug, allein los=
zuschlagen und, was zunächst hätte geschehen müssen, das wohl=
bewehrte Fort Friedrichsburg vor der Stadt, welches längst den
Bürgern ein Dorn im Auge war, anzugreifen und einzunehmen.
Sie wurden wegen ihres zwecklosen Hin = und Hermarschirens
von den Altstädtern und Löbenichtern zuletzt nur ausgelacht.
Ueberdies kam bald darauf, veranlaßt durch ernste Vorstellungen

des Kurfürsten, ein neues Schreiben von Warschau, in welchem der König die Aufmunterung, die er den Königsbergern gegeben, im Grunde wieder zurücknahm. Rode freilich wurde dadurch nicht abgeschreckt. Er fuhr fort, die Bürger zur Standhaftig= keit zu ermahnen; Recht müsse doch Recht bleiben. Auch war sein Anhang noch groß genug, ihn vor der Verhaftung zu schützen, die immer wieder von Berlin aus anbefohlen wurde. Die Königsberger kümmerten sich um die Strafbefehle der Regierung nicht; sie rühmten sich, deren schon 61 bekommen zu haben, ohne daß ein einziger ausgeführt wäre.

Zwei Jahre lang hatte der Kurfürst versucht, in Preußen durch milde Mittel, durch Unterhandlungen und Vorstellungen, zum Ziele zu kommen. Selbst der Weg des Rechtes, den er gegen Rode eingeschlagen, hatte nur zum Gespötte gedient. Länger zu zaudern war gefährlich. Denn bereits stand Rode auch mit den Schweden in geheimem Verkehr. Nach Riga wie nach Warschau hatte er sich um Hilfe gewandt. Den Schweden aber fehlte nicht wie den Polen die Macht, und daß sie dem Kurfürsten grollten, war bekannt. Friedrich Wilhelm entschloß sich daher, jetzt Gewalt zu brauchen, selber und mit Truppen auf dem Schauplatz zu erscheinen und wenigstens in der Rodeschen Sache den Knoten kurzer Hand zu durchhauen. Anfangs September 1662 brach er mit 2000 Mann Garde von Berlin auf; zunächst nach Danzig, wo er sich einschiffte; am 18. Oktober landete er in Pillau.

Er hatte einen Befehl an den Statthalter vorausgeschickt, Rode durch Soldaten festnehmen zu lassen. Der Versuch war gemacht worden, aber gescheitert. Denn als ein Zug Musketiere unter Oberst Hille gegen Rodes Haus im Kneiphof anrückte, standen dort tausende von Bürgern mit Spießen, Stangen und Gewehren bereit, den Schöppenmeister zu schützen, und Radziwil wagte nicht den Angriff anzuordnen; ein schweres Blutbad, so entschuldigte er sich, das Unglück vieler Unschuldigen wäre un= vermeidlich gewesen. Rode blieb also in Freiheit. Er war trotziger denn je. Von dem Magistrat aufgefordert, sich frei=

willig in Haft zu begeben, antwortete er, da er Haft nicht ver=
dient, nehme er sie auch nicht an; übrigens sei es gar nicht
seine Absicht flüchtig zu werden; er habe nichts gethan, wozu
er nicht das Recht gehabt; und solange Gerechtigkeit herrsche,
könne ihn kein Gericht verurtheilen. So pochte auch die Bürger=
schaft auf ihr Recht und sah, wie es schien, der Ankunft des
Kurfürsten mit großer Ruhe entgegen.

Aber als er nun wirklich ankam und seinen Einzug in
Königsberg hielt (25. Oktober), zeigte sich ein bedeutender Um=
schlag der Stimmung. Man beeiferte sich dem gnädigen Herrn
aufzuwarten und seinen Einzug möglichst glänzend zu gestalten.
Die Stadt prangte im Festschmuck, alle Gewerke standen in
Parade aufgezogen und die Magistrate wetteiferten mit den
Deputirten des Adels, ihre Devotion auszudrücken. Kurz jeder=
mann bezeigte, wie es in einem Bericht jener Zeit heißt, „wegen
dieser so hoch verlangten kurfürstlichen Ankunft eine sonderliche
Freude.“

Das erste, was der Kurfürst vornahm, war die Maßregel
gegen Rode. Es wurde zu dessen Verhaftung ein förmlicher
Kriegsplan gemacht und am 30. Oktober ausgeführt. Auf Ver=
anlassung der Regierung beschied der Magistrat die Bürgerschaft
auf die drei Rathhäuser. Während dieselbe hier versammelt
war, besetzten kurfürstliche Truppen das Schmiedethor, das
Honigthor und das Altstädter Thor, und einige Schiffe, mit
Soldaten an Bord, legten sich an die Honigbrücke, in deren
Nähe Rodes Haus stand. Zugleich kam vom Schlosse herab
der Oberst Hille mit 100 Dragonern durch das Schmiedethor
in den Kneiphof geritten, scheinbar um einen Zug Rüstwagen
vor die Stadt zu geleiten. Plötzlich wandte er um, sperrte mit
den Wagen die Straße, die vom Domplatz zur Honigbrücke
führt, und rückte vor Rodes Haus. Der Schöppenmeister lag
im Fenster und sah ruhig dem Treiben zu. Da ließ Hille ein
paar Dragoner absteigen; sie gingen ins Haus, holten ihn
herunter; er war gefangen. Er wurde in eins der bereitliegenden
Schiffe gebracht, das alsbald mit ihm nach der Schloßfreiheit

abfuhr. Dort gelandet, wurde er ins Schloß, ins Gefängniß gebracht. Auf dem Schloßhof und Schloßplatz standen die Regimenter in Reih und Glied, 3000 Mann fertig zum Kampf, und daneben die geladenen Kanonen. Ebenso war im Fort Friedrichsburg alles vorgesehen; der Kommandant hatte Befehl, sobald auf dem Schloßthurm zu der rothen Fahne noch eine zweite aufgezogen werde, seine Batterien gegen den Kneiphof spielen zu lassen. Aber die zweite rothe Fahne wurde nicht aufgezogen. Denn die Bürgerschaft nahm die Meldung des Geschehenen, die der Kurfürst sofort an die drei Rathhäuser sandte, mit stummer Ergebung auf. Sie mußte zufrieden sein, daß der Kurfürst nun die weiße Friedensfahne aufstecken ließ und versicherte, er werde mit der Stadt als ein rechtschaffener und billiger Herr verfahren.

Es befanden sich in der Stadt noch ein paar Genossen der Rodeschen Umtriebe, der General Kalckstein und ein fremder Jesuit. Sie machten sich, als sie Rodes Verhaftung erfuhren, eiligst aus dem Staube.

Zwar nicht mit Waffen, aber mit guten Worten nahm sich die Stadt des Gefangenen an. Auch der König von Polen bat für ihn. Der Kurfürst erwiederte, er werde ihn nur nach dem Rechte behandeln. Er ließ ihm den Prozeß als Hochverräther machen. Rode leugnete einiges, was man ihm vorwarf, anderes räumte er ein; aber er berief sich dabei auf das alte Recht des Landes, welches durch den Vertrag von Wehlau nicht aufgehoben sei. Hiegegen ließ sich formell kein triftiger Einwand erheben, und die Unterhandlungen mit den Schweden und mit den Jesuiten konnte man ihm nicht beweisen. Die Richter erkannten daher zwar den Angeklagten der Sache nach für schuldig, enthielten sich aber ein endgiltiges Urtheil zu sprechen. Der Kurfürst ließ ihn dann auf die Festung nach Peiz bringen. Er hat ihm später verzeihen wollen, falls jener ihn darum bitte. Aber im Bewußtsein seiner Gesetzlichkeit beharrte Rode immer dabei, er brauche keine Gnade, er verlange nur sein Recht. Ungebeugten Sinnes ist der merkwürdige Mann, der

Verfechter der alten Zeit gegen die neue, nach vieljähriger Haft (1678) zu Peiz im Kerker gestorben.

Mit Rode's Fall war der städtischen Opposition der Muth gebrochen; sie unterwarf sich. Am 8. November ließ der Kur-fürst die Angesehensten aus den drei Gemeinden, den Zünften und Schöppengerichten Königsbergs auf das Schloß kommen und ihnen durch einen seiner Geheimräthe vortragen: „sein Wunsch und Wille sei, der Stadt die durch den Krieg entstandenen Lasten möglichst zu erleichtern und ihr zur alten Blüthe und Wohlfahrt zu verhelfen; er sei gekommen, selbst zu sehen und sich zu unterrichten; sie möchten erkennen, wie der Weg, auf den einzelne unruhige Köpfe sie geführt, sie nur ins Verderben bringe; seine Absicht sei nicht, sie zu Sklaven zu machen, son-dern sie in ihrer Freiheit zu schützen; das Vergangene solle für immer vergessen sein, wenn sie seine landesväterliche Stimme hören wollten; auch in Betreff der Accise, obschon er sie für die beste Form der nothwendigen Leistungen halte und deren Verwaltung nie den städtischen Behörden habe entziehen wollen, werde er zu allem Billigen bereit sein." Acht Tage darauf erschienen die Berufenen wieder, um im Namen der drei Städte diese Ansprache zu beantworten. Sie entschuldigten sich wegen des Geschehenen und erkannten des Kurfürsten Souveränetät förmlich an; „möge sie bis ans Ende der Welt wachsen!" fügten sie unterthänigst hinzu. Der Kurfürst seinerseits versprach nun huldvoll, ihre Privilegien nicht bloß zu bestätigen, sondern auch zu vermehren. Die Versöhnung war vollständig, und daß die Städte es damit ehrlich meinten, bewiesen sie bald. Sie hielten jetzt auf dem Landtag zur Regierung.

Die Oberstände leisteten zäheren Widerstand, zwar nicht offen, aber indem sie die Verhandlungen hinschleppten. Sie wollten auf gelegnere Zeit warten, um ihren Willen durchzu-setzen, auf die Zeit, wann der Kurfürst wieder abgereist sein würde. Immer neue Bedenklichkeiten brachten sie gegen die Ver-fassung vor, die er mit ihnen vereinbaren wollte; immer neue Beschwerden reichten sie ein. „Und wenn der Kurfürst," meinte einer der Oberräthe, „auch 99 von 100 Beschwerden der Stände nach deren Willen abthäte, aber die hundertste nicht, so würden sie doch weder auf seine Anträge eingehen noch den Huldigungs= eid ablegen." Am meisten stemmten sie sich dagegen, daß die Oberräthe in der Verwaltung sollten beschränkt, die Amtshaupt= leute und Vögte unter Kontrolle gestellt werden. Aber sie woll= ten sich den Anschein geben, als sei es ihnen hauptsächlich um die Religion zu thun; darum zogen sie diejenigen Punkte der neuen Verfassung in den Vordergrund, die zu Gunsten der bis jetzt von allen Aemtern ausgeschlossenen Reformirten lauteten.

Ebenso suchten sie die Revision der Aemter, bei der die bisherige Mißwirthschaft an den Tag kam, unter der Hand zu hindern. Sie erreichten indeß nur, daß dieselbe sehr langsam vor sich ging. Desto mehr Schwierigkeiten häuften sie in der Verfassungsfrage. Monat um Monat verging mit Erörterung ihrer Einwände und Gegenvorstellungen. Der Kurfürst, auch körperlich — an einem rheumatischen Uebel, Vorboten der Gicht — leidend und zugleich voll Sorge um seine Kinder in Berlin, wo die Pocken herrschten, sah mit Unmuth, wie sich sein Aufent= halt hier in Königsberg bis in den Frühling hinein zog, ohne daß er zum Ziele kam. „Ich bin es von Herzen müde," schrieb er nach Berlin, „ich gehe in allem den gelindesten Weg, es will aber nichts bei den bösen Leuten verfangen, welches ver= ursachen wird, daß ich ihnen endlich die Zähne weisen und mich meines Amtes bedienen werde, was ihnen alsdann nicht lieb sein wird. Ich thue allhier nichts, als mich innerlich zu er= eifern und viele harte Pillen in mich zu schlucken. Gott helfe mir von so bösen Leuten, bei denen keine rationes gelten. Diese Leute lassen die Kleveschen fromm erscheinen; ich fürchte sehr, daß, wenn sie nicht im Ernst gezüchtigt werden, keine Besserung zu erwarten ist." Mit Gewalt gegen den preußischen Adel einzuschreiten hielt er doch weder für nöthig, noch für zweckmäßig. Sein Herzogthum war ja auf allen Seiten von lauernden Widersachern umgeben. Es hieß sogar, polnisch= litauische Truppen beabsichtigten auf eigene Faust einen Einfall

ins Land, um den preußischen Mißvergnügten den Aufstand
zu ermöglichen. Gewiß war, daß Oberst Kalckstein sich rühmte,
von Sapieha, dem Krongroßfeldherrn Litauens, das Versprechen
erhalten zu haben, daß ihm zu dieser Unternehmung einige tau=
send Mann sollten untergeben werden, „und dann," drohte Kalck=
stein, „werde er nicht des Kindes im Mutterleibe schonen;" an
die Schlösser des Kurfürsten, der ihn vom Amte suspendirt,
werde er gleichfalls schreiben „„suspendirt"" und sie in die Luft
sprengen; auch des Kurfürsten Kinder, wenn er sie treffe, werde
er so wenig wie ihn selbst schonen; denn sie würden doch wie=
der solche Tyrannen werden, wie der Vater."

Indessen, die Polen hüteten sich denn doch, mit dem Kur=
fürsten anzubinden, und Kalcksteins Toben war eher geeignet,
in Preußen die Partei der Gemäßigten zu verstärken. Der Kur=
fürst und die Stände näherten sich einander; es gaben beide
Theile nach. Jener bestätigte in einer „Assekuranz" (am 12.
März 1663) die meisten hergebrachten Rechte und Freiheiten
des Landes, und diese erkannten seine Souveränetät an und
räumten den Reformirten einen Antheil an den Regierungs= und
Verwaltungsstellen ein (1. Mai).

Im wehlauer Vertrage war bestimmt worden, daß, im Falle
die Mannslinie des Kurhauses Brandenburg erlösche, das Her=
zogthum an die Krone Polen kommen solle. Diese Anwart=
schaft Polens mußte ebenso wie die Souveränetät des Kurfürsten
und gleichzeitig mit ihr von den preußischen Ständen durch einen
Huldigungseid bekräftigt werden. Die Huldigung, die der Kurfürst
von dem Lande verlangte und auf die ihm alles ankam, konnte
daher nicht ohne Mitwirkung des Königs stattfinden. Unter
den Ständen hielten viele sich zu wirklichem Gehorsam nicht
verpflichtet, bis sie gehuldigt hätten, und im stillen hofften
manche, Polen werde es nicht so bald dazu kommen lassen.
Desto eifriger bemühte sich der Kurfürst, die Ankunft der pol=
nischen Bevollmächtigten zu diesem Akte zu beschleunigen. Es
waren der Unterkanzler des polnischen Reichs, Lesczinsky, und
der Bischof von Ermland. Sie zögerten lange; erst als der

Kurfürst die Stadt Braunsberg räumen ließ, die er, weil ihm
Elbing vorenthalten worden, noch besetzt gehalten, trafen sie in
Königsberg ein und der wichtige Akt konnte vor sich gehen.

Es war am 18. Oktober 1663. Seit dem frühen Mor=
gen waren alle Plätze der Stadt Königsberg mit Wachen be=
setzt, das Schloß mit Truppen umgeben. Um acht Uhr be=
gaben sich der Hof und die Stände in die Schloßkirche, die
polnischen Gesandten in die katholische Kirche. Um zwölf Uhr
ging der ganze Zug feierlich ins Schloß zurück, wo auf einer
mit rothem Scharlachtuch bekleideten Bühne der mit rothem
Sammet ausgeschlagene Thron stand. Voran trugen der Land=
hofmeister des Herzogthums den Fürstenhut, der Oberburggraf
das Kurschwert, der Kanzler das Zepter, der Obermarschall
den Marschallstab; dann kam der Kurfürst; es folgten die Ge=
sandten und sämmtliche Stände. Der Kurfürst bestieg den Thron.
Auf Sessel zu seiner Rechten und Linken ließen sich die pol=
nischen Gesandten nieder. Vor dem Throne stellten sich die
Würdenträger des Herzogthums auf, vor der Bühne die Stände,
nämlich die Edelleute, die Abgeordneten der Städte und der
Zünfte, die bürgerlichen Landbesitzer, sodann die kurfürstlichen
Beamten. Nun hielt der Kanzler Preußens, v. Kospoth, die
Ansprache; der fischhauser Landvogt, v. Tettau, beantwortete
sie. Dann las der Geheimsekretär Calow die Formel des Sou=
veränetätseides vor und die Stände schworen. Sie erkannten
in diesem Eide den Kurfürsten für ihren einzigen, wahren und
unmittelbaren Oberherrn und gelobten sich durch nichts, wie sol=
ches auch von Menschen erdacht werden möge, von ihm abwen=
dig machen zu lassen. Dann hielt der Bischof von Ermland
eine lateinische Anrede, die der Landvogt v. Tettau lateinisch
beantwortete, worauf die Eventualhuldigung, nämlich der Eid,
im Fall des Aussterbens des Kurhauses den König von Polen
als Herrn anzuerkennen, deutsch gelesen und geschworen wurde.
Die Oberräthe und die andern höheren Beamten waren schon
Tags zuvor vereidigt worden. Nachdem die Feierlichkeit zu Ende
war, begann die Festfreude. Auch das Volk nahm daran Theil.

Man gab ihm das rothe Tuch preis, womit die Schranken und
die Bühne bezogen waren; und aus einem auf dem Schloßplatz
errichteten Adler sprang den ganzen Nachmittag für die Dursti=
gen Wein. Dazu streute der kurfürstliche Kämmerer Heidekampf
auf dem Schloßplatz, dessen Sohn auf den Straßen in allen
drei Städten goldene und silberne Denkmünzen aus. Droben
im Schloß tafelten herrlich an zwanzig Tischen die Stände.
Auch die nächstfolgenden Tage waren mit Festlichkeiten er=
füllt; am 19. ein Gastmahl auf dem Schloß zu Ehren der
Landräthe und der Bürgermeister und Zünfte Königsbergs; am
20. das Schauspiel einer Bärenhetze; am 21. ein Feuerwerk
auf dem Schloßteich. Am 22. reisten die polnischen Kommis=
sarien heim, mit Ehren entlassen, wie sie empfangen worden.
Acht Tage darauf, am 29., fand auf dem altstädter Rathhause
das Abschiedsmahl statt, welches die Stadt dem Kurfürsten
und der Kurfürstin gab. Nachdem die hohen Herrschaften mit
den vornehmsten Beamten es eingenommen, verließ der Kurfürst
mit seiner Gemahlin unter dem Donner der Kanonen und dem Zu=
ruf der dichtgedrängten Menge die Stadt, um nach Berlin zurück=
zukehren (30. Oktober). Ein volles Jahr hatte er in Preußen
verweilen, er hatte sich viel und schwer hier abmühen müssen;
es war nicht ganz erreicht, weshalb er gekommen, nicht völlig
das monarchische Wesen aufgerichtet, welches ihm heilsam dünkte;
aber es war zu demselben nun doch ein fester Grund gelegt
worden, auf dem es sich weiter entwickeln mußte. Das Land
hatte seine Souveränetät, seine Befugniß, allein zu gebieten und
keine fremde Macht mehr sich einmischen zu lassen, feierlich und
unbedingt anerkannt. Dies schien ihm die Hauptsache. Das
weitere, was er gewünscht, mußte sich, so hoffte er, allmählich
daraus von selbst ergeben.

Die Verwaltung.

--

Die höhere Würde, die Friedrich Wilhelm durch seine preu=
ßische Souveränetät erlangt hatte, kam ihm auch in seinem Ver=
hältniß zu den Unterthanen in seinen deutschen Landen zu gute.
Denn wenngleich nicht an Macht, so stand er doch im Rang
nunmehr allen Königen der Erde gleich; selbst der stolze Lud=
wig XIV. titulirte ihn jetzt „mein Bruder," während sich noch
1647 der französische Gesandte d'Avaux erdreistet hatte, ihn
„mein Herr" anzureden. Es war aber diese Anerkennung seiner
Würde als hoher Potentat in jener Zeit der Etikette ein Um=
stand von großer Erheblichkeit, der den Respekt vor dem Fürsten
nicht wenig erhöhte. Dennoch fehlte viel daran, daß man sich
nun überall dem Willen des Herrschers leicht und rasch gefügt
hätte. Selbst in der Mark, wo er noch die meiste Willfährigkeit
traf, hatte der Kurfürst noch ab und zu mit den Ständen
Kämpfe zu bestehen. Aber es handelte sich dabei nicht mehr
um die Frage, ob die Stände befugt seien, an der Regierung
Theil zu nehmen. Diese Frage war zu ihren Ungunsten ent=
schieden; der Kurfürst allein regierte hinfort, er war der Herr, sie
waren die Unterthanen. Jetzt handelte es sich nur noch um
Geldfragen.

Die Einnahmen des Landesherrn waren von altersher dop=
pelter Art, laufende und außerordentliche. Jene bestanden in
den Erträgen der Domänen, der Forsten und der Regalien,
insbesondere des Salz= und des Münzregals; diese in den Steuern
und Zöllen, die von den Landtagen bewilligt wurden. Die

ersteren waren zur Erhaltung des Hofstaats und der Beamten=
schaft, die letzteren zu außergewöhnlichen Ausgaben bestimmt.
Diese Einrichtung genügte, so lange die einzelnen Territorien
sich selbst verwalteten und schützten. Aber die ständische Selbst=
verwaltung, wie die ständische Landesvertheidigung hatten sich
überlebt; was sie hätten leisten sollen, aber in der That nicht
mehr leisteten, das lag nun dem Staate ob. Mit den Pflich=
ten mußten ihm aber auch die Rechte, mit den Zwecken die
Mittel vermehrt werden. Er brauchte vor allem weit mehr
Geld als früher, und nicht blos mehr, sondern auch sicherere Ein=
nahmen. Mit allem Fleiß suchte der Kurfürst seine eigenen
Geldquellen zu verstärken, insbesondere durch Verbesserung der
Domänen. Aber der größte Theil dieser Güter war verschul=
det oder gar verpfändet, und die Wiedereinlösung ging nur
sehr langsam von statten. Auch durch sparsamere Hofhaltung
war nicht viel zu helfen. Der Kurfürst hatte niemals großen
Luxus getrieben und sich immer bereitwillig, wenn es geboten
schien, die kostspieligeren Genüsse versagt, wie er denn z. B. im
Jahre 1659 den Hofsänger Prevost verabschiedete, um dessen
Gehalt nützlicher zu verwenden. Aber einigen Glanz hielt er
doch für nöthig. Weit mehr als der Hof kostete das stehende
Heer;*) an diesem mochte er noch weniger sparen. So reichte

---

*) Der Sold war damals im Verhältniß zum Geldwerth weit höher als
heute. Im Jahre 1655 erhielten monatlich an Besoldung: bei der Infanterie
der Obrist 150 Thaler, der Obristlieutenant 63, der Quartiermeister des
Regiments 49½, der Regiments=Adjutant 16½, der Regiments=Prediger 16½,
der Aktuar ebenso viel, der Sekretär 11½, der Wundarzt 10½, der Wagen=
meister, der Profoß und der Scharfrichter des Regiments jeder ebenfalls
10½ Thlr., der Stockknecht 6½, der Gemeine 3½ Thlr. Bei der Reiterei: der
Rittmeister 84½, der Lieutenant 40½, der Cornet 30½, der Wachtmeister 16½,
der Fourier 13½, der Korporal 15, der Trompeter 10, ebensoviel der Muster=
schreiber, der Fahnenschmied 9½, der Sattler 7, der gemeine Reiter 6 Thaler.
Außerdem erhielt bei allen Truppen der Mann täglich 2 Pfund Brot, den
Scheffel zu 60 Pfd. gerechnet. Im ganzen kostete monatlich ein Infanterie=
Stab 328 Thlr., ein Kavallerie=Stab 368, eine Kompanie Infanterie
368½, eine Kompanie Reiter 927⅔ Thaler. In beiden Waffen war die
Kompanie damals gewöhnlich 100 Mann stark.

er denn mit den laufenden Einnahmen, welche noch im Jahre
1670 kaum eine halbe Million Thaler betrugen, bei weitem
nicht aus; das Mehr mußte vom Lande aufgebracht werden
und zwar in dauernder Weise. Die Stände wandten ein,
die Truppen könnten ja entlassen werden; nach dem olivaer
Frieden erwarteten und forderten sie es bestimmt. Der Kurfürst verringerte nun zwar das Heer, aber die Stämme
seiner Regimenter behielt er bei, so daß er in jedem Augenblicke, ohne die Festungen zu entblößen, mit 8000 Mann ins
Feld ziehen und dieselben leicht auf 20000 vermehren konnte.
Weiter den Militärstaat zu beschränken, lehnte er entschieden ab.
In der Mark, wie in den übrigen deutschen Provinzen konnte
er sich dabei auf den jüngsten Reichsabschied, den Beschluß des
deutschen Reichstags von 1654, berufen, welcher feststellte, daß
die Stände die zur Landesvertheidigung nöthigen Mittel unwei-
gerlich zu leisten hätten und dagegen bei den Reichsgerichten
Protest zu erheben sich nicht gelüsten lassen sollten. Ueberdies
verging fast kein Jahr, in dem nicht irgend woher eine Kriegs-
gefahr gedroht hätte. Deutschland lag ja seit dem westfälischen
Frieden dem Einfluß des Auslandes so weit offen, daß jede
Verwickelung zwischen auswärtigen Mächten leicht diesen oder
jenen Theil des Reiches in Mitleidenschaft zog. Und wie ganz
unzulänglich die alte ständische Wehrverfassung war, zeigte sich
bei jedem Anlaß von neuem. Als im Jahre 1663 die Tür-
ken in Ungarn und Mähren einfielen und jedes Reichsglied zur
Hilfe aufgeboten wurde, erließ der Kurfürst in der Mark das
Lehnsaufgebot; aber die Ritterschaft zog es vor, das schuldige
Lehnspferd mit 40 Thalern von der Hufe abzukaufen. Die
Stände erkannten hier denn auch die Nothwendigkeit stehender
Truppen und die Pflicht, zu deren Unterhalt Gelder zu bewilligen, an. Aber sie leisteten dieselbe in Form einer Grundsteuer-
Kontribution, die in veralteter und ebenso unzweckmäßiger wie
ungerechter Weise auf Ritterschaft und Städte vertheilt wurde,
so daß jene ein Drittel, diese zwei Drittel aufbrachten. Be-
sonders die Städte kamen dabei übel weg. Es lagen in ihnen

noch viele Grundstücke wüst. Gleichwohl mußte jede Stadt
ihren Antheil an der Steuer voll und ganz bezahlen; derselbe
wurde auf die vorhandenen Eigenthümer repartirt, die also zugleich für ihre eigenen und für die wüst liegenden Grundstücke aufkommen mußten. Wer nicht zahlte, ward unbarmherzig mit Exe-
kution heimgesucht; die Stadtobrigkeit ließ Betten, Braupfannen,
Zinngeräth, alles, was nur zu nehmen war, wegnehmen und
verkaufen. Mancher Besitzer ließ voll Verzweiflung Haus und
Hof im Stich und ging außer Landes.

Hiegegen schritt nun der Kurfürst ein. „Die Kontribution
ist gehässig," sagte er den märkischen Ständen, „und viele Leute
werden durch den bloßen Namen dieser Steuer abgehalten sich
in unserm Lande niederzulassen. Sie bringt große Streitigkeiten wegen Ueberbürdung zumal zwischen den einzelnen Städten hervor. In andern Ländern wird ebensoviel und mehr durch
andere Mittel herbeigeschafft, bei denen dieselben nicht blos in
gutem Stande verbleiben, sondern von Tag zu Tag an Volk
und Reichthum zunehmen." Er schlug vor, an die Stelle der
Kontribution allgemein die Accise, eine Art von Mahl-, Schlacht-
und Brausteuer, zu setzen und erließ zu diesem Zwecke 1667
eine neue Acciseordnung. Aber nur die Städte nahmen dieselbe
an. Sie begrüßten diese Maßregel als eine „wahre Linderung
ihrer seufzenden Seelen." Rasch und über Erwarten groß zeigten sich die günstigen Folgen. Noch im Jahre 1668 waren
in Berlin-Köln von 1000 Feuerstellen 200 wüst; drei Jahre
darauf bezeugte der Magistrat in einer Urkunde, die beim Neu-
bau der Nikolaikirche in deren Thurmknopf gelegt wurde: „fast
alle wüsten Stellen sind bebaut, die alten Häuser reparirt und
ist ein Gedränge um Häuser zu kaufen". Und in einem späteren
Bericht eines Beamten des Kurfürsten heißt es von der Einführung der Accise anstatt der Kontribution: „daher kommt es,
daß in der Mark so ganz und gar verfallene Städte wieder in
gutes Aufnehmen gesetzt worden und soviele derselben, so vorher
ganz desolirt und ohne Einwohner waren, jetzo wieder in gutem
Stande sind. Ueberdies erträgt die Accise auch ein weit mehreres,

als vor diesem die Kontribution eintrug. Denn anjetzo die Stadt Berlin an Accise allein jährlich 100000 Thaler bringt, da die Kontribution vorher kaum 10000 Thaler brachte."

Diese neue Steuer wurde allmählich auch in anderen Provinzen eingeführt und aus ihr hauptsächlich wurden dann die Kosten für das stehende Heer bestritten. Dasselbe war seitdem in seiner Existenz gesichert und fiel den Unterthanen nicht mehr in dem Grade wie früher zur Last. Denn man empfand die Kosten weniger, da die Bürde gleichmäßiger vertheilt war. Friedrich Wilhelm selbst erlebte dies freilich nicht mehr. Er mußte besonders in Preußen immer von neuem für das Heer fordern und pressen. Wenigstens sorgte er für Erleichterung in anderen Stücken. Das Militär war dem Lande früher durch Zuchtlosigkeit und Uebergriffe aller Art sehr beschwerlich gewesen. Hierin trat nun eine erhebliche Besserung ein. Denn der Kurfürst handhabte strenge Disziplin. Schon im Jahre 1656 hatte er dem Heere ein „Kriegsrecht" gegeben, welches alle Verhältnisse desselben ordnete; 1665 wurde es in deutscher Sprache neu herausgegeben, auch ein förmliches „Uebungs=Reglement" hinzugefügt. Gottesfurcht und Mannstugend sollten danach Hauptstücke der Soldatenzucht sein, und auf jeden Bruch der Kriegsartikel waren die strengsten Strafen gesetzt. Wer z. B. auf den Trommelschlag nicht sofort zur Fahne eilte, war schwerem Gefängniß verfallen; wer bei der Arbeit sich lässig zeigte oder zu spät erschien, mußte zur Schande auf dem hölzernen Pferde sitzen; wer eine Meile hinter dem Heere zurückblieb, hatte das Leben verwirkt. „Wenn das Kriegsvolk", so lautete eine andere Bestimmung, „die Uebergabe einer Festung erzwingt, so sollen die Befehlshaber am Leben gestraft, von den andern aber, so in solchen Zwang gewilligt, allemal der zehnte Mann nach dem Lose stranguliret werden." Ebenso so strenge waren die Artikel, die den Schutz der Civilpersonen bezweckten. So stand auf gemeinen Diebstahl der Tod oder Gassenlaufen; aber auf Zerstörung einer Schmiede, eines Pfluges oder anderer Bauergeräthschaft ausschließlich der Tod. „Wer von der Soldateska", heißt es weiter, „seinen Wirth oder dessen Frau oder Angehörige ungebührlich traktiret, soll nach Erkenntniß des Regimentsrechts mit scharfer Leibesstrafe angesehen, wer auf ein Weib einen <u>unzüchtigen Angriff</u> unternimmt, soll unnachsichtlich mit dem <u>Tode bestraft</u> werden." Auch die Offiziere nahm der Kurfürst in Zucht; das wüste Wesen aus dem dreißigjährigen Kriege mußte aufhören. Namentlich das <u>Duelliren</u> war bei den Offizieren und nach ihrem Beispiel auch beim Civil an der Tagesordnung. Hiergegen richtete er 1652 eine scharfe Verordnung: „Mit großem Mißfallen", hieß es in dem Mandat, „haben Wir vernommen, daß sich viele unbändige Leute finden, die allenthalben, wohin sie kommen, zu schlagen und zu fechten Ursach suchen, also daß an vielen Orten kaum eine Zusammenkunft gehalten werden kann, wo nicht Schlägerei und Raufhändel vorgehen, oder doch solcher Unfug, Lärm und Tumult angestiftet wird, dadurch mancher alte abgelebte Mann und ehrliches Frauenzimmer erschreckt, der Wirth in seinem Hause beleidigt und die ganze Gesellschaft geärgert und beunruhigt wird." Er verbietet ein für alle Mal jedes <u>Duell bei Todesstrafe</u>. Ganz dieses Uebel auszurotten gelang ihm freilich ebensowenig wie alle und jeden Exzeß der Soldaten zu verhindern.

So vortheilhaft auch für den Bürger, den Kurfürsten und das Heer jene finanzielle Maßregel war, durch welche in der Mark an die Stelle der Kontribution die Verbrauchssteuer trat; der Adel wollte sich ihr keineswegs fügen. Prälaten und Ritterschaft der Mark meinten, diese Art der Besteuerung würde den Edelmann dem Bürger und Bauer gleichsetzen und ihn überdies an seinem Vermögen beschädigen. Auch so schon könnten sie kaum standesgemäß leben und ihre Kinder in adligen Tugenden und guten Künsten auferziehen. Kurz, sie wollten bei der Kontribution verbleiben. Es gehörte eben zu ihren wichtigsten Privilegien, daß sie, abgesehen von dem Lehnspferde und jener Grundsteuer, welche ihre Hinterfassen für sie aufbringen mußten, steuerfrei waren. Wie hätten sie die Hand dazu bieten sollen, dies Privileg zu durchlöchern! Der Kurfürst gab ihnen nach. Er beschränkte sich darauf die Accise in den Städten einzuführen und beließ den Adel bei der alten Art der Besteuerung.

Auch hinsichts der Erhebung der Abgaben zeigte er sich den Wünschen der Stände geneigt. Nach hergebrachter Sitte wurden jene auf den Gütern und in den Städten von der Orts= behörde selbst eingesammelt. Dies änderte der Kurfürst nur, wo es die Noth forderte. Es genügte ihm zunächst, wenn die Summe nur überhaupt einkam. So blieb denn anfangs auch die ergiebigste und sicherste Steuer, die neue Accise, unter städtischer Verwaltung und was jede Stadt über ihren Pflicht= theil hinaus einnahm, durfte sie behalten und zu eigenem Nutzen verwenden. Dies gab indeß zu Mißbräuchen Anlaß; denn da viele Einnehmer selbst Güter besaßen, von denen sie steuerpflichtige Produkte hereinbrachten, so handhabten sie das Gesetz nicht eben strenge. Es wurde daher die Steuerverwaltung in den Städten an kurfürstliche Beamte übergeben.

Wenngleich der Kurfürst übrigens das Vorrecht der Steuer= freiheit den Rittern beließ, so beschnitt er es doch, wo es nur immer anging. Namentlich verbot er, es auf diejenigen Güter auszudehnen, welche der Adel im Laufe der Zeit von den ver= armten Bauern an sich gebracht hatte. Auch die Pfarrer, Frei= sassen und Schulzen waren bisher von manchen Abgaben frei gewesen; sie blieben jetzt nur in dem Falle bevorrechtet, wenn sie ihre Privilegien durch Urkunden beweisen konnten. In der langen Kriegszeit waren aber gar viele Dokumente verloren gegangen.

Eine andere Geldquelle eröffnete sich der Kurfürst durch mancherlei Monopole, z. B. indem er der Regierung den Allein= handel mit Mühlsteinen vorbehielt. Heilsamer war, daß er im Jahre 1666 denjenigen Städten, die noch das Münzrecht hatten, es abnahm und in seinen Staaten fortan allein Geld prägen ließ.

Die beste Art den Finanzen des Staats aufzuhelfen blieb immer, das erkannte Friedrich Wilhelm sehr wohl, die Erhöhung des allgemeinen Wohlstandes. Diesem Ziele hat er denn auch mit großer Weisheit unermüdlich nachgestrebt. Bald nach dem olivaer Frieden erließ er ein Edikt, das den Anbau des Landes zu heben bestimmt war. „Nachdem Unsere Lande", hieß es darin, „durch den Krieg sehr ruinirt worden und Wir nunmehr bei wiedererlangtem Frieden sehr in Sorgen stehen, wie dieselben in besseren Zustand gesetzt werden mögen, so sind Wir, damit dies um so eher geschehe, aus landesväterlicher Liebe dahin bewogen worden, allen denjenigen, so wüste Stellen anzunehmen, zu bebauen und also sich in Unsern Landen häuslich niederzulassen Vorhabens sein sollten, einige empfindliche Ergötzlichkeit widerfahren zu lassen. Inmaßen Wir ihnen eine sonderbare Exemption und Befreiung von allerhand Landesbeschwerden, sie seien ordinär oder extraordinär und haben Namen wie sie wollen, als da ist: Schoß, Kontribution, Servis, Einquartierung, Steuern, Kollekten, Zinspachten, Diensten, Zehnten und allerhand Prästationen auf sechs Jahre, sowohl in Unsern Domänen und Aemtern (woselbst denn absonderlich denen, so Uns im Kriege gedient, Bauholz nach Inhalt der an Unsern Oberjägermeister ergangenen Verordnung gefolgt werden soll), als auch sonsten in den Städten und auf dem Lande und wo es sein mag, verwilligen." Andere Edikte richteten sich an die Einheimischen selber. Es wurde verordnet, daß jüngere Bauernsöhne wüste Höfe annehmen müßten; überall sollten die Landräthe und Amtleute dahin wirken, daß die mit Fichten bewachsenen wüsten Aecker von den Wölfen gesäubert und wieder urbar gemacht würden. Diese Befehle hatten auch gute Wirkung. Doch wanderten mehr Bürger als Bauern ein. Besonders nach Einführung der Accise kamen aus den Nachbarlanden, wo man in der alten Kontributionsweise beharrte, zahlreich Handwerker, Krämer, Kaufleute, um sich in den märkischen Städten niederzulassen.

Selbst bei diesen Bemühungen hatte der Kurfürst vielfach die eigenen Unterthanen gegen sich. Er wollte, um den Zuzug der Einwanderer zu verstärken, Gewerbefreiheit geben; aber die Städte widersprachen dieser Idee so heftig, daß er sie fallen ließ. Doch durchbrach und lockerte er vielfach die engherzigen Zunft-

gesetze, indem er allen, die sich auf verlassenen Stellen in den
Städten anbauten, Bürgerrecht verlieh und ihre Aufnahme in
die Gewerke erleichterte. Das hergebrachte Unrecht, ganzen
Klassen von Menschen, z. B. den Kindern von Schäfern, die
Zünfte zu verschließen, beseitigte er durch ausdrückliche Verbote.
Er erklärte die um ihrer Geburt willen bisher für unehrlich an-
gesehenen für ehrlich. Und so schaffte er auch das alte Gesetz
ab, welches den Juden untersagte, sich in der Mark niederzulassen; er öffnete die im Jahre 1670 aus Oesterreich verjagten
seine Staaten. Doch nahm er nur eine bestimmte Anzahl
jüdischer Familien auf, denen er dann gegen eine gewisse Abgabe erlaubte Handel zu treiben. Uebrigens wurden alle, die
Arbeitskraft mitbrachten, mit offenen Armen empfangen. Wie
sehr stach dies Verhalten gegen die Behandlung ab, welche der
Einwanderer in anderen deutschen Ländern, z. B. in der Pfalz,
erfuhr. Dort wurden Uneheliche und Heimathlose, die sich anzusiedeln kamen, als sogenannte „Wildfänge" vom Landesherrn
zu Leibeigenen gemacht, und der Kurfürst von der Pfalz hielt
auf sein Wildfangsrecht so strenge, daß er deshalb sogar Krieg
mit den Nachbarn nicht scheute. Auch dem Brandenburger stand
dieses „Recht" zu; aber es fiel ihm nicht ein davon Gebrauch
zu machen. Er verstand seinen und des Staates Vortheil
besser.

Weniger als Bürger= und Bauernstand war der landsässige
Adel herabgekommen. Doch fehlte es an verfallenen Edelsitzen
nicht. Der Kurfürst ließ es sich angelegen sein, durch Erleich=
terung des Einwanderns auch diesem Stande frisches Blut zu-
zuführen. Er sah es gern, wenn seine Minister und Generale
oder auch wohlhabende Fremde sich in seinen Landen Rittergüter kauften und unterstützte sie dabei, indem er bei den Ständen
die verfassungsmäßige Aufnahme in das Indigenat, d. i. in die
Landesangehörigkeit der betreffenden Provinz befürwortete. Auch
geschah es zum Theil aus diesem Grunde, wenn er Männer,
die um seine Person oder um den Staat Verdienste hatten,
in den Adelstand erhob. Er ist der erste Hohenzoller gewesen,

welcher Adelsbriefe ertheilte. Bisher waren solche in Deutsch=
land nur vom Kaiser verliehen worden; mit der Souveränetät
stand auch dem Kurfürsten dieses Recht zu. Doch übte er es
sparsam aus. Die Stände sahen auch hiezu scheel. Die
pommersche Ritterschaft reichte im Jahre 1665 sogar einen
Protest dagegen ein: „Ob zwar nicht ohne", hieß es in ihrer
Eingabe, „ob zwar nicht ohne, daß pommersche, auch wohl die
mehrsten evangelischen Edelleute nunmehr leider in schlechtem
Ansehn und fast elende Leute sind, dannenhero jemand so wenig
sich zu ihrer Mitgenossenschaft zu drängen, als sie selbst miß=
günstig damit zu sein und darüber zu streiten Ursach haben;
so müssen gleichwohl gegenwärtige von Adel dasjenige, was sie
von ihren Vorfahren an Wohlstand und Ansehen bisher noch
bewahren, nicht gering und liederlich achten, sondern sich in dem
Leid über das, was sie verloren, an dem wenigen trösten und
erfreuen, was ihnen von Gottes Gnaden noch übrig geblieben
ist. Sollte nun noch ein Haufen neuer Leute ins Land ziehen
und man die Jura Statuum (Adelsrechte) denen mittheilen und
selbige so gemein machen und so leicht und liederlich dahingeben,
daß jeder, wer nur mit seinem, wer weiß wie erschundenen Gelde
sich einen Adelsbrief und ein Landgut kauft, sofort Bruder und
Gesell mit sein müßte, so würden diejenigen, die des Landes
Last und Bürden in schweren Zeiten getragen, an sothanem
Privileg auch wenig Trost mehr finden."

Dieselbe Beschränktheit, mit der das Volk alles Heil in
den veralteten Sondervorrechten sah, zeigte sich in seinem Mangel
an Unternehmungsgeist, in seinem Beharren bei dem gewohnten
Saumsal. Es that ein Treiber Noth, die Kräfte zu wecken
und auf die rechte Stelle zu wenden. Dieses Amt hat der
Kurfürst mit Eifer auf sich genommen und mit Kraft geübt.
Selbst in der Hauptstadt mußte er fortwährend anregend und
bevormundend einschreiten. Die Bürger pflegten noch immer
den Mist des Viehes und allen andern Unrath auf die Straße
zu werfen. „Solch säuisches Wesen", erklärte der Kurfürst,
„werde er nicht dulden; wer den Schmuz dort hinauswerfe, dem

solle er von Polizei wegen wieder ins Haus zurückgeworfen werden." Im Jahre 1660 erließ er eine Gassenordnung, und er hielt darauf, daß sie beobachtet wurde. Er wies Geld an, um Brunnen anzulegen und Feuerlöschgeräth, zu beschaffen; befahl, daß durch= gehends die Straßen gepflastert und zur Verbesserung des Gesundheitszustandes ein Kanal gezogen würde. Denn die Stadt stak fast in einem Sumpfe. Auch hier legte der Kur= fürst selbst Hand ans Werk. Namentlich ließ er den Friedrichs= werder, wo sich Sumpf und Gebüsch um die Herrschaft stritten, austrocknen und mit Häusern besetzen. Er begann ferner den Bau der Friedrichstadt und der Dorotheenstadt (1673 und 1674). Viel nützten seine edlen Liebhabereien, insbesondere seine Freude an der Gärtnerei. Seine Gemahlin theilte diese Neigung. Die beiden wetteiferten, in den Gärten bei Berlin, bei Pots= dam schönes und nützliches zu pflanzen und zu pflegen. Zuerst wurde der berliner Schloßgarten wiederhergestellt und verbessert; zur Anlage des Lustgartens an Bäumen und Kräutern und Blumenzwiebeln das nöthige, selbst bis aus Holland, verschrieben. Auch die andern Künste mußten verschönern helfen; Spring= brunnen und Statuen wurden errichtet. Im Jahre 1672 be= fanden sich im kurfürstlichen Lustgarten schon 568 Orange= und andere seltene Bäume, und viele hundert Nelken=, Levkoien=, Rosmarin= und andere Blumenstöcke. Dort stand auch, im Winter jedesmal überbaut, die berühmte Palme, an welcher später Linné seine Entdeckung von zwei Geschlechtern in der Pflanzenwelt gemacht hat. Auch den verwilderten Thiergarten brachte der Kurfürst in besseren Stand. Er ließ ihn im Jahre 1663 durch einen Graben entwässern, an dem täglich zwanzig Mann von der Garnison hatten arbeiten müssen. Dann wurde dieser Park umzäunt und mit Hirschen aus Zossen, Auerhähnen aus Preußen und anderm edeln Wild besetzt. Einen Hofküchen= garten hatte der Kurfürst schon früher anlegen lassen und zu diesem Zweck einen Gärtner aus Holland berufen. Er brauchte nun die feinen Gemüse, zu denen damals auch die Kartoffel gehörte, nicht mehr wie im Anfang seiner Regierung durch die

Post über Hamburg au Holland zu verschreiben; er zog sie,
jetzt selbst. Bald wurde der Gemüsebau in der Mark all=
gemeiner, und nun verwandelte der Kurfürst jenen Hofküchen=
garten in einen der Wissenschaft gewidmeten, in den botanischen
der noch besteht. Der erste Aufseher desselben war ein Doctor
Elsholz. Nicht mindere Sorgfalt wurde der Obst= und Wein=
kultur zugewendet. Bald erbaten sich fremde Potentaten Pfropf=
reiser und Gärtner von dem Kurfürsten, und sein Weinbau ge=
dieh so gut, daß er im Jahre 1668 aus den potsdamer Gärten
schon 848 Tonnen gewann. Das gute Beispiel, das er den
Landbesitzern gab, that Wirkung; Minister, Generäle und Privat=
leute suchten es ihm auf ihren Gütern nachzuthun. Es war
eine gute Art ihm den Hof zu machen. Er erkannte solch Be=
mühen an; er munterte es auf, indem er seltene Blumen, kost=
bare Pflanzen schenkte.

So nahm er sich auch des Gewerbwesens, zunächst in der
Mark, an; errichtete zum Vorbilde auf eigene Rechnung Fabriken
mancherlei Art; in Marienwalde, Regenthin, Joachimsthal
Glashütten, in Peiz und Rathenow Eisenhämmer, in Wiesen=
thal einen Blechhammer; durch ein Verbot der ausländischen
Waaren schützte er dann die jungen einheimischen Industriezweige.
Von altersher war das Hauptgewerbe in der Mark die Wollen=
manufaktur. In der Kriegszeit verfallen, blühte es durch des
Kurfürsten Fürsorge wieder schön auf. Er hatte auch dies nur
durch Eingriffe in die Freiheit bewerkstelligen können. Die
märkischen Wollenweber hatten ihm geklagt, es seien ihrer drei
bis viertausend, und sie könnten eine Million Stein Wolle
verarbeiten; aber die Kaufleute brächten die beste Wolle an sich,
verführen sie außer Landes und ließen ihnen nur den schlechten
Rest übrig; „ja diese Vorkäufer", fügten sie hinzu, „treiben es
so weit, daß sie noch vor der Schur nach der Wolle laufen,
reiten, fahren, dieselbe bestellen und mit ihrem eigenen Gewicht
an sich bringen und den armen Tuchmachern dann theurer ver=
kaufen oder sie zwingen, ihnen ihr Tuch um einen geringen
Preis herzugeben. Kurz ", schlossen sie, „die Kaufleute lassen

uns mit unsern Weibern und Kindern nicht das trockene Brot übrig." Der Kurfürst verordnete darauf, daß die Pfarrer, Bauern und Schäfer ihre Wolle nur an die Tuchmacher verkaufen sollten.

Den Handel mußte er auf andere Weise in Schwung zu bringen; den überseeischen durch einen Handelsvertrag, den er 1661 mit England schloß, wohin von Königsberg Getreide und Holz, aus der Mark Eisendraht und Mast= bäume gingen; den Binnenhandel vor allem durch den Bau des Friedrich=Wilhelms=Kanal bei Müllrose zwischen Oder und Spree. Sieben Jahre lang, von 1662 bis Ende 1668, dauerte das Werk; die leitenden Baumeister waren der Piemontese von Chiese, derselbe, der auch die sogenannten „Chaisen" oder „Berlinen" erfunden hat, und der Brandenburger Ernst Blesendorf; die Brücken und Schleusen baute der Holländer Smids. Der Kanal ist drei Meilen lang, sechs Fuß tief, sechzig Fuß breit und hat, da die Spree fünfzig Fuß über dem Wasserspiegel der Oder liegt, nicht weniger als fünfzig Schleusen. Am 28. März 1669 wurde er feierlich eröffnet. Bevor das Wasser hereingelassen wurde, speiste der Kurfürst mit seinem ganzen Hofe in dem Kanal. Darauf befahl er die Schleusen aufzuthun; donnernd und brausend stürzte das Wasser herein, bald floß es beruhigter; dann hatte er die Freude, den ersten Oderkahn hereinfahren zu sehen, dem noch vier andere große breslauer Schiffe folgten. Am 25. März langten sie in Berlin an, um dann weiter hinab nach Hamburg zu gehen. Bald kamen hinwieder hamburger Schiffe von Berlin her durch den Kanal nach Breslau oder Frankfurt. Diese Wasserstraße, welche die Oder mit der Elbe verband, zog rasch den lebhaftesten Verkehr an sich. Freilich war es mit diesem Werke des großen Kurfürsten, wie mit so vielen anderen: Einzelne kamen dadurch zu Schaden, aber das Ganze gewann weit mehr. Bis dahin hatte nämlich Frankfurt den Stapel zwischen der Mark und Polen gehabt und war der Mittelpunkt des Oderhandels gewesen; diese Vortheile büßte es nun ein. Dagegen brachte die neue Straße nicht bloß den Handel Berlins, welches jetzt zu Wasser erreichbar zwischen den großen Plätzen Hamburg und Breslau mitten inne lag, sondern auch den gesammten Verkehr der Marken in unvergleichlich höheren Schwung.

Zum Schutze und zur Förderung des Seehandels geschah es, daß Friedrich Wilhelm in dieser Zeit eine Marine zu gründen begann. Im Jahre 1664 schwammen bereits zwei brandenburgische Fregatten auf dem Meere. Sie hießen „das Herzogthum Kleve" und „die Grafschaft Mark" und waren in Pillau ausgerüstet.

Ferner bildete er zum besten des Handels das Postwesen immer mehr aus. Wenn er allen Protesten von Thurn und Taxis zum Trotz es als sein Regal festhielt, so that er dies keineswegs um Geld daraus zu ziehen. Vielmehr kostete ihm die Post, da er immer neue Linien eröffnete, noch große Zuschüsse; aber er kargte damit nicht; „denn", bemerkte er sehr richtig, „es ist ein hochnützliches Werk, woran sowohl Uns als den Kommerzien viel gelegen, und welches zu besonderer Wohlfahrt aller Unserer Lande gereichet." Wie gut seine Posten waren, bezeugt die Thatsache, daß man anderwärts die eigenen nach ihnen verbesserte; sie zeichneten sich besonders durch Schnelligkeit und Ordnung aus.

Desto mehr war er berechtigt, die Unterthanen anzuhalten, daß auch sie das ihrige thäten, um dem Kaufmann die Wege zu ebnen; er befahl, zwang im Nothfall, die Brücken, Dämme, Straßen auszubessern, sowie Krüge und Wirthshäuser an den Landstraßen anzulegen. Zum besten der Konsumenten dagegen hielten die Stände eine neue Marktpolizei= und Tax=Ordnung für nöthig, damit der Uebervortheilung des Publikums durch die Handelsleute gesteuert werde. Sie verlangten eine dahingehende Rechtsreform, und der Kurfürst traf Anstalten zu einer solchen. Da indeß die gerügten Uebelstände großentheils in der Verworrenheit des deutschen Münzwesens ihren Grund hatten, so schritt das Werk nicht recht vor. Der Kurfürst mußte sich begnügen, im allgemeinen auf gute Handhabung des Rechts hinzuwirken. „Wir befehlen euch", schrieb er an alle Behörden, „daß jedermann Justitiam unparteiisch administrire, zuvörderst

die gütliche Handlung mit allem Fleiß zu suchen, andernfalls
was Recht ist zu entscheiden, die Prozesse auch soviel als mög=
lich zur Endschaft zu befördern und weder den Parteien noch
den Advokaten unnöthige Weitläufigkeiten zu gestatten." Als
im Jahre 1646 das Kammergericht bei ihm einer Ungerechtig=
keit bezichtigt wurde, ließ er in dem Spruchzimmer desselben
ein Gemälde aufhängen, welches den Kambyses vorstellte, wie
er einem ungerechten Richter die Haut abziehen läßt. Erst nach=
dem jene Klage als unbegründet, als Verläumdung nachgewiesen
worden, durfte das Bild wieder entfernt werden.

Wenn man die geringen Mittel erwägt, die dem Kurfürsten
in dieser Zeit zu Gebote standen, so muß man sagen, daß er
auch für die geistige Kultur seines Landes schon damals un=
gemein viel gethan hat. Die Früchte seiner ersten Maßregeln
auf diesem Gebiete, besonders daß er in der Mark die Gym=
nasien wiederhergestellt, zeigten sich bald. Die Schulbildung
hob sich wieder, zunächst die höhere. Diese beruhte freilich fast
ausschließlich auf dem Studium des klassischen Alterthums. Auf
dem berliner Gymnasium zum grauen Kloster, welches damals
unter den Anstalten seiner Art den meisten Ruf hatte und im
Jahre 1656 schon wieder vierhundert Schüler zählte, wurde
hauptsächlich Lateinisch und Griechisch gelehrt. Die Kenntniß
der Muttersprache setzte man voraus; ebenso wenig standen
andere lebende Sprachen im Lehrplan. In der Religionsstunde
wurden geistliche Lieder gesungen und Dogmen gelernt. Gründ=
lich trieb man außer den alten Sprachen nur die Logik, die
damals Dialektik hieß; in den Disputations=Uebungen dieser
Lehrstunde wurde jeder Satz bald bejahend, bald verneinend
durchgefochten, was zwar hie und da dem vorlauten und
sophistischen Wesen Vorschub leistete, aber die formelle Gewandt=
heit im Denken und Reden sehr förderte. Bei den Schulfesten
führten die Schüler Schauspiele auf, entweder aus der biblischen
Geschichte, die sogenannten Mysterien und Passionsspiele, oder
was jetzt häufiger der Fall war, aus der Mythologie und Geschichte
des klassischen Alterthums. So wurde, als man im November 1674

das erste hundertjährige Stiftungsfest der grauen Klosterkirche feierte, von den Schülern ein Schauspiel, betitelt „Bellerophons Unschuld und Sieg" auf dem berliner Rathhause aufgeführt, wozu ein besonderes Schulprogramm die Einladung erlassen hatte.

Weniger in materiellem, als in moralischem Verfall befand sich die Universität Frankfurt. Hier studirten außer kurfürstlichen Unterthanen namentlich viele Polen, die sich in der ungebundenen, leidenschaftlichen Weise ihrer Nation zu benehmen pflegten. Dazu kamen bei allen die übeln Nachwirkungen der langen Kriegszeit, durch welche die Sitten verwahrlost worden. So entstand unter den frankfurter Studenten eine Zügellosigkeit des Lebens, die ihnen den bösesten Ruf machte. Besonders nahm bei ihnen der „Pennalismus", das wüste Vereins= Kommerschiren mit Trunk, Spiel und Liederlichkeit, überhand. Was die Universitätsbehörden dagegen vornahmen, war wir= kungslos. Der geistliche Inspektor that alle Mitglieder der pennalistischen Verbindungen in den Kirchenbann, versagte ihnen die Theilnahme am Gottesdienst und Abendmal, predigte wider ihre Sünden; allein sie machten sich nichts daraus. Da griff der Kurfürst ein; durch scharfe Verordnungen (1659, 1661) und die ganze Strenge des Gesetzes führte er die verwilderte Jugend wieder zu besseren Sitten.

Für wissenschaftliche Bestrebungen besaß Friedrich Wilhelm selber Sinn; er bethätigte es, er bethätigte zugleich seinen deut= schen Patriotismus, indem er aus Neigung einer jener Gesell= schaften beitrat, die sich damals zur Reinigung und Pflege der deutschen Sprache und Literatur gebildet hatten. Er ließ sich in die „fruchtbringende Gesellschaft" aufnehmen, welche am 3. September 1617 von Kaspar v. Teutleben in Berlin ge= gründet worden. Das Ordensgelübde dieses Vereins war: deutsche Tugend und deutsche Sprache zu üben und allem ver= derblichen Wesen des Auslands kräftig entgegen zu wirken. Der Kurfürst führte hier den Namen des Untadligen. Er hat ihn durch stete Deutschheit wahr gemacht. Auch in der Politik war sein Herz immer, sein Arm, so oft er es vermochte, gegen

Frankreich, diesen schlimmsten Feind seines Vaterlandes. Er pflegte zu sagen: „eher möchte er noch unter türkischer Hoheit stehen, als unter französischem Joche."

Die deutsche Literatur trieb damals freilich nur sehr be= scheidene Blüthen. Doch erfreute er sich ihrer. Zumal an den Erzeugnissen der talentvolleren preußischen Dichterschule fand er Geschmack. Ihr gehörte ja auch ein echter Dichter an, Simon Dach, (geboren 29. Juli 1605 zu Memel, gestorben 15. April 1659 als Professor der Poesie zu Königsberg). Sein Lied „Aennchen von Tharau" lebt noch im Volke; ebenso seine geist= lichen Gesänge „Ich bin ja Herr in deiner Macht" und „O wie selig seid ihr doch, ihr Frommen". Gegen Ende seines Lebens in kümmerlicher Lage wendete er sich mit einigen Versen an den Kurfürsten, der ihn schätzte. Als derselbe die Reime las, lächelte er und schenkte, obgleich selbst gerade in Geldverlegenheit, dem Dichter das Gütchen Curheim bei Königsberg.

Zu den Lieblingswissenschaften des Kurfürsten gehörte die Geschichte; er unterstützte ihr Studium, ihre Darstellung. Be= sonders die vaterländische Historiographie verdankt ihm viel. Er beauftragte mehrere Gelehrte mit Arbeiten, welche die Dar= stellung der brandenburgischen Geschichte betrafen, und bezahlte sie mit Summen, die für jene Zeit nicht unbedeutend waren. Als ihm der Italiener Leti seine umfangreiche Chronik des Hauses Brandenburg überreichte, ließ er ihm zum Dank nicht bloß eine Medaille, 100 Dukaten an Werth, sondern auch noch eine An= weisung auf 500 Thaler geben. Seinen Räthen, denen diese Freigebigkeit allzu groß däuchte, antwortete er, indem er seinen Namen unter die Geldanweisung setzte: „Ich kann mich wohl bemühen, einige Silben zu Gunsten eines Mannes zu schreiben, welcher zwei dicke Bände zu Ehren meines Hauses verfaßt hat."

In diese Zeit seiner Regierung fällt auch die Gründung der landesherrlichen Bibliothek zu Berlin. Der Kurfürst zeigte hiebei wieder, wie er aus allem, was er gering und vernach= lässigt überkam, etwas tüchtiges zu machen wußte. Er hatte von seinen Vorfahren kaum soviel Bücher geerbt, als einem

wohlhabenden Privatmann genügen konnten; sie lagen in einem
kleinen Gemach auf dem Boden des Schlosses. Er beschloß
diesen dürftigen Vorrath in einen vollen Schatz echter Geistes=
nahrung zu verwandeln. Er berief den Gelehrten Johann Rave
als Oberbibliothekar, übergab ihm die Bücher, ließ sie im Jahre
1661 in einem besonderen Flügel des Schlosses aufstellen und
wies einige kleine Einkünfte an, um sie fortwährend zu ver=
mehren; durch Ankauf von Privatbüchereien, durch mancherlei
Schenkungen, auch durch Freiexemplare, die jede Buchhandlung
des Landes von allen neuen Werken einsenden mußte, ist die
Bibliothek dann rasch gewachsen. In einem Nebenzimmer ließ
der Kurfürst ein Antiken=, Kunst= und Naturalien=Kabinet ein=
richten, für welches er ebenfalls eifrig sammelte.

Für die Künste machte er im Verhältniß zu seinen Mitteln
einen größeren Aufwand als irgend ein anderer Monarch seiner
Zeit. Allein 45 Maler sind durch ihn beschäftigt worden, mit
jährlichen Besoldungen von 200 bis 1000 Thaler; der be=
rühmteste seiner Hofmaler war Wilhelm von Honthorst, welcher
1647 angestellt wurde. Unter den Kupferstechern waren Gott=
fried Bartsch und Friedrich Leonhard die namhaftesten; unter
den Eisengießern Gottfried Leigebe, ein Schlesier (geboren
1630 zu Freistadt), der 1668 nach Berlin kam und 1683
starb. Außerdem hielt sich der Kurfürst im Auslande Agenten,
die für ihn Kunstgegenstände und merkwürdige Naturalien kaufen
mußten.

Er hatte einmal sogar die Absicht, in der Mark einen
Hochsitz aller Künste und Wissenschaften, eine Universität der
Universitäten für die ganze Welt zu gründen. Diesen Gedanken
gab ihm ein gelehrter Phantast, der schwedische Reichsrath
Benedikt Skytte, ein. Derselbe legte ihm im Jahre 1666 den
Plan einer brandenburgischen Gelehrtenrepublik und Universal=
Universität vor. Der Kurfürst sollte eine Stadt in der Mark,
etwa Tangermünde, zu einer unüberwindlichen Festung umschaffen
und allen Gelehrten und Künstlern der ganzen Welt als Frei=
stätte darbieten. Hier sollten Jünger und Freunde der Musen

die in ihrem Vaterlande aus religiösen oder politischen Gründen verfolgt würden, sowie reiche Leute, welche den Frieden und eine schöne Muße liebten, sich ansiedeln; hier sollte ein jeder Sicherheit, Ruhe und volle kirchliche und bürgerliche Freiheit finden, um ganz den Studien und allen edeln Genüssen des Daseins zu leben. Diese Gelehrtenstadt sollte unter des Kurfürsten Schutz und Oberhoheit sich selbst regieren und ein ewiger Friede ihr Vorrecht, das Latein ihre gemeinsame Sprache sein. In Masse, verhieß Skytte, würden gebildete und wohlhabende Fremde hier einziehen und mit dem geistigen Vermögen auch die materiellen Mittel Brandenburgs außerordentlich erhöhen. Friedrich Wilhelm übersah die Abenteuerlichkeit des Projekts; ihn lockte diese schöne glänzende Idee. Er beauftragte einen seiner Geheimräthe, Herrn v. Bonin, mit der Prüfung des Vorschlages. Dieser hob die Schwierigkeiten der Sache hervor; indessen Skyttes Beredsamkeit überwog. Der Kurfürst genehmigte den Plan. Am 22. April 1667 unterzeichnete er das „Gründungspatent für die neue brandenburgische Universität der Völker, Wissenschaften und Künste" (Universitas Brandenburgica Gentium, Scientiarum et Litterarum), welches, demnächst veröffentlicht, allen Nationen und Sekten, auch Juden, Mohamedanern und Heiden, wenn sie ihre Irrthümer für sich behielten und als ehrliche Bürger lebten, in dieser neuen Stadt, dem „Sitz der Musen, Tempel der Wissenschaften, Werkstatt der Künste, Zufluchtsort der Tugend und Königsthron der erhabensten Herrscherin der Welt, der Weisheit", gleiches Bürgerrecht, republikanische Verfassung und ewigen Frieden verhieß. Der Kurfürst schritt auch zur Ausführung; er wies 15000 Thaler an, um in Tangermünde Häuser für die neue Gelehrtenrepublik zu bauen. Bonin rieth, damit zu warten, bis die reichen Familien, auf deren Ankunft Skytte so sicher Hoffnung machte, eingetroffen sein würden. Der Kurfürst war es zufrieden. Aber die Prophezeiung Skyttes, daß aus allen Ländern der Welt ruhebedürftige Gelehrte und Reiche nach der Mark, wie nach einem gelobten Lande, strömen würden, um Bürger der Universal-Universität

zu werden, ging ganz und gar nicht in Erfüllung. Und so blieb
denn der schöne Plan auf dem Papier liegen.

Er gereichte doch der Sinnesart des Kurfürsten in mehr
als einer Hinsicht zur Ehre. Er gab Zeugniß von seiner Em=
pfänglichkeit für das Ideale und was damals mehr besagen
wollte, von seiner edeln Duldsamkeit in religiösen Dingen.
Hierin, wie in so vielem andern, war Friedrich Wilhelm seiner
Zeit und seinem Volke weit voraus. Wäre es nach dem Willen
seiner Unterthanen gegangen, sie hätten nirgends einen Anders=
gläubigen unter sich geduldet. Friedrich Wilhelm zwang sie zur
Toleranz. Als im Jahre 1658 Socinianer aus Polen vertrieben
wurden, nahm er mehrere derselben auf ihre Bitte in Preußen auf
(1661). Sie lebten hier still und ehrbar; gleichwohl verlangten
die preußischen Stände, daß diese Ketzer wieder verjagt würden.
Der Kurfürst schlug es ab und schützte die Bedrängten. Ebenso
hatte er in der Mark der geistlichen Verfolgungssucht zu wehren.
Der Haß der Lutheraner gegen die Reformirten brach immer
von neuem in lästerliche Verketzerungen aus. Er machte sich
auf der Kanzel und in der Presse Luft. Selbst in Berlin, so
zu sagen dem reformirten Kurfürsten ins Angesicht, widerhallten
die lutherischen Kirchen von Schmähungen der Reformirten.
Ein Schulrektor, zugleich Geistlicher, predigte in der grauen
Klosterkirche geradezu: „Wir verdammen die Papisten, die Kal=
vinisten und die Helmstedter. Mit einem Wort, wer nicht
lutherisch ist, ist verflucht!" Ein andermal war das graue
Kloster der Schauplatz einer noch ärgerlicheren Scene. Der
Rektor dieses Gymnasiums, Jakob Hellwig, und der Subrektor
Rößner ließen im Frühling 1661 einen Schulakt aufführen, bei
welchem die Schüler die Leiden Christi und die Austheilung
des Abendmals in einer Weise bildlich darstellten, daß dadurch
die Gebräuche der Reformirten lächerlich gemacht wurden.
Der Kurfürst befahl dem berliner Konsistorium den Vorfall
aufs strengste zu untersuchen. „Wie lieb und angenehm es Uns
ist", so schrieb er, „wenn wir vernehmen, daß die Jugend zur
rechtschaffenen Furcht Gottes, Liebe seines Wortes und Ehr=

erbietung gegen die heiligen Sakramente, wie auch zu andern
in dem gemeinen Leben nützlichen Dingen und Künsten treulich
und wohl angeführt werde; also kann es Uns nicht anders denn
schmerzlich vorkommen, wenn zumal diejenigen, die ihnen vor-
gesetzt und in allem, was christlich und rühmlich ist, Anleitung
geben sollten, sie zu dergleichen Dingen anführen, so wider die
Ehre Gottes und sein heiliges Wort, auch zum Verspott und
Schändung der heiligen Sakramente gedeihen. Und weil Wir
denn berichtet worden, es sei in der Stadtschule Unserer Residenzstadt Berlin neulich die zarte Jugend zu ärgerlichem und ver-
botenem Fluchen, unziemlichen Verkleidungen und anderm lieder-
lichen Mißbrauch der Eidschwüre, auch abscheulicher Entheiligung
des heiligen Abendmahls in vieler Leute Gegenwart und auf
einem öffentlichen Theater von denjenigen, so sie davon ernstlich
abhalten sollten, verführt worden, und da Wir denn, wenn es
sich so verhalte, solches ungeahndet nicht lassen können; so befehlen Wir Euch ernstlich, Euch aufs genaueste zu unterrichten
und schleunigst zu berichten." Rektor und Subrektor wurden
abgesetzt und verhaftet, später aber, da sie öffentlich ihr Ver-
gehen als solches bekennen und ihren Schülern das verwerfliche
desselben auseinandersetzen wollten, wieder zu Gnaden angenommen. Ueberhaupt zeigte sich Friedrich Wilhelm, soviel als
es seine Würde nur immer verstattete, diesen Widersachern
gegenüber milde, versöhnlich und langmüthig. Mehrmals suchte
er durch vernünftiges Zureden den konfessionellen Hader zu beschwichtigen; erließ bewegliche Vorstellungen an die Geistlichkeit,
daß sie doch die Anfeindungen der andern evangelischen Sekten
und die Zänkereien innerhalb der eigenen Konfession einstellen
möchten. Denn auch unter sich waren die Lutheraner keineswegs einig. Die meisten hielten die Teufelaustreibung bei der
Taufe für nothwendig; andere erklärten sich gegen den Exor-
cismus. Beide verdammten einander ebenso heftig, wie sie zusammen gegen die Kalvinisten oder wie die Katholiken gegen
alle Evangelischen ihre Flüche schleuderten.

Friedrich Wilhelm wollte von einem wesentlichen Unterschied

des lutherischen und des reformirten Bekenntnisses nichts wissen. Sein sehnlichster Wunsch war, beide Setten als Evangelische, als Protestanten, oder wie er sie lieber nennen hörte, als augs= burgische Konfessionsverwandte fest geeinigt dem Papismus ent= gegenzustellen. Um solche Union anzubahnen, schien ihm ein Religionsgespräch beider Parteien zu Berlin wünschenswerth. Am 31. August 1662 richtete er deshalb an die lutherischen und reformirten Geistlichen der Hauptstadt ein Schreiben, in welchem es heißt: „Auf daß Wir es bei den Geistlichen in Unsern Landen dahin bringen möchten, daß das unchristliche Verketzern, Verläftern und Verdammen, auch falscher Deutungen und erzwungener Beschuldigungen gotteslästerliches Lehren aller= seits eingestellt, hingegen das wahre Christenthum und die Uebung der wahren, klaren Gottseligkeit den Zuhörern ins Herz geprebigt werden möchte; so haben Wir zur Beförderung dieses löblichen Zwecks nicht undienlich erachtet, daß unter den Geistlichen dieser Residenzstadt eine freund= und brüderliche Konferenz ge= halten und so von ihnen nicht allein ein Versuch gethan, sondern auch ein guter Anfang zur brüderlichen Verträglichkeit gemacht, den andern aber ein christliches Beispiel zur Nachfolge gegeben werden möchte." Die Konferenz fand statt; Schwerin führte den Vorsitz, aber alle Vermittelungsversuche waren an der starren Buchstabengläubigkeit der Lutheraner verloren, und da sie es für Gewissenspflicht hielten, nicht um eines Haares Breite von ihren Ansichten abzulassen, da sie auch auf dieser Konferenz nicht einmal ihre Leidenschaftlichkeit im Ausdruck zügeln mochten, worin sich besonders ein gewisser Reinhard hervorthat, so endete dies Religionsgespräch gerade so unfruchtbar, wie alle bisher ge= haltenen. Die Zänkereien, die Sucht, Nebendinge zu behandeln, als ob daran das Seelenheil hänge, dauerten auf den Kanzeln und in der Presse fort. Von der Hauptburg des strengen Luther= thums, von Wittenberg in Kursachsen her, wurde der Streit noch geschürt; die theologische Fakultät daselbst maßte sich sogar an, den Kurfürsten öffentlich zu vermahnen. Der Kurfürst ant= wortete mit einem Edikt (1662), welches seinen Unterthanen den Besuch dieser Universität, als der Brutstätte des geistlichen Haders, verbot. Ueberhaupt entschloß er sich, da alle seine Frieden gebietenden Verordnungen nichts halfen, nunmehr strengere Maßregeln zu treffen. Am 26. September 1664 erließ er an sämmtliche Geistliche in der Mark den Befehl, sich gegen seitig aller anzüglichen Beinamen zu enthalten und einander keine ungereimten und gottlosen Behauptungen aufzubürden; die Kinder, wenn die Eltern es verlangten, ohne Teufelaustreibung zu taufen; und zum Gehorsam in diesen Stücken sich durch schriftlichen Revers zu verpflichten; wer sich dessen weigere, solle seines Amtes entsetzt sein. Ueber zweihundert Geistliche fügten sich diesem Gebot und unterschrieben den Revers; nur zwei weigerten sich standhaft und wurden abgesetzt. Einer von diesen war der Diakonus an der Nikolaikirche zu Berlin, der berühmte Liederdichter Paul Gerhardt. Er gehörte gerade nicht zu den Zanksüchtigen; aber er beharrte dabei, es dürfe der weltlichen Obrigkeit auch nicht der geringste Einfluß auf das Predigtamt eingeräumt werden, und so waren denn alle Verhandlungen, die der Kurfürst mit ihm wegen jenes Reverses anstellen ließ, durchaus umsonst. Es blieb dem Landesherrn nichts übrig, als den unbotmäßigen abzusetzen (1665). In der Stadt entstand darüber eine große Aufregung. Denn Gerhardt war nicht bloß wegen seiner schönen frommen Hymnen hochangesehen, er genoß bei seiner Gemeinde auch um tadellosen Wandels und treuer Seelsorge willen die größte Liebe und Achtung. Die Bürgerschaft wandte sich im Februar 1666 durch den Magistrat an den Kurfürsten und bat, die strenge Maßregel möge zurückgenommen werden; es sei gerade Gerhardt ein ebenso sanftmüthiger und bescheidener wie frommer Mann, der zu Streit und Unfrieden niemals Anlaß gegeben habe.

Der Kurfürst erwiederte dem Magistrat (aus Kleve den 10. Mai 1666): „daß Wir diesen Paul Gerhardt, da er den Revers verweigert, bei dem Predigtamt nicht continuiren lassen können, dessen haben Wir wichtige Ursachen. Denn was ihr von seiner besondern Frömmigkeit meldet, solches ist Uns zwar nicht bewußt; aber dieses wissen Wir, nicht allein daß, als in Unserm Consistorio dem Licentiaten Reinhard dieser Widersetz= lichkeit wegen Schuld beigemessen worden, er, Paul Gerhardt, ohne Veranlassung und zu Bezeigung seines hitzigen Gemüthes aufgestanden und gesagt, „„solches wäre nicht der Fall, er selbst hätte vielmehr Reinhardten zugeredet, wenn er hätte weichen wollen"“; sondern auch, daß Gerhardt bei seiner ihm zuge= stoßenen Leibesschwachheit die andern Prediger zu sich berufen und sie ernstlich vermahnet, den Revers nicht zu unterschreiben. Dieses sein Comportement bezeuget nun gar nicht, daß er ein frommer Mann sei, wie ihr ihn beschrieben; sondern er wird ein solches in der That beweisen, wenn er seiner Schuldigkeit nach sich seiner Obrigkeit in solchen Sachen, die gar nicht wider sein Gewissen laufen, accomodirt und nicht durch seine Wider= setzlichkeit andern ein böses Exempel giebt.

Was sonsten das Zeugniß, so ihr und die Bürgerschaft mehrgedachtem Paul Gerhardten gebet, belangen thut, werdet ihr annoch wohl wissen, daß ein solches hiebevor dem Licentiaten Reinhard von euch auch ertheilt worden, welcher aber in der That genugsam erwiesen, daß er die Reformirten fast in allen Predigten durchhechelt und verdammt, auch das vorgewesene Colloquium durch seine Heftigkeit und gegen die Reformirten gehabte Bitterkeit zerstöret hat.

Ihr habt demnach diesen Paul Gerhardten, daferne ihr denselben gern restituirt sehen wollt, ernstlich zu vermahnen, daß er nicht zu weiterer Verwirrung Anlaß geben solle. Denn Wir werden weder ihn noch andere Prediger in Unsern Landen dulden, die solchen billigen Revers nicht unterschreiben wollen. Welches denn Gerhardt um soviel leichter thun kann, weil er eurem Gerücht nach solcher Bescheidenheit sich schon vorher ge= braucht haben soll" u. s. w.

Paul Gerhardt unterschrieb aber nicht, und so wurde denn die wider ihn erlassene Strafverfügung aufrecht erhalten.

Friedrich Wilhelm begründete die Nothwendigkeit seines Ver= fahrens auch in einer öffentlichen Erklärung (am 14. Mai 1666):

„Wir haben", sagte er, „über keines Unterthanen Gewissen und Religion jemals Gewalt geübt, noch auch wegen des Glaubens jemand angefeindet, sondern allen und jedem gleiche Gnade und Beförderung widerfahren lassen, wie solches weltkundig und von Ausländischen in öffentlichen Schriften erkannt und gerühmt worden. Und dahin sind auch alle Unsere in Religionssachen ergangene Edikte gemeint gewesen; nicht aber eine Religions= mengerei einzuführen, viel weniger jemand wider sein Gewissen etwas zu glauben aufzubringen oder den in diesen Landen üb= lichen Gottesdienst und die lutherischen Religions=Exercitia zu verhindern oder zu verändern; sondern weil es die Erfahrung bezeugt, daß, gleichwie der Satan kein schädlicheres Gift aus= gießen kann, als wenn er bei ungleicher Religion Anlaß nimmt, zwischen Obrigkeit und Unterthanen, zwischen Bürgern und Mit= bürgern Bitterkeit und Haß zu pflanzen, also ihm auch solche Bosheit am ersten gelingt, wenn Lehrer und Prediger nicht allein ihre Meinungen, so gut sie können, behaupten und was sie für irrig halten, verneinen, sondern auch die Dissentirenden mit anzüglichen Namen verlästern, ihre Lehre verkehren, aus derselben abscheuliche Dinge folgern, und ob jene schon dawider protestiren, dennoch bei dem gemeinen Mann es vorbringen, als wenn es deren eigentliche und anerkannte Lehre wäre. Hingegen eben dieselbe Erfahrung nebst der heiligen Schrift bezeugt, daß wo Sanftmuth, Bescheidenheit und Aufrichtigkeit gebraucht und die streitigen Fragen ohne falsche Beschuldigungen und Lästerungen in der Furcht Gottes und in der Liebe erörtert werden, alsdann die Herzen disponirt und gleichsam geöffnet werden, damit end= lich die göttliche Wahrheit, sie möge sein bei welchem Theil sie wolle, überall Platz finde und erkannt werde."

Die Gewerke und der Magistrat von Berlin, dann auch die Stände der Mark reichten indeß abermals Bittschriften ein, damit Gerhardt begnadigt werde. Sie versicherten, wenn derselbe auch die Unterschrift des Reverses verweigere, so habe er doch that= sächlich nie jenen Mißbrauch mit der Redefreiheit getrieben, den die Edikte rügten. Der Kurfürst erfüllte ihr Gesuch, gab

(19. Januar 1667) dem Abgesetzten das Amt wieder, ohne von ihm eine förmliche Unterwerfung unter jene Edikte und die Ausstellung des Reverses zu verlangen. Aber Gerhardt meinte, dem Sinne nach würde er doch gebunden sein; er verzichtete daher jetzt freiwillig auf sein Amt und zog mit seiner Familie nach Kursachsen, woher er gebürtig war; dort fand er als Prediger in Lübben einen neuen Wirkungskreis.

Die Unparteilichkeit, mit welcher der Kurfürst alle Sekten in seinem Staate zwang, Frieden unter einander zu halten, hatte doch keineswegs darin seinen Grund, daß er gegen religiöse Dogmen überhaupt gleichgiltig gewesen wäre. Vielmehr war er seinem reformirten Bekenntniß aufrichtig und treu ergeben. Dies bewies er bei manchen und großen Versuchungen. Noch im Jahre 1667 erneuerten polnische Magnaten ihr Anerbieten, ihn zum Könige von Polen zu wählen, falls er ein paar Mal in die katholische Messe gehen wolle. Er ließ durch seinen Gesandten in Warschau erwiedern: „er werde seinem Glauben niemals, auch nicht zum Scheine untreu werden; er hätte wohl Kaiser werden können, wenn er die Religion hätte ändern wollen." In der That war ihm im Jahre 1658 durch den Erzbischof von Mainz ein solcher Antrag gemacht worden.

Und so entsprangen auch die übrigen Anordnungen, die er als oberster Landesbischof traf, die Maßregeln zur Hebung der gesunkenen Kirchenzucht, die Verbote wider das Fluchen und Lästern und wider die Sabbatentheilung, die häufigen Bettage, die er ausschrieb, bei ihm ebensowohl aus echter Frömmigkeit wie aus weiser Staatskunst. Die Religion war ihm nicht bloß ein nützliches Zuchtmittel fürs Volk, sondern auch ein Bedürfniß seines Herzens. Es fehlte ihm etwas, wenn er einmal am Sonntag nicht in der Kirche gewesen. Auch im Kriege mochte er den Gottesdienst nie entbehren. Strenge hielt er darauf, daß seine Truppen, mochte nun früh oder spät aufgebrochen werden, zuvor ihr Morgen- und Abendgebet verrichteten. War am Sonntag ein Marsch unvermeidlich, so ließ er wenigstens eine halbe Stunde lang haltmachen und durch den Feldprediger ein Gebet sprechen. Auf ihre Gewehre gelehnt, hörten ringsum die Krieger, auf seinen vor sich hingestellten großen Degen gestützt, hörte er selbst andächtig zu, bis zum Schluß, bis er kommandirte: „Mit Gott! marsch Kinder!" Man konnte es ihm anmerken, daß seine Seele bei diesen kirchlichen Uebungen war.

Allein die Prinzipien und besonders die Anforderungen seines Staats- und Kirchenregiments verstießen zu oft wider die Gewohnheiten und Neigungen seiner Unterthanen und soviel gutes und heilsames er auch verrichtete, Dank fand er bei ihnen gar wenig; ja er hätte, da sie fast allen seinen Neuerungen widerstrebten, schwerlich großes durchgesetzt, wenn er nicht die Gabe besessen, seine Diener und Gehilfen gut zu wählen, in alle wichtigen Staatsämter die geeigneten Persönlichkeiten zu bringen. Was für tüchtige Männer er in seiner Armee hatte, ist bekannt. Da war zunächst der General Otto Christoph Freiherr v. Sparr. Diesen, einen Märker von Herkunft (geb. 1605 zu Lichterfelde bei Berlin, später Besitzer des Gutes Prenden bei Bernau), hatte der Kurfürst im Jahre 1649 aus kaiserlichem Dienst in seinen eigenen gezogen, in welchem derselbe die höchste militärische Würde erreichte. Denn am 6. Juli 1657 erhielt er vom Kurfürsten das General-Feldmarschalls-Patent; es ist das erste gewesen, das in der preußischen Armee ausgestellt worden. Sparr ist aber auch der Gründer der preußischen Artillerie und Geniewaffe gewesen. Er hatte dabei mit nicht geringen Schwierigkeiten zu kämpfen. Denn weil der Dienst beim Geschütz die Kräfte des Soldaten sehr in Anspruch nahm und gleichwohl noch in einer gewissen Mißachtung stand, so gab sich der gemeine Mann nicht gern dazu her. Schon der Name Artillerie war dem Rekruten verhaßt und er lief, wenn er konnte, davon. Trotzdem brachte Sparr diese Waffe zu guter Ausbildung. Dieser verdiente Offizier starb am 19. Mai 1668; er ward in der Marienkirche zu Berlin begraben. Noch berühmter als er ist sein jüngerer Zeit- und Armeegenoß, Georg Derfflinger, geworden. Auch er trat aus fremden Diensten in brandenburgische. Sohn armer Bauersleute, geboren am 10. März 1606 zu Neuhofen in

Oberösterreich, und des evangelischen Glaubens wegen mit den Eltern ausgewandert, war er, sechzehn Jahr alt, unter die Reiter des böhmischen Grafen von Thurn, dann zu den Sachsen gegangen. Diesen Dienst vertauschte er später mit dem schwedischen, brachte es in demselben bis zum Obersten und ließ sich nach dem großen Kriege in der Mark nieder. Die Erfahrungen, die er sich in so langer und guter Schule erworben, waren eine hinreichende Empfehlung; der Kurfürst stellte ihn 1654 als General bei seiner Armee an. Derfflinger hat sie mitschaffen helfen; wie Sparr die brandenburgische Artillerie, so hat er die brandenburgische Reiterei hergestellt. Auch war es Derfflingers Thätigkeit und Umsicht im Werben und Einrichten, im Ausrüsten und Leiten zu danken, daß der Kurfürst nach Ausbruch des schwedisch-polnischen Krieges rasch eine beträchtliche Streitmacht, bis Ende 1655 ein Heer von 26800 Mann, zusammenbringen konnte. Im Jahr 1674 wurde Derfflinger vom Kaiser in den Reichsfreiherrnstand erhoben; er sammelte ein bedeutendes Vermögen und ist am 14. Februar 1695 auf seinem Gute Gusow im Barnim gestorben.

Auch für die Civilämter wußte der Kurfürst tüchtige Kräfte festzuhalten oder heranzuziehen. Nächst Schwerin ragte unter diesen Friedrich von Jena hervor, ein geborener Anhalter, doch frühzeitig in den brandenburgischen Staatsdienst getreten, seit 1655 wirklicher Geheimrath. Er ward zu den mannigfachsten Geschäften verwandt, am meisten aber als Diplomat. Pflichttreue und Gewissenhaftigkeit zeichneten ihn ebenso aus wie Beobachtungsgabe, Scharfblick und Menschenkenntniß. Zuverlässig und geschickt war überhaupt die brandenburgische Diplomatie jener Zeit; eine Zier derselben war auch der kurfürstliche Gesandte in Warschau Johann von Hoeverbeck, ein geborner Fläminger, der über dreißig Jahre den wichtigen Posten am polnischen Hofe bekleidet hat; er starb dann im wohlverdienten Ruhestand als Erbtruchseß der Kurmark und Amtshauptmann zu Hohenstein im Jahre 1682.

Bei Anstellungen und Beförderungen im Heere machte der

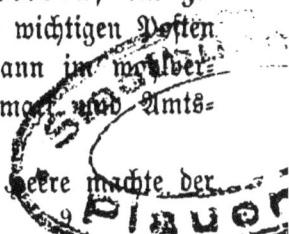

Kurfürst zwischen Abligen und Bürgerlichen, zwischen den Kon=
fessionen, zwischen den Landsmannschaften keinen Unterschied;
er sah lediglich auf den innern Werth des Mannes. Hinsichts
der Civilämter konnte er nicht überall so verfahren. Denn die
einzelnen Landschaften hatten gesetzlich Anspruch darauf, nur
von Eingebornen verwaltet zu werden. Wenigstens in die
höheren Regierungsstellen, die den Gesammtstaat betrafen, brachte
er ohne Unterschied Lutheraner und Reformirte, Brandenburger
und Preußen, Pommern und Rheinländer und beförderte so die
Verschmelzung der Provinzen. Alle Beamten aber gewöhnte
er, den Weisungen, die vom Mittelpunkte des Staates, aus
dem Kabinet oder dem Geheimen = Rath, kamen, unbedingt zu
gehorchen, was einerseits seine Fürstenmacht stärkte und andrer=
seits erst eine einheitliche und folgerechte Verwaltung ermöglichte.
So bahnte er die absolute Monarchie und die Centralisation
des Staates an.

Wenn er von den Unterthanen viel forderte, so konnte er
auch darauf hinweisen, daß er ihnen viel leistete. Welche heil=
same Veränderung war im Aussehen von Stadt und Land schon
jetzt vor sich gegangen! Wie stach das Berlin der siebziger
Jahre so vortheilhaft ab von dem Berlin, wie es 1640 ge=
gewesen! Ein Franzose, der es 1676 besuchte, schilderte den
Eindruck, den es auf ihn gemacht, folgendermaßen: „Man be=
dient sich auf diesem Wege der Postwagen, welche Tag und Nacht
gehen, sobaß nur beim Wechseln der Pferde ausgeruht werden
kann; aber ich hatte alle Mühsal vergessen, als ich Berlin zu
sehen bekam; so schön schien mir alles. Die Stadt besteht aus
drei Theilen; ihre Häuser sind sehr regelmäßig und meist in
italienischem Geschmack erbaut. Der Park birgt alle Gattungen
Rothwild. Die Gärten sind voll Orangerien, Jasmin und
allen Blumen Italiens. Das Schloß des Kurfürsten ist sehr
alt, seine Bauart flößt Bewunderung ein; doch ist das neue
Palais bequemer. Die Bibliothek darin ist so prächtig eingerichtet,
ich nicht weiß, wie es besser zu machen wäre; sie ist eine
schönsten auf der Erde, sowohl was die Zahl, als die Aus=

wahl der Bücher betrifft. Das Medaillenkabinet, welches daran
stößt, verdient gleichfalls den Besuch; auch unterläßt der Kurfürst nicht, trotz seiner vielen Regierungsarbeit, sich mit ihm zu
beschäftigen. Man würde kaum an die Auffindungen von An-
tiken glauben, welche allein auf dem Boden von Xanten, Wesel
und Kleve gemacht sind; man hat nicht bloß viele, sondern auch
sehr seltene Stücke gefunden."

So auffallend wie an Berlin zeigte sich der Fortschritt zum
besseren unter der Verwaltung Friedrich Wilhelms freilich noch
nicht überall im Lande. Der Kurfürst konnte auch nirgends so
durchgreifend wirken wie in der Mark; denn hier war seine
Macht der Unumschränktheit näher als anderwärts. Ein abso-
luter Herrscher, im Sinne Ludwigs XIV., ist er überhaupt nie
und in keinem seiner Lande gewesen. Ueberall war er mehr
oder weniger durch ständische Verfassungen eingeengt, und er
erkannte diese Schranke rechtlich und grundsätzlich stets an. Nur
daß er sie zum Wohle des Ganzen thatsächlich oft durchbrach
und ein Staatswesen aufrichtete, welches, je mehr es sich ent-
wickelte, die ständischen Formen beseitigen und den Fürsten nicht
bloß wie jetzt in den nöthigsten, sondern in allen Dingen zum
Alleinherrscher machen mußte.

Denn zu Ende war der Kampf gegen das alte Stände-
thum noch lange nicht. Es wehrte sich immer; aber es verlor
mehr und mehr den Boden. Auch in den zwölf Jahren äußeren
Friedens, die auf die Erwerbung der preußischen Souveränetät
folgten, blieb die landesherrliche Macht des Kurfürsten im Auf-
steigen. Zwei glückliche Gewaltstreiche erwiesen es, welche sie
in dieser Zeit unternahm. Der eine traf eine deutsche Stadt,
der andere einen preußischen Edelmann.

Im westfälischen Friedensvertrage war bestimmt worden,
daß die Stadt Magdeburg sowie das ganze ehemalige Erz-
stift nach dem Tode des dermaligen Administrators, Prinzen
August von Sachsen, an den Kurfürsten von Brandenburg
fallen sollte, und es hatten demgemäß die Stände des Landes
am 4. April 1650 zu Großsalza dem Kurfürsten Friedrich

9*

Wilhelm die Eventualhuldigung für jenen Fall geleistet. Nur die Stadt Magdeburg war hiezu nicht zu bringen gewesen. Sie behauptete eine freie Reichsstadt zu sein; sie hatte darum auch dem sächsischen Administrator die Huldigung geweigert. Gewalt anzuwenden war dieser zu schwach; die Stadt, die sich aus der Zerstörung durch Tilly Dank ihrer günstigen Lage an dem Vorsprung der Elbe rasch wieder erhoben, enthielt hinter ihren festen Mauern eine zahlreiche und zur Abwehr bereite Bevölkerung. Sie berief sich übrigens auf ihr gutes Recht, auf ein Privilegium, welches weiland Kaiser Otto der Große sollte ausgestellt haben, und unterhandelte in Wien, damit ihre Reichsunmittelbarkeit von Kaiser und Reich anerkannt würde. Der Administrator nannte jenes Privileg eine Fälschung und die Reichsfreiheit der Stadt eine unberechtigte Anmaßung. Darüber schwebte nun seit Jahren zwischen beiden ein Streit. Auch Friedrich Wilhelm begnügte sich lange Zeit damit, gegen Magdeburgs widersetzliche Haltung zu protestiren. Seine Nachbarn, namentlich Schweden und Kursachsen, gönnten ihm die wichtige Elbfestung nicht; er mußte fürchten, diese sowie den Kaiser gegen sich zu bewaffnen, falls er vor der Zeit sich selbst Recht verschaffe. Aber er war entschlossen, die erste gute Gelegenheit, die sich dazu bieten würde, zu benutzen.

Dieser günstige Augenblick trat im Frühling des Jahres 1666 ein. Damals waren die großen Mächte Europas unmittelbar oder mittelbar durch den Krieg zwischen Holland und England und die Theilnahme Ludwigs XIV. an demselben beschäftigt, und Brandenburgs Freundschaft hatte für jede einen Werth. In Kleve, wo der Kurfürst gerade residirte, drängten sich jetzt die fremden Gesandten. Prächtig und eifrig erschien besonders der französische Gesandte, Colbert. Nach der Sitte seines Hofes brachte er reiche Geschenke; für die Kurfürstin eine kostbare Perlenschnur, ein Ruhebett und Stühle von grünem, mit Gold gesticktem Sammet, einen Tisch und Kronleuchter von Silber u. a. Der Kurfürst schenkte dagegen seltene Bernsteinsachen. Auch Spanien, England, Oesterreich, Holland,

Schweden bewarben sich wetteifernd um seine Freundschaft. Zu dieser günstigen Lage kam, daß er gerade jetzt in Norddeutsch= land über eine erhebliche und leicht verwendbare Truppenmacht verfügte. Im Jahre zuvor hatte er einen Frieden zwischen dem unruhigen Bischof von Münster und den Generalstaaten zu Gunsten der letzteren mit gewaffneter Hand vermittelt. Seine am Niederrhein versammelten Regimenter waren nun im Begriff wieder nach ihren Garnisonen in den Marken und in Pommern abzumarschiren. Er ließ sich die Gelegenheit nicht entgehen. Feldmarschall Sparr, der jene Truppen führte, erhielt den Be= fehl sie ins Magdeburgische zu führen; am 1. Juni erreichte die Vorhut Halberstadt.

Inzwischen waren in Halle, wo der Administrator residirte, zwei Gesandte des Kurfürsten, die Geheimräthe v. Jena und v. Platen, eingetroffen und hatten (am 27. Mai) dem Prinzen eröffnet, daß ihr Herr die Stadt Magdeburg zu unterwerfen beabsichtige und dazu des Administrators Mitwirkung erbitte. Der sächsische Prinz war überrascht, meinte ausweichend, er müsse sich die Sache erst überlegen, müsse erst sehen, ob dabei nicht seinem eigenen Rechte Abbruch geschehe, und sandte, sich Raths zu erholen, einen Eilboten nach Dresden. Schon an= deren Tages langte ein kursächsischer Gesandter an. Da über= reichten die brandenburgischen dem Administrator ein Ultimatum und unterstützten es, indem sie seinem Sohne ein Gut, seiner Frau ein Geldgeschenk verhießen. Nun war er überzeugt und gewonnen und willigte ein, daß Magdeburg brandenburgische Garnison bekommen solle. Sofort schickten Jena und Platen dem Feldmarschall die Weisung vorzurücken, dem Rath und den Innungsmeistern von Magdeburg aber eine Einladung, sich am 2. Juni in Wanzleben zu einer Besprechung mit ihnen ein= zufinden.

Die Magdeburger wußten bereits, was vorging; sie ar= beiteten täglich mit 400 Mann an ihren Festungswerken, die sie bis dahin hatten verfallen lassen. Aber die Stimmung in der Bürgerschaft war dem Kurfürsten keineswegs durchweg feindlich;

von altersher hatte er hier insbesondere durch die Bemühungen
des ihm befreundeten Bürgermeisters Otto von Guericke (des
Erfinders der Luftpumpe) eine Partei. Auch ließen sich von
den ·Rathsherren und den Vorständen der Zünfte viele schon
bei der Unterredung in Wanzleben davon überzeugen, daß es
für Magdeburg vortheilhafter sei, dem mächtigen Kurstaat an=
zugehören, als eine freie Reichsstadt zu sein. Der Rath brachte
das Verlangen Brandenburgs, zu huldigen und Garnison ein=
zunehmen, an die Gemeinde. Namentlich über die letztere For=
derung gab es hier groß Gemurre. Aber Sparrs Regimenter
standen vor den Thoren. Dies Argument entschied. Die Stadt
ging (am 6. Juni zu Kloster Bergen) mit dem Kurfürsten einen
Vertrag ein, nach welchem sie Besatzung einzunehmen und zu
deren Unterhalt beizusteuern, sowie die Huldigung zu leisten ver=
sprach. Dienstag am 8. Juni zogen demnach die Brandenburger
ein. Die Bevollmächtigten des Administrators hatten gewünscht,
daß der Stadt das Stapelrecht entzogen, daß dieses nach Burg
verlegt werden sollte; die kurfürstlichen lehnten dies ab. Eben=
sowenig wurde ein Protest, den die Stände des Stifts gegen
den Vertrag einlegten, beachtet. Die Stadt merkte, wie gut
ihr Interesse bei dem Kurfürsten aufgehoben war. Sie hätte
jetzt am liebsten nur ihn, nicht auch den Administrator zum
Herrn gehabt. Am 23. Juni fand die Huldigung statt. Der
Administrator kam zu derselben mit 600 Reitern herbei; wenn
er etwas im Schilde geführt, so ward es durchkreuzt; denn
brandenburgischerseits schickte man ihm 1000 Reiter entgegen,
wie es hieß, zu desto feierlicherem Empfange. Dieser ganze
magdeburger Handel war vom Kurfürsten so rasch und geschickt
verrichtet worden, daß weder Kursachsen, noch der Kaiser zur
Dazwischenkunft Zeit gehabt. Der wichtige Elbpaß, das Thor
zu den Marken, war in seiner Gewalt, ehe man in Wien recht
wußte, wie es stand. Und da diese Erwerbung ohne Blut=
vergießen und vertragsmäßig geschehen war, so hatte man auch
zu nachträglichem Einspruch keinen Grund mehr.

Mit noch größerer Kühnheit wurde der Schlag geführt,

der im Kampf gegen die Opposition in Preußen fiel. In der Assekuration von 1663 hatte der Kurfürst den Ständen ihr Steuerbewilligungsrecht voll und ganz bestätigen, auch sich ver=pflichten müssen, ohne ihre Zustimmung außer in Nothfällen keinen Krieg zu führen. Nun war zum Unterhalt des für das Herzogthum nothwendigen Militärs, welches der Kurfürst auf sieben Regimenter festgestellt hatte, eine Accise bis zum 1. Juli 1666 bewilligt worden, reichte aber nicht aus, weil die Steuer=pflichtigen, besonders die Edelleute, sich der gehörigen Leistung dieser Abgabe, wie jeder anderen möglichst zu entziehen wußten. Der Kurfürst forderte daher eine Ergänzungssteuer; sie wurde abgelehnt, ebenso sein Verlangen, ihm zu den Rüstungen, die er (1665) zum Schutz Kleves machte, 1000 Reiter zu bewilligen; der Ständeausschuß antwortete, das Herzogthum sei nie ver=pflichtet gewesen, an den Kriegen in Deutschland Theil zu nehmen.

Als der Kurfürst dann seine Einnahmen durch Selbst=bewirthschaftung der Domänen verbessern wollte und deshalb zur Einlösung der verpfändeten landesherrlichen Güter, sowie für das Militär den Landtag um Geldhilfe anging, konnte er nicht einmal die Verlängerung der Accise erreichen. Er möge, hieß es, die stehenden Truppen entlassen und die alte Miliz wieder einrichten. Viele vom Adel hatten vordem landesherrliche Domänen zu Spottpreisen in Pfand bekommen; es war gegen ihr Privatinteresse, wenn der Kurfürst zu Gelde kam. Die Hoffnung auf Polen war bei den Unzufriedenen noch nicht er=loschen; sie erhob sich mit neuer Kraft, als dort im Jahre 1669 ein polnischer Edelmann, Fürst Michael Wiesnowiecki, zum König gewählt wurde. Das Haupt der preußischen Mißver=gnügten war noch immer der Oberst Ludwig v. Kalckstein, der nach dem Tode seines Vaters sich wieder im Lande ein=gefunden und durch Unterwürfigkeit Verzeihung erlangt hatte. Aber er entzweite sich wegen der Erbschaft mit seinem Bruder, und dieser reichte gegen ihn im Jahre 1667 bei der Regierung eine Denunciation auf Hochverrath ein, weil er angedroht habe, den

Kurfürsten zu erschießen und das Land an Polen zu bringen. Der Oberst wurde in Folge dessen verhaftet und nachdem der Prozeß seine Schuld unzweifelhaft an den Tag gebracht, erfolgte das Urtheil des Gerichts dahin, daß er mit lebenslänglichem Gefängniß zu bestrafen sei. Der Kurfürst milderte indeß den Spruch, legte ihm nur eine Geldbuße auf; doch mußte sich Kalckstein schriftlich und eidlich verpflichten, wofern er dieselbe im Betrage von 5000 Thalern nicht an dem bestimmten Termin zahle, sich wieder in Verhaft zu stellen, widrigenfalls seine Person und sein ganzes Vermögen verfallen sein sollten (Dezember 1668). Allein er zahlte nicht, und als im März 1670 kurfürstliche Dragoner in der Nähe seines Gutes Knauten erschienen, setzte er sich in einer Nacht mit seinem Gelde auf einen Schlitten und entfloh nach Polen.

Er begab sich nach Warschau und setzte dort im Verein mit dem jüngeren Rode die hochverrätherischen Umtriebe fort. Oeffentlich ergoß er sich in Schmähungen und Drohungen gegen den Kurfürsten und um diese wahr zu machen hetzte er bei Hofe und suchte zugleich insgeheim die preußischen Stände zu einer Deputation an den neuen König von Polen zu bewegen, was von den bessergesinnten unter ihnen und von der Regierung nur mit Mühe hintertrieben wurde. Er schien um so gefährlicher, da es hieß, er sei zum römisch-katholischen Glauben übergetreten. Gewiß war, daß er die Gunst der in Polen überaus einflußreichen Jesuiten besaß. Auch an dem Unterkanzler des Reiches und vielen andern Magnaten fand er mächtige Freunde. Der Kurfürst ließ durch seinen Gesandten in Warschau, Eusebius v. Brandt, die Auslieferung des Flüchtlings verlangen. Sie wurde unter allerlei Vorwänden abgelehnt.

Im September 1670 trat zu Warschau der polnische Reichstag zusammen. Er beschloß den mit dem Kurfürsten zu Bromberg eingegangenen Bund nicht zu erneuern und äußerte auch sonst eine feindliche Gesinnung gegen diesen Nachbar Polens. Dies ermuthigte Kalckstein. Er wagte am 22. September, gleichsam als Vertreter des preußischen Volkes, den Kurfürsten

bei dem Könige und dem Reichstage zu verklagen und die Hilfe
Polens anzurufen. In der Klageschrift an den König sprach
er von der harten Knechtschaft Preußens unter einem ungnädigen
Fürsten und von dem Recht des Königs, als legitimer und
oberster Herr das Herzogthum in den früheren Stand zurück=
zubringen. In der Schrift an den Reichstag, welche betitelt
war „Bittschreiben im Namen des Herzogthums Preußens", hieß
es: „laßt nicht unsere Rechte und Verträge mit euch, die uns
um unserer Treue willen vernichtet werden, ungerochen! laßt
nicht die letzten Reste eures Rechtes über unser Preußen unter=
gehen! nehmt unsern Hilferuf an, damit die augenblickliche Macht
des Hauses Brandenburg inne werde, daß wir in der Krone
Polen und ihrer Oberherrlichkeit über das Herzogthum unserm
Schutz haben!" Dieses Schriftstück, wie das andere in latei=
nischer Sprache abgefaßt und von Kalckstein mit Hilfe eines
polnischen Priesters zu Stande gebracht, wurde von dem Land=
botenmarschall im versammelten Reichstage vorgelesen.

Brandt reichte hierüber bei dem Könige eine Beschwerde
ein und forderte, daß Kalckstein seine Befugniß, im Namen der
preußischen Stände zu reden, nachweise oder als Fälscher und
Hochverräther ausgeliefert werde. Sowie aber dieses Schreiben
des Gesandten im Senat zur Verlesung kommen sollte, trat
Kalckstein, den der Unterkanzler hereingelassen, dazwischen, riß
vor den Augen des Königs dem Beamten, der den Brief ent=
faltet hatte, denselben aus der Hand, las ihn durch und gab
ihn dann dem Unterkanzler, welcher, nachdem er hineingesehen,
das Schreiben mit der Erklärung bei Seite legte, die Sache
gehöre nicht vor den Reichstag, sondern vor das polnische
Komitialgericht, wo der Kurfürst sich gegen die wider ihn vor=
gebrachten Klagen vertheidigen könne.

Auch in Preußen hatte Kalckstein seine Schriften verbreiten
lassen. Sie waren den Ständen denn doch zu maßlos; sie
schickten eine Erklärung nach Warschau, daß sie mit Kalckstein
keine Gemeinschaft hätten und dessen Verfahren mißbilligten.
Dieser antwortete mit einer Gegenschrift, in welcher er die

Stände sagen ließ: „sie hätten jene Erklärung, die ihn ver=
leugne, nicht freiwillig ausgestellt; sie bäten ihn, daß er bei
seinem tapfern Vorhaben beharre; ihrerseits solle es ihm an
Geld und Beistand nicht fehlen." Wie wenig sie in der That
geneigt waren, sich dem Kurfürsten willfährig zu bezeigen, be=
wies ihr Verhalten auf dem Landtag. Sie verweigerten die
Steuern und sandten statt deren ein dickes Aktenstück voll Klagen
und Beschwerden nach Berlin.

Der Kurfürst beschloß, selbst auf die Gefahr eines Krieges
hin sich nunmehr selber Recht zu verschaffen. Er befahl dem
Gesandten v. Brandt, noch einmal die Auslieferung Kalcksteins
zu fordern und falls sie abermals verweigert werde, sich der
Person desselben mit Gewalt zu bemächtigen. Brandt traf dem=
gemäß seine Vorbereitungen. Es war in Warschau üblich, daß
die fremden Gesandten militärische Begleitung bei sich hatten,
und so befand sich auch bei der brandenburgischen eine kleine
Abtheilung kurfürstlicher Truppen, bestehend aus dreißig Dra=
gonern unter dem Befehl eines Hauptmanns Montgommery.
Mit diesem verabredete Brandt den Plan. Nachdem ihm die
Auslieferung des Hochverräthers von neuem abgeschlagen worden,
ließ er Montgommery mit einigen Dragonern zu sich kommen
und verbarg dieselben in seiner Wohnung. Dann lud er Kalck=
stein ein ihn zu besuchen. Dieser kam, wies ihm prahlend einen
Schutzbrief vor, den er vom König erhalten, und erneuerte
seine Drohungen. Auf ein Zeichen Brandts traten Montgommery
und die Dragoner ins Zimmer, warfen Kalckstein nieder, knebelten
und banden ihn, wickelten ihn in Decken, trugen ihn hinaus
auf einen schon bereitstehenden Wagen und fuhren mit ihm
schleunigst davon (28. November). Von Warschau bis zur
preußischen Grenze hatte Brandt auf allen Stationen frische
Pferde bestellt; so gelangte Montgommery mit seinem Ge=
fangenen rasch in Sicherheit. Am 9. Dezember wurde letzterer
auf der Citadelle in Memel abgeliefert.

Sobald in Warschau Kalcksteins Verschwinden bekannt
wurde, fiel der Verdacht sogleich auf den brandenburgischen

Gesandten. Die Aufregung, die Erbitterung war groß; man wollte ihn in Ketten legen; er entwich bei Zeiten. Nun schickte der König die Forderung nach Berlin, Kalckstein müsse zurück= gesandt und der Bruch des Völkerrechts durch strengste Be= strafung der Thäter gesühnt werden. Der Kurfürst antwortete beschwichtigend, doch ohne in der Sache etwas zu gewähren; er erklärte, der Gesandte habe eigenmächtig gehandelt, und er mißbillige das Geschehene; er werde gegen Brandt und Mont= gommery einen Prozeß einleiten lassen. Das Gericht ver= urtheilte sie auch; doch sie befanden sich längst, heimlich belohnt, außer Landes. Die Polen tobten und verlangten blutige Genug= thuung; allein sie bedurften damals des Beistandes Branden= burgs, da ihnen ein schwerer Krieg mit den Türken drohte. Daher erneuerten sie nun den bromberger Vertrag und überließen den Gefangnen seinem Schicksal.

Kalckstein hatte sich oft gerühmt, daß in Preußen viele und wichtige Männer mit ihm einverstanden seien. Es lag dem Kurfürsten viel daran, hierüber die Wahrheit zu ermitteln. Er befahl daher der Untersuchungskommission, die, aus branden= burgischen und preußischen Juristen gebildet, zu Kalcksteins Ver= nehmung in Memel hatte zusammentreten müssen, ein volles Ge= ständniß auch durch die Tortur zu erzwingen. Die preußischen Mit= glieder der Kommission beriefen sich hiegegen auf ihr Landrecht, welches die Folter in diesem Falle nicht gestatte. Auch die Stände des Herzogthums verwandten sich für den Angeklagten. Aber der Kurfürst blieb unerbittlich. Auf seinen Befehl mußte die Tortur endlich doch angewendet werden (11. April 1671). Kalckstein hielt die Qual standhaft aus; er bekannte zwar seine hochver= rätherischen Absichten und Umtriebe; aber als Mitschuldigen nannte er nur den Grafen Schlieben, welcher flüchtig geworden war. Er wurde nun zu seiner Aburtheilung vor ein rein preu= ßisches Gericht gestellt. Dieses bewilligte ihm eine Frist zu seiner Vertheidigung. Inzwischen reichten die Stände über das gesetzwidrige Verfahren gegen Kalckstein, insbesondere daß er gefoltert und nach der Mitbetheiligung anderer Ständemitglieder befragt worden, eine Beschwerde bei der Regierung ein. „In ihm", sagten sie, „sind die Stände selbst unschuldiger Weise gleichsam torquirt worden; solche Schmach und Unehre ist den Ständen, solange sie christliche Preußen heißen, nicht wider= fahren; dieser Flecken kann von keiner menschlichen Hand aus= getilgt werden."

Am 8. Januar 1672 fällte das Gericht sein Urtheil; es lautete auf den Tod durch das Schwert und auf Konfiskation des Vermögens. Der Kurfürst zögerte lange es zu bestätigen; zuletzt entschied er sich doch, die Strenge walten zu lassen. Kalckstein hörte sein Todesurtheil mit Gelassenheit; „es ist ein gutes Mittel gegen mein Podagra", bemerkte er scherzend. Fol= genden Tages, am 8. November 1672, ward es vollstreckt; bis zum letzten Augenblick betheuerte er seine Unschuld; er habe wenig= stens nicht den Tod verdient. Doch starb er mit ruhiger Er= gebung, würdiger als er gelebt hatte.

Lange blieb in Preußen sein Andenken als das eines poli= tischen Märtyrers, und von seiner Hinrichtung sprach man dort als von einem Justizmorde; sein Schicksal vermehrte noch bei den Ständen die Abneigung gegen den Kurfürsten. Aber soviel hatte dieser erreicht, daß ihre Hoffnung auf Polen nun ein für allemal dahin war und daß sie, die ihn haßten, ihn zugleich fürchteten. Zwischen dem Gründer des neuen Staates und dem Geschlechte, welches in der polnischen Freiheit aufgewachsen war, gab es keine Versöhnung; schroff stand dieses Ständerecht dem Staatswohl entgegen; so entschied denn die Gewalt. Es war aber in Preußen die Entzweiung unheilbar, weil man dort die Nothwendigkeit der großen Schöpfungen Friedrich Wilhelms, zumal des stehenden Heeres, nicht anerkannte und weil besonders letzteres Kosten verursachte, zu deren Bestreitung diese Provinz, wie alle andern, in der That überbürdet wurde. Anderwärts jedoch fügte das Alte sich gutwillig dem Neuen. Die Stände von Kleve, die ihre Freiheit wohl so hoch hielten als wenige in Deutschland, schickten vor Ablauf des Jahres 1670 Angesichts der Gefahren, die von Ludwigs XIV. Eroberungssucht am

Rhein heraufzogen, eine Botschaft nach Berlin: „weil ihre Be=
willigungen mit Weihnachten aufhörten und sie wohl ermessen
könnten, daß der Kurfürst auch die folgenden Jahre dieselben
nöthig habe, so bäten sie, er möge angeben, wie viel er etwa
bedürfe." In Preußen beharrten die Stände, es mochte Frieden
in der Welt sein oder Krieg, immer bei der nämlichen Meinung,
sie hätten die Errichtung des stehenden Heeres nicht genehmigt,
sie seien auch dessen Unterhalt zu bestreiten nicht verpflichtet.
Nur stets erneutem Zwange gehorchend und mit Murren und
bitteren Worten gaben sie, was der Kurfürst brauchte. Doch
sie gehorchten fortan.

Bei Hofe.

Derselbe Mann, der dem Völkerrecht zum Trotz Kalckstein aus Warschau wegschleppen und dem preußischen Ständerecht zum Trotz ihn zu Memel foltern und hinrichten ließ, der Fürst, der die alten Verfassungen seiner Länder so oft verletzte und hunderte seiner Unterthanen in ihren wohlverbrieften Privilegien kränkte, war in seinem Privatleben ein Muster von Frömmigkeit und Gerechtigkeit. Aber nur diejenigen erblickten hierin einen grellen Widerspruch, die ihm den Grundsatz bestritten, daß das Heil des Staates das oberste Gesetz sei. Friedrich Wilhelm beugte und brach manches überlieferte Recht, aber nur weil es ihm dem allgemeinen Besten zu widerstreben schien; er verletzte es in dem Sinne und in der Meinung eines sorgsamen Gärtners, der das Unkraut ausjätet, obgleich auch dieses von Gott geschaffen ist.

Freisinnig und duldsam in kirchlichen Dingen, war seine Frömmigkeit doch echt und ungeheuchelt. Morgens und Abends betete er täglich in seinem Gemache; gern unterhielt er sich auch in seinem Familienkreise über religiöse Gegenstände, und niemals, selbst nicht auf Reisen und im Felde, ließ er die Psalmen und das neue Testament von sich. Wie er sein Verhältniß zu Gott ansah, erhellt aus einem Gebete voll Innigkeit, welches, von seiner Hand geschrieben, noch vorhanden ist; es lautet: „O allmächtiger Herr, Herr, alle deine Strafen und Züchtigungen, so ich von deiner väterlichen Hand empfangen, sind nur alles Zeichen deiner Gnade gegen mich; denn ein Vater, so sein Kind liebt, züchtigt selbiges. Verleih mir die Gnade, daß ich sie auch also erkenne und aufnehme, daß du dadurch recht dein väterliches Herz gegen mich erweisest und mich prüfest, auf daß ich mich an dich desto fester in inbrünstiger Liebe, Vertrauen und Hoff= nung zur Vollführung deines heiligen Willens halte und gewiß des ewigen Lebens und Seligkeit versichert sein und in Ewigkeit genießen möge. Amen!"

Vielleicht schrieb er dieses nieder, als ihn der größte Schmerz traf, den er jemals in seinem Leben empfunden hat, der Schmerz über den Verlust seiner Gattin Luise. Sie war neunzehn Jahr alt (geboren 27. November 1627), als sie ihm die Hand reichte. Damals hatte sie sein Auge durch ihre äußeren Vorzüge er= freut, durch ihre edle Haltung, durch die Anmuth ihres Wesens, durch die sanfte Schönheit ihres Antlitzes. Bald erkannte er, wie viel schöner noch ihr Herz war. Häuslich in ihren Nei= gungen, einfach in ihren Bedürfnissen, voll zärtlicher Liebe und unermüdlicher Sorgfalt für Gemahl und Kinder war sie das Glück, durch klaren Verstand und zugleich klugen und frommen Sinn war sie auch eine Stütze des Kurfürsten. Die Armen und Bedrängten rühmten ihre Menschenliebe; wenn sie in etwas zu viel that, so war es im Helfen und Wohlthun. Die Unter= thanen priesen ihre Milde und Leutseligkeit. Sie zierte den Thron und das Haus ihres Gemahls. Aufrichtige Trauer er= griff alle, die sie gekannt, als ein frühzeitiger Tod sie hinweg= nahm (18. Juni 1667). Ihr Andenken wird noch jetzt gesegnet. Sie ist die Stifterin des Waisenhauses in Bötzow oder wie es nach ihrem Geschlechtsnamen fortan hieß, Oranienburg. Sie stiftete es (1665) in Folge eines frommen Gelübdes, zum Dank für die Geburt des Kurprinzen Karl Emil, wie sie denn auch aus demselben Grunde an jedem Dienstag fastete, weil an einem solchen der Knabe zur Welt gekommen. Sie lebt auch in der Erinnerung der Kirche fort. Denn ihr — so heißt es — verdankt man jenes schönste evangelische Lied, das Millionen von Menschen zu Grabe geleitet hat: „Jesus, meine Zuversicht!"

Zwar hat sie es nicht selbst gedichtet; denn so mächtig war die geborne Holländerin des Hochdeutschen nicht. Aber auf ihre Anregung und mit ihren Gedanken soll es, wie manches andere treffliche Kirchenlied, von Schwerin, der nicht bloß der Minister, auch der Freund des kurfürstlichen Paares war, verfaßt worden sein.

Der Kurfürst verheirathete sich dann von neuem (24. Juni 1668 zu Gröningen bei Halberstadt); die Frau, die er wählte, die verwitwete Herzogin Dorothea von Lüneburg (geboren 8. Oktober 1636, Tochter eines Herzogs von Holstein-Glücksburg), war eine wackere Wirthin und ihren Stiefkindern, wie den eigenen Kindern, die sie dem Kurfürsten gebar, eine pflichttreue Mutter. Aber die Jugendgemahlin konnte sie ihm nicht ersetzen. Oft, zumal in Zeiten der Sorge und Gefahr, sah man ihn vor Luisens Bilde traurig stehen und hörte ihn ausrufen: „O Luise, wie sehr vermisse ich deinen Rath!"

Sie hatte sänftigend und mildernd auf ihn gewirkt; er war von Natur zu Aufwallungen geneigt. Freilich nur im ersten Augenblick ließ er sich leicht zu heftigem, leidenschaftlichem Thun hinreißen; im zweiten war er allemal seiner vollkommen Herr. Jenes zeichnete sein Temperament, dieses seinen Charakter. Es ward ihm nicht selten schwer sich selbst zu beherrschen, aber in der Regel und in allen großen Dingen gelang es ihm. Besonnenheit hatte er sich anerzogen; Energie und Entschlossenheit waren ihm angeboren. Diese prägten sich auch in seinem Aeußern imponirend aus. Er war von mittlerer Statur, aber breitem, starkem Körperbau, sein Gang fest und schnell, seine Stimme kraftvoll. Ernst und scharf blickten die dunkelblauen Augen, und kühn sprang aus dem mächtigen Antlitz die Adlernase hervor. Den festgeschlossenen Mund umrahmte ein schmalgeschnittener Schnurrbart, braun wie das Hauptthaar, das in langen Locken auf die Schultern herabfiel. Das breite Kinn hatte früher der Vollbart bedeckt; seit seinem vierzigsten Jahre trug er ihn nicht mehr; nun senkte es sich wie ein Doppelkinn zum fleischigen Halse herab. Nie fehlte seiner Haltung die

Würde, die Hoheit, so offen und ungezwungen auch im per=
sönlichen Verkehr sein Wesen war. In der Regel ernst, war
er doch dem Scherz und der Laune nicht abhold; am rechten
Ort, zumal bei Tafel, hieß er sie willkommen; dann gab auch
er sich gern zutraulich hin. Der Sohn einer harten Zeit, auf=
gewachsen unter dem Elend des dreißigjährigen Krieges, war
er gegen die Leiden der Menschheit nicht sehr empfindlich; die
Beschwerden, die sein Regiment verursachte, dünkten ihn gering
gegen den Jammer der Vergangenheit und klein im Verhältniß
zu dem Guten, was seine Regierung brachte; so rührten ihn
die Klagen seiner Unterthanen nicht mehr, als den Arzt das
Geschrei des Kranken, den sein Messer heilt. Dennoch war
Friedrich Wilhelm von Herzen wohlwollend; aber sein Trieb
gutes zu stiften richtete sich mehr auf das Allgemeine, auf den
Staat und ging den einzelnen Menschen zu oft vorbei. Auch
hinderten hier seine Fehler: der allzu große Ehrgeiz, die un=
ruhige Thatenlust, die den Staat — freilich zum besten der
Nachkommen — in die kampf= und mühevollen Wege der hohen
Politik bannten. Seiner Familie war er mit Zärtlichkeit zu=
gethan; seiner Mutter (die am 26. April 1660 in ihrem Witwen=
sitz zu Krossen starb) ein guter Sohn; seiner Frau, der zweiten
wie der ersten, ein treuer und liebreicher Gatte; seinen Kindern
ein sorgsamer, gütiger Vater.

Unausgesetzt, bis in sein Alter suchte er sich zu belehren, zu
unterrichten. Viel Bücher zu studiren hatte er nicht die Zeit, aber
die Menschen um ihn herum mußten seiner Wißbegierde dienen;
aufs geschickteste wußte er sie über alles, was ihn interessirte,
auszufragen. Er verstand es zugleich sie für sich einzunehmen,
was freilich einem so großen Fürsten nicht schwer war. Ob=
gleich in vielen Stücken eigenartig, machte er doch im ganzen
und großen auf die fremden Beschauer denselben nationalen
Eindruck: er war ein Deutscher und erschien wie ein Deutscher.
Der Graf Guiche, der im Jahre 1665 an seinen Hof kam,
schildert ihn folgendermaßen: „Ich begab mich nach Kleve, um
den Kurfürsten zu sehen, welchem ich nur dem Namen nach be=

kannt war. Er empfing mich mit jener äußeren Höflichkeit, welche die Deutschen mit soviel Sorgfalt ausüben. Denn er verleugnet in nichts den Charakter der Nation; alle die Eigenschaften, welche man derselben im allgemeinen beilegt, passen auf ihn im besondern. Der Kurfürst spricht gern von seinen Angelegenheiten und denjenigen der Fremden, ist offen und gesellig und erzählt mit Vergnügen von seinen Kriegen, sowie von denen, die sonst erwähnt werden. Er befand sich damals in einer erhabenen Stellung; er sah sich von allen Parteien umworben, und sein Hof gewährte durch die Verschiedenheit der Gesandten, die sich für den Frieden oder für den Krieg bemühten, einen angenehmen Anblick."

Die Residenz des Kurfürsten war eigentlich Berlin; aber da bald im äußersten Westen, bald im äußersten Osten seines weithin gestreckten Reiches Verwickelungen, sei es mit dem Ausland, sei es mit den Ständen, eintraten, da überdies die Provinzen noch eigene Verwaltung hatten und die Konzentration des Staatswesens nur erst angebahnt wurde, so befand sich der Kurfürst sehr häufig auf Reisen und Jahre lang in den Provinzen, meist von seiner Gemahlin und dem Hof begleitet.

Seine Lebensweise war sehr regelmäßig. Winters und Sommers stand er um dieselbe Zeit, vor sechs Uhr Morgens, auf. Das erste Geschäft war, knieend das Morgengebet zu verrichten. Dann rief er den Kammerdiener herein und ließ sich ankleiden. Für gewöhnlich wählte er die holländische Tracht: einfachen, mit goldenen oder silbernen Knöpfen besetzten Sammetrock, der bis ans Knie reichte, Beinkleider von demselben Stoffe oder von Tuch und kurze spanische Stiefeln mit langen Sporen; um die Handgelenke gestickte Manschetten, um den Hals einen gestickten Kragen; auf dem Haupt einen kleinen Filzhut. Dies war seine Alltagskleidung. Bei Truppenübungen und im Felde kam eine schwarzweiße seidene Schärpe hinzu, die auf dem Oberrock lag und über die Schulter ging; außerdem ein großes Schwert an einem über die Brust getragenen Wehrgehenk. Befand sich der Kurfürst in Polen oder Preußen, so kleidete er sich polnisch. Bei feierlichen Gelegenheiten trug er ein eng anliegendes, reich mit Gold und Edelsteinen gesticktes scharlach= rothes Oberkleid, das bis zu den Waden ging, und einen Hermelinmantel, gelbe ungarische Stiefel, deren Ausschnitte mit echten Perlen eingefaßt waren, und ungarische Beinkleider, dazu ein schwarzes Sammetbarett mit kostbaren Federn und den Hosenbandorden, den ihm König Karl II. von England ver= ehrt hatte.

Nachdem er sich angekleidet und das Frühstück eingenommen, welches gewöhnlich in einer Biersuppe, erst gegen Ende seines Lebens in Kaffee oder Thee bestand, ging er an die Arbeit, las Depeschen, schrieb Instruktionen. Um 8 Uhr kam Schwerin oder ein anderer seiner Geheimräthe und hielt Vortrag. Nun wurden die Regierungssachen besprochen, oft auch andere hohe Beamte hinzugezogen, und in der Regel diktirte der Kurfürst seine Entscheidungen den Räthen sogleich in die Feder oder sie entwarfen in seiner Gegenwart das Konzept. Dann folgten andere Audienzen, wohl auch Besprechungen mit den geringeren Hofbedienten. Dabei beobachtete der Kurfürst genau die Form. Die Geheimräthe und Generäle redete er mit „Ihr" an, die andern Beamten und den Unterthan von Stande mit „Du", den gemeinen Mann mit „Er". Um elf Uhr waren die Ge= schäfte in der Regel beendigt. Dann ging es zu Tisch. In den ersten Jahren seiner Regierung war das Mittagsmahl zu= gleich ein Zechgelage. Diese schlechte, aber damals in Deutschland fast allgemeine Gewohnheit hatte Friedrich Wilhelm von seinem Vater, dem trinklustigen Georg Wilhelm, überkommen. Er selbst fand nicht eben viel Geschmack am „Volltrinken"; aber es machte ihm Spaß, die andern so zechen zu sehen. Am meisten, ja ungeheuerliches leistete darin der alte Konrad von Burgsdorf. Er soll an des Kurfürsten Tafel oft achtzehn Maß Wein bei einer Mahlzeit getrunken haben; er konnte ein Maß auf einen Zug leeren. Diese Unsitte stellte die Kurfürstin Luise ab; das Zechen hörte auf, und der Kurfürst zog es bald vor, womöglich allein mit seiner Frau zu speisen. Sie leistete ihm meist auch den übrigen Theil des Tages Gesellschaft, auf Spazierfahrten oder im Garten. Den Abend verlebten beide mit ihren Kindern und nächsten Verwandten; man spielte Karten oder Schach oder besprach häusliche Angelegenheiten. Das Lieblingsvergnügen des Kurfürsten blieb immer die Jagd. In der Mark enthielten besonders der meilenlange Grune=wald bei Berlin und die Forst bei Zossen zahlreiches Roth= und Schwarzwild. In Preußen gab es noch edleres Waidwerk, auf Elenne, Wölfe, Bären; dort waren die Forsten von Grünhof, Kaporn und Neuhaus die besten Jagdgründe. Ueber die Er=gebnisse der Jagden wurde Buch geführt und befreundeten Jagd=liebhabern Mittheilung gemacht. So schreibt der Kurfürst ein=mal (17. November 1660) über eine Jagd im Grunewald an seinen Schwager, den Fürsten Johann Georg II. von Anhalt: „ich freue mich, daß Euer Liebden gute Lust auf der Jagd ge=habt haben. Ich habe hier auch nicht gefeiert; in einem Schluft=jagen" (Treibjagd ins Netz) „habe ich 115 Säue und in anderen Streifjagen 70 Säue und 40 Stück Rothwild geschlagen. An der Schluft habe ich den guten Hirsch, so sich an der Kammer" (Eingang ins Netz) „gehalten, geschossen, welcher sechzehn Enden gehabt und ein sehr schönes Gehörn, welches würdig, daß ein Kopf dazu geschnitten werde und mit auf der Gallerie einen Platz haben mag. Morgen ziehe ich nach Oranienburg, habe heute die Hunde vorangeschickt und hoffe allda gute Lust zu haben, und wünsche Euer Liebden von Herzen dabei." Auch am Fischfang ergötzte er sich gern; er trieb ihn besonders auf der Havel bei Potsdam und scheute dabei im Winter selbst nicht die grimmigste Kälte.

Von einem großen Fürsten erwartete man damals ein prunkvolles Auftreten. Und so war denn auch Friedrich Wil=helm bei festlichen Gelegenheiten stets von Glanz und Pracht umgeben. Auf größeren Reisen begleitete ihn ein Gefolge, welches fortzuschaffen zweihundert Pferde erforderlich waren. An der Grenze der Provinzen empfingen und bewirtheten ihn seine Statthalter; in die größeren Städte, besonders in die drei Reß=

denzen Berlin, Königsberg und Kleve, zog er, wenn sein Besuch nach langer Abwesenheit erfolgte, gewöhnlich mit großer Pracht ein. Vorauf marschirten dann die Trabanten; nach ihnen kamen vierzehn kurfürstliche Pagen, elf Pauker, zehn Trompeter, alle zu Pferde. Dann einzeln reitend der Hofmarschall, und nun der Kurfürst auf einem prächtigen Rosse; ihm zur Seite die etwa anwesenden Fürstlichkeiten; hinter ihm in langer Kavalkade die Minister, Geheimräthe und die zahlreichen Herren vom Hofe. Dann in einem reichverzierten Staatswagen die Kurfürstin und in zwölf Kutschen deren Hofdamen.

Sehr kostspielig war der alte Brauch, bei Hofe gleichsam offene Tafel zu halten. Die Hofdienerschaft, die Geheimräthe und selbst die fremden Gesandten speisten Mittags und Abends an der Herrentafel im kurfürstlichen Schloß. Dieser Brauch bestand in voller Ausdehnung bis 1655. Dann beschränkte ihn der Kurfürst sehr. Den fremden Gesandten entzog er jene Begünstigung, weil dieselbe auch den seinigen nicht gewährt wurde, und seine Beamten fand er statt der Bewirthung mit Geld ab. Desto höher ging es im Schlosse bei Festlichkeiten her. Im großen Saale war dann hufeisenförmig für vierzig Personen die kurfürstliche Tafel angerichtet; zwei Vorschneider bedienten sie, und Trinkmarschälle kündigten die befohlenen Toaste an; vom Empor scholl die Tafelmusik. In den nächsten Sälen standen die beiden Grafentafeln, jede zu sechzehn Personen; die beiden Damentafeln, jede zu zwölf; dann sieben runde Tische, jeder zu zwölf Personen, für die Offiziere, Landjunker und Truchsesse; endlich eine Tafel zu einundzwanzig für die Räthe, Doktoren und Prediger. Außerdem gab es einen Mittagstisch in der Kanzlei, einen in der Hofrentei, einen in der Amtskammer, einen in der Hausvogtei, und dreißig Tische, an denen die Bedienten der fremden Gäste speisten. Auf der kurfürstlichen Tafel ward in Gold und Silber servirt, auf den andern Tafeln in geringerem Stoff. So viele Gäste hatte man zuweilen geladen, daß die Hofküchenverwaltung genöthigt war, Linnenzeug, zinnernes Geräth und Stühle aus der Stadt zu borgen.

Wie der Kurfürst und die Kurfürstin keinen Stand von
der Ehre ausschlossen, an ihrer Tafel Theil zu nehmen, so
speisten sie hinwieder manchmal bei Generälen, Edelleuten,
Bürgern und Kaufleuten. Strengere Etikette, sowie größere
Pracht kamen bei Hofe erst in den späteren Lebensjahren des
Kurfürsten, besonders seit seiner zweiten Heirath, auf.

Mit großer Gewissenhaftigkeit sorgten Friedrich Wilhelm
und Luise für eine gute Erziehung ihrer Kinder. Als der älteste
ihrer am Leben gebliebenen Söhne, der Kurprinz Karl Emil
(geboren 16. Februar 1655), das siebente Jahr vollendet hatte,
gaben sie ihm und seinem zwei Jahre jüngeren Bruder Friedrich
(der dritte, Ludwig, lag noch in der Wiege) den besten Mann,
den sie finden konnten, den klugen und edeln Grafen Otto von
Schwerin, zum Hofmeister. Er übernahm das wichtige und
beschwerliche Amt aus persönlicher Freundschaft für sie, und er
widmete sich demselben voll hingebender Liebe. In der In=
struktion, die ihm der Kurfürst hinsichts des Erziehungsplanes
im August 1662 ertheilte, forderte derselbe vor allem, daß die
Prinzen zur Gottesfurcht, welche die Königin aller Tugenden sei,
angehalten würden; in Betreff des andern Unterrichts, den zu=
nächst der Thronfolger empfangen sollte, hieß es: „Es ist dahin
zu sehen, daß er alles rein, deutlich und wohl ausspreche und
sich in jeder Sprache eines guten Accents befleißige. Und weil
daran gelegen, daß der Prinz die französische Sprache ex usu
lerne, so sollen alle, so dieser Sprache mächtig, dahin ange=
wiesen werden, in derselben mit ihm zu reden. Wenn er etwas
größer wird und im Latein zunimmt, so sollen Sie öfter solche
Leute zu seinem Divertissement zu ihm führen, die Latein können,
und quasi ludendo solches mit beibringen. Bei aller Gelegen=
heit soll der Prinz in der Geographie, als einem nicht weniger
nützlichen als lustigen Studium fleißig angeführt und darin
recht vervollkommnet werden; zu dem Ende denn große Karten
in seinem Gemach aufzuhängen und ein Globus stets an der
Hand zu haben. Wie denn auch der Prinz zur Fassung rühm=
licher Beispiele und Erzählung guter Geschichten, insonderheit

solcher, die dem Regenten nützliche Lehren geben, anzuhalten
ist. Weil die Beredtsamkeit ein großes Ornament, so soll
Unser Sohn vor allen Dingen auch dazu fleißig angehalten,
und solche Redeübung mit ihm mit andern Knaben angestellt
werden, wobei Unser Sohn den Fürsten vorstellen soll. Zu
welchem Akt Unsere Räthe und andere einzuladen, damit er sich
die nöthige Freiheit angewöhnen möge, wie Wir auch selbst zu=
weilen dem beiwohnen wollen." Sodann wird der mathematische
und der gymnastische Unterricht besprochen.

Ihre ganze Knabenzeit hindurch verblieben die Prinzen
unter Schwerins Leitung; wie eifrig er seiner Pflicht waltete,
dafür zeugt unter anderm die Sorgsamkeit, mit der er in seinem
noch erhaltenen Tagebuche jedes, auch das kleinste Vorkommniß
in ihrer Erziehung aufzeichnete. Ueber die Art, wie er bei
derselben zu Werke ging, insbesondere wie er den kleinen Kur=
prinzen Karl Emil behandelte, der schon als Kind viel Geist
und Herz, aber auch heftigen Eigenwillen zeigte, äußert sich
Schwerin in diesem Tagebuch folgendermaßen: „Der Kurprinz
hat sich sehr wohl ohne Strafe erziehen lassen, ausgenommen
was mit Worten und dergleichen Dingen geschehen, die er
höher als die Ruthe selbst gefürchtet, als, daß er etwa den
Degen ablegen müssen und ich ihm denselben, den er sehr ge=
liebt, bis zur Reue und Versprechung der Besserung ge=
nommen.... Der Anfang zum Studiren (im Jahre 1662) ist
auf diese Art gemacht: um sechs Uhr habe ich die Prinzen
gewöhnt willig und ohne Verdruß aufzustehen, darauf sofort
geschwind ankleiden lassen; während des Ankleidens habe ich
ihn" (d. i. den älteren Prinzen, der andere war für den
Unterricht noch zu jung) „allezeit suchen zum Sprechen zu
bringen und deßfalls eins und das andere erzählt. Hernach
habe ich nebst den Prinzen das Gebet knieend gethan, und
bis sie die vorgesprochenen Psalmen und das Gebet aus=
wendig gewußt, deutlich vorgesagt und nachsprechen lassen.
Um sieben Uhr hat Herr Stephani" (der eigentliche Lehrer)
„den Anfang mit der Institutio gemacht, erstlich mit Lesen,

da der Prinz noch nicht recht buchstabiren können, hernach
Vokabeln und kleine Fragen aus dem Katechismo beigebracht;
dann wieder etwas lesen lassen, und dann in der Karte von
Europa unterwiesen. Nach neun Uhr ist der Prinz im Schreiben
unterrichtet und darauf bis zum Essen im Tanzen. Nach dem
Essen ist dem Prinzen bis zwei zu spielen vergönnt, worin
ihm allezeit sein freier Wille gelassen; jedoch habe ich allemal
dahin gesehen, daß er nur solche Spiele gethan, dabei er zugleich etwas lernen und sowohl das Ingenium als auch den
Leib exerciren können, wovon das nachfolgende Diarium unter-
schiedene Anzeigungen thun wird; denn dies habe ich mir vorgenommen, solange es Gott und der gnädigsten Herrschaft
gefallen wird, mich bei dieser Funktion zu lassen, alle
Stunden zu verzeichnen, was der Prinz thut.... Von zwei
bis drei Uhr schreibt der Prinz wiederum; hernach studirt
derselbe vorgedachtes bis vier, halb fünf oder gar bis fünf,
nachdem es die Gelegenheit giebt. Um halb neun oder aufs
späteste neun bringe ich die Prinzen nach gehaltenem Gebet
zu Bette."

Prinz Friedrich war ein schwächliches, kränkliches Kind,
gefügig und leicht zu erziehen; dagegen der feurige, von Kraft
strotzende Karl Emil machte, wie er älter wurde, durch Trotz
und Jähzorn dem wackern Schwerin viel Noth. Er mußte
wie ein edles wildes Roß fest im Zügel gehalten werden. Doch
Dank der Konsequenz des Hofmeisters und der Strenge, mit
welcher der Vater demselben Gehorsam erzwang, glückte auch
an dem Kurprinzen das Erziehungswerk. Zuweilen betheiligte
sich Friedrich Wilhelm selbst, examinirend oder kurz belehrend,
an demselben. Da sprach er manch schönes fürstliches Wort
zu den Söhnen; welch goldene Regel er ihnen einmal (im
Jahre 1668) gab, sei mit Schwerins Worten erzählt: „Als
wir am 4. Dezember (alten Stils) zu seiner Kurfürstlichen
Durchlaucht gingen, haben dieselben den Prinzen diese Sentenz
in die Feder diktirt: Sic gesturus sum principatum, ut

sciam rem populi esse, non meam privatam, und dabei
versprochen, wer dieselbe zuerst auswendig wissen würde, der
sollte sechs Dukaten haben. Der Kurprinz hat es sofort ge=
lernt und die sechs Dukaten bekommen."

Die Sentenz lautet zu deutsch: „Ich will so regieren,
daß ich weiß, ich führe des Volkes Sache und nicht meine
Privatsache."

1672—1679.

Gegen Ludwig XIV.

Der Staat des Kurfürsten grenzte in Preußen an Polen, in Pommern an Schweden, in Kleve an die Niederlande; er hatte im Osten, im Norden und im Westen Europas wichtige Lebensinteressen zu vertreten; fast bei jedem Konflikt der Welt= mächte gerieth er mehr oder weniger in Mitleidenschaft. Fried= rich Wilhelm war ehrgeizig; aber es geschah nicht bloß aus Ehrgeiz, wenn er so eifrig war, eine Militärmacht zu gründen, die ihm ermöglichte, in der hohen Politik eine Rolle zu spielen. Er that es schon um seiner eigenen Sicherheit willen. Auch die Begierde nach Machterweiterung, so berechtigt sie gerade für seinen so ungünstig, so zerstückelt gelegenen Staat war, leitete ihn in seinen Beziehungen zum Auslande nicht in erster Linie. Wie er seinen Unterthanen gegenüber die Sondersucht, die eng= herzige Selbstsucht bekämpfte, so trug auch seine auswärtige Politik den Charakter der Unterordnung unter höhere Zwecke. Gern suchte er für Brandenburg einen Gewinn, aber nur wenn es ohne Schaden für Deutschland möglich war; gern war er bereit mit katholischen Mächten Hand in Hand zu gehen, aber nur wenn es ohne Gefahr für den Protestantismus sein konnte. Sein Staat hatte Selbstzweck, aber dieser Zweck war nicht und sollte nicht sein das Interesse des beschränkten Egoismus. Fried= rich Wilhelm fühlte sich als Souverän, als Leiter einer eigenen, selbständigen, wenn auch noch nicht großen Macht auf Erden. Aber er fühlte sich zugleich als Deutscher und als Protestant, und somit als Glied von Gemeinschaften, denen er zu dienen schuldig war. Diese Pflicht hat er mit einer Hingebung erfüllt, die zu seinen schönsten Ehren gehört. Auch beruht großentheils auf ihr seine Bedeutung in der Weltgeschichte. Er ist der Vater des preußischen Staates; aber dieser wäre schwerlich so wie geschah, gediehen, wenn er ihn nicht als Bollwerk Deutschlands und Hort der Evangelischen hingestellt hätte.

In beidem traf Friedrich Wilhelms Politik feindlich mit derjenigen Macht zusammen, die damals die größte in Europa war, mit Frankreich. Dieser Staat, stark durch eigene Kraft und durch die Schwäche seiner Nachbarn, war unter Ludwig XIV. auf dem Wege zu einer Universalmonarchie, welche zugleich der Freiheit Deutschlands und dem Protestantismus ein Ende gemacht hätte. Daß Frankreich dieses Ziel verfehlte, war nicht am wenigsten dem großen Kurfürsten zu danken; er zuerst hemmte Ludwigs Aufschritt, als derselbe am mächtigsten und bedrohlichsten war.

Jahrelang hatte der französische König sich bemüht, den Kurfürsten auf seine Seite zu ziehen, und dem Anschein nach war es endlich geglückt. Vom Kaiser und von Holland mit Mißgunst, von den deutschen Fürsten mit Neid, von seinen übrigen Nachbarn, Polen und Schweden, mit geheimer Feindschaft angesehen, hatte der Kurfürst die oft angebotene Freundschaft des mächtigen Frankreich nie ganz von sich gewiesen und zuletzt angenommen; am 31. Dezember 1669 war zwischen ihm und Ludwig ein Vertrag zu gegenseitiger Unterstützung geschlossen worden. Aber dieser Vertrag beschränkte sich auf Zwecke, die der deutschen Politik des Kurfürsten nicht zuwiderliefen. Ludwig XIV. hatte mit dem Kaiser Abmachungen getroffen, die für den Fall des kinderlosen Ablebens ihres Schwagers, des Königs Karl II. von Spanien und somit des Erlöschens der spanischen Linie Habsburg eine Theilung der Erbschaft festsetzten. Aber ob sie von Oesterreich würden beobachtet werden, war ihm doch fraglich; und wenn es darüber zu einem Kriege kam, so war Brandenburgs Haltung vielleicht entscheidend; darum wünschte er, dasselbe in dieser Frage für sich zu gewinnen. Der Kurfürst sah keinen Grund, hierin dem französischen Interesse entgegenzutreten. Ihm konnte die Vermehrung der österreichischen Hausmacht um den gesammten spanischen Besitz nicht wünschens=werth erscheinen. Er willigte ein, beim Tode des Königs von Spanien sich für Ludwigs Erbrecht zu erklären. Dagegen ver=sprach dieser, von der Erbschaft die Festungen Geldern, Venlo und Roermonde an Brandenburg abzutreten, auch dessen An=sprüche auf das einst einem brandenburgischen Prinzen zugehörige Herzogthum Jägerndorf, welches der Kaiser seit 1622 dem Kur=hause widerrechtlich vorenthielt, zu unterstützen, überhaupt dessen Vortheil zu fördern.

Es war kein Zweifel, daß der Kurfürst von keiner Macht in der Welt soviel Nutzen oder Schaden erwarten konnte, als von Frankreich. Auch hätte er mit Ludwig recht gern in fester und dauernder Allianz gestanden. Aber diesen zum Herrn Europas werden zu lassen, war er nicht gemeint. Ein Stück vom spanischen Reiche gönnte er ihm wohl, besonders wenn er selbst dabei etwas gewann. Doch sobald Frankreich nach deutschem Gut die Hand ausstreckte oder den Protestantismus angriff, war er entschlossen aus seinem Freunde sein Feind zu werden.

Dieser Fall trat sehr bald ein. Keines der benachbarten Länder reizte Ludwigs Eroberungslust so sehr als Holland, dieser Sitz der ersten Geldmacht der Welt und der ersten See=macht des Kontinents. Es reizte zugleich seinen Stolz, weil es Republik, und seine Bigotterie, weil es kalvinistisch war. Es schien überdies eine ebenso leichte wie reiche Beute. Die Kaufleute, die dort die Herrschaft führten, hatten das Land=heer so vernachlässigt, daß es gegen die Armeen Frankreichs kaum in Betracht kam. Auf fremden Beistand zu rechnen hatten die Holländer kein Recht; ihre krämerhafte Politik, ihre eng=herzige Selbstsucht waren nicht geeignet gewesen, ihnen Freunde zu machen. Es gab sogar viele unter den anderen Mächten, die Ludwigs Absichten wider Holland gut hießen. Die katholisch) gesinnten freuten sich, daß es nunmehr über die Ketzer hergehen, daß die stärkste Burg des Kalvinismus gebrochen werden sollte. Der Papst wies zu dem heiligen Werke dieses Krieges den dritten Theil der geistlichen Einkünfte Frankreichs an, und der Bischof von Münster freute sich laut der Hoffnung, das Bis=thum Utrecht nun bald dem heiligen Stuhle wiedergebracht zu sehen. Dieser Kirchenfürst wollte auch selber dazu mitwirken; er verpflichtete sich zu bewaffnetem Beistande gegen Holland. Dasselbe thaten Kurköln und der Herzog von Hannover. Wich=tiger war, daß Ludwig XIV. auch auf die Hilfe Karls II. von England zählen durfte. Diesen hatte er mit Geld erkauft; dasselbe Mittel zeigte sich am wiener Hofe wirksam; die öster=reichischen Minister versprachen ihm gegen Holland freie Hand zu lassen. Während diese diplomatischen Verhandlungen vor sich gingen, wurde in Frankreich in größtem Maßstabe gerüstet. Aber die Generalstaaten, blind geleitet von dem ersten Beamten Hollands, dem Rathspensionär de Witt, vermutheten davon jeden anderen Zweck eher als den wahren, wollten an diesen wenigstens nicht glauben. Denn de Witt wünschte Frieden um jeden Preis, weil nur im Frieden die Geschäfte gut gingen und weil er im Kriege die Macht mit dem Erbstatthalter, dem Prinzen Wilhelm III. von Oranien, als dem verfassungsmäßigen General der Landtruppen, hätte theilen müssen, und er meinte des Friedens sicher zu sein, da er die äußere Politik ganz nach den Wünschen Ludwigs leitete.

Im Januar 1670 kam ein französischer Agent, der kölnische Domherr Fürst Wilhelm von Fürstenberg, nach Berlin und trug scheinbar nur im Namen des Erzbischofs von Köln dem Kurfürsten einen Plan zur Theilung der Generalstaaten vor. Lange genug hätten die deutschen Nachbarn deren Uebermuth ertragen; man müsse mit Frankreich vereint einen besseren Zu=stand herstellen und zu diesem Zweck die Grenzen am Nieder=rhein berichtigen. Holländisch=Flandern, Holländisch=Brabant und das Land an der oberen Maas könne man Frankreich lassen; Utrecht möge an Köln, Geldern und Zütphen an Brandenburg,

Overyssel an Münster, Westfriesland an Lüneburg, Gröningen an Pfalz-Neuburg kommen; die Provinzen Holland und Seeland würden dem Prinzen von Oranien verbleiben, der sie dann mit wirklicher Fürstenmacht beherrschen könne.

Friedrich Wilhelm hatte soeben jenen Freundschaftsvertrag mit Ludwig XIV. geschlossen; er wollte nicht ohne Noth wieder mit ihm brechen. Er hoffte, es werde den Generalstaaten noch möglich sein den Krieg mit Frankreich abzuwenden; er gab daher auf Fürstenbergs Antrag eine ausweichende Antwort, die doch erkennen ließ, daß er das Projekt nicht billige, und ermahnte zum Frieden. In der That verstrich dieses Jahr, ohne daß der gefürchtete Sturm losbrach.

Aber im nächsten Jahre waren Ludwigs Vorbereitungen fertig; er hatte marschbereite Truppen, segelfertige Schiffe, angriffslustige Bundesgenossen genug. Nun erschien (im Frühling 1671) eine französische Gesandtschaft in Berlin und forderte deutliche Erklärungen, zunächst ob der Kurfürst sich an dem Kriege gegen Holland und an der zu erwartenden Beute betheiligen wolle. Friedrich Wilhelm lehnte es ab. Holland war gegen Frankreich eine Vormauer Deutschlands und gegen den Papismus eine Stütze der Evangelischen. Diese Thatsache überwog bei ihm weit alle gerechte Empfindlichkeit, die er gegen die Generalstaaten hegte, und jeden Wunsch, den er nach Erweiterung seiner Grenzen trug. Darauf verlangte Verjus, der Abgesandte Ludwigs: wenn der Kurfürst denn nicht mit Hand anlegen wolle, so möge er wenigstens den Gegnern des Königs nicht Vorschub leisten, sondern sich für neutral erklären.

Es gab unter den Räthen Friedrich Wilhelms manche, die ihm hiezu riethen; er war anderer Meinung. Von Potsdam, wo er sich damals aufhielt, schrieb er am 7. Mai an seinen Vertrauten, den Grafen Schwerin: „Ich sehe, daß Verjus auf eine kategorische Erklärung bringen wird, mich durch die Neutralität zu binden, daß ich nicht freie Hand behalte. Was neutral zu sein ist, habe ich schon vor diesem erfahren; ich habe verschworen, mein Lebelang nicht neutral zu sein, ich würde

mein Gewiſſen damit beſchweren. Ich habe die ganze Nacht
wegen dieſer wichtigen Sache nicht ſchlafen können und habe
Gott fleißig angerufen, mir in den Sinn zu geben, was ich
thun und laſſen ſoll." Er entſchied ſich, auch das Verſprechen
der Neutralität zu verweigern. Er that es in der höflichſten
Weiſe; aber Frankreich wußte doch, woran es mit ihm war,
und es ſchloß nunmehr mit Schweden ein Schutz= und Trutz=
bündniß, deſſen Spitze gegen Brandenburg gekehrt war.

Im Frühling 1672 erklärten Frankreich und deſſen Verbündete,
England, Kurköln und Münſter, unter nichtigen Vorwänden an
die Generalſtaaten den lange vorbereiteten Krieg; England griff
zur See an, Frankreich und ſeine deutſchen Söldner zu Lande.
Holland ſchien verloren. Nicht mit Unrecht hatten die General=
ſtaaten gemeint, an ihrem Heile müſſe auch anderen Mächten
viel gelegen ſein. Aber jetzt ſchaute Europa theils wohlgefällig,
theils gleichgiltig ihrer Gefahr zu. Nur Friedrich Wilhelm bot
ihnen ſeinen Beiſtand. Sie verleugneten auch in dieſer äußerſten
Noth ihr filziges Weſen nicht; feilſchten um die Beiſteuer, die
ſie zum Unterhalt der zu ihrer Hilfe beſtimmten Truppen geben
ſollten, und machten Bedingungen, als ob ſie ſich in der gün=
ſtigſten Lage von der Welt befänden. Vergebens mahnten ſeine
Räthe den Kurfürſten von dieſer unvortheilhaften und gefähr=
lichen Allianz ab; vergebens drohte Frankreich; am 6. Mai
unterzeichnete er den Vertrag mit den Generalſtaaten. Er ver=
ſprach darin, ihnen mit 20000 Mann (12000 Mann zu Fuß,
8000 Mann zu Roß) zu Hilfe zu kommen, für welche ſie die
Werbegelder und den halben Sold (monatlich 36000 Thlr.)
bezahlen ſollten. Dagegen verpflichteten ſie ſich auch andere
Mächte, namentlich Spanien und Dänemark, für ſich ins Feld zu
bringen. „So war es", wie ein öſterreichiſch geſinnter Geſchichts=
ſchreiber geſteht, „allein aus ſo vielen deutſchen Fürſten der
Brandenburger, der aus wohlverſtandener oder angeborner
Großmuth und Vaterlandsliebe ohne Wanken für die Bedrängten
zum Schwerte griff."

Der Kurfürſt ſuchte auch Kaiſer und Reich mit fortzureißen.

Er ließ vorstellen, es werde in den Augen der Mit= und Nach=
welt als eine unverzeihliche Schwäche erscheinen, die Freiheit
nicht bloß Deutschlands, sondern der ganzen Christenheit so
preisgegeben zu haben; und wenigstens er sei nicht gesonnen,
sich bei einer Niederlage Hollands ohne das Schwert zu ziehen
in die Bastille schleppen zu lassen. Die Evangelischen wies er
noch besonders darauf hin, wie Frankreich daran arbeite, den
Papismus zu verbreiten. Aber im Reich war die französische
Partei noch allzu stark, und der Kaiser befand sich, was Fried=
rich Wilhelm freilich nicht wußte, mit Frankreich in geheimer
Allianz. Gleichwohl entschloß man sich in Wien, den Antrag
des Kurfürsten auf gemeinsame Unterstützung Hollands anzu=
nehmen. Am 23. Juni kam ein hierauf bezüglicher Bundes=
vertrag zwischen Brandenburg und Oesterreich zu stande, und
es wurde abgemacht, daß kaiserliche Truppen zu dem Heere des
Kurfürsten stoßen sollten. Allein die Absicht war, dem Branden=
burger, dem man die Vertretung der deutschen Interessen nicht
überlassen mochte, durch diese Allianz vielmehr einen Hemmschuh
anzulegen. Demgemäß empfing der kaiserliche General, Graf
Montecuculi, seine geheimen Weisungen. Dem Namen nach
unter dem Befehl des Kurfürsten, sollte er in der That lediglich
nach dem Sinne der wiener Politik handeln, welche ihm vor=
schrieb, die Pläne des Brandenburgers zu durchkreuzen, jedem
ernsten Zusammenstoß mit den Franzosen auszuweichen, die kaiser=
lichen Truppen zu schonen und den Feldzug resultatlos zu machen.
Es kam denn auch so, wie man in Wien wünschte. Während
ein großes französisches Heer unter Türenne im Fluge den
größten Theil Hollands eroberte, ließ Montecuculi Woche auf
Woche verstreichen, ehe er nur zum Marsch aus seinen Stand=
quartieren in Böhmen Anstalt machte, und dann rückte er ganz
langsam vorwärts. Erst im September vereinigte er sich im
Leinethal mit dem Kurfürsten, der nun über ein Heer von
36000 Mann (davon 16000 Kaiserliche) gebot. Inzwischen war
die Lage der Holländer fast eine verzweifelte geworden. Beim
Einfall der Franzosen hatte sich in Amsterdam das Volk erhoben,

den Rathspensionär be Witt nebst seinem Bruder als Landes=
verräther ermordet und die Erhebung des Prinzen Wilhelm III.
von Oranien zum Oberbefehlshaber durchgesetzt; aber so sehr
dieser junge Fürst sich auch bemühte, das Land rasch in tüch=
tigen Vertheidigungszustand zu setzen, die Zeit war zu kurz;
Festung auf Festung fiel in die Gewalt Türennes; mit äußerster
Mühe gelang es dem Prinzen, den noch uneroberten Rest der
Republik mit den Hauptstädten Haag und Amsterdam zu be=
haupten. Fort und fort rief er seinen Oheim, den Kurfürsten,
um schleunigen Beistand an. Dieser wollte nun, nachdem die
Kaiserlichen endlich eingetroffen waren, geradenwegs nach Holland
marschiren. Montecuculi hatte aber hundert Gründe dies zu
widerrathen und besaß als erfahrener General und als Führer
einer dem Kurfürsten doch nicht unbedingt zugeordneten Hilfs-
armee Autorität genug, um seinem Willen Geltung zu ver=
schaffen. Auf seinen Antrag wurde beschlossen nicht nach dem
unteren, sondern nach dem mittleren Rhein, zunächst nach dem
Main zu marschiren. Aber auch während diese Bewegung vor
sich ging, und als man endlich (Ende Oktober) bei Mainz an=
langte, bereitete Montecuculi so viele Schwierigkeiten, daß die
Zeit thatlos verstrich und man zuletzt (im Dezember), ohne
irgend etwas ausgerichtet zu haben, einen unrühmlichen Rückzug
nach der Weser antreten mußte. Dann legte zwar Montecuculi
das Kommando nieder, aber sein Nachfolger im Befehl über
die Kaiserlichen, der Herzog v. Bournonville, hinderte den Kur=
fürsten nicht weniger. Der Winterfeldzug in Westfalen, wo
Türenne, von den Münsterschen unterstützt, eingefallen war,
scheiterte ebenso kläglich, wie vorher das Unternehmen gegen den
Mittelrhein.

Der Zweck des wiener Hofes war erreicht; der Branden=
burger hatte sich keine Lorbeern geholt, sondern an Einfluß und
Ansehen im Reiche und noch mehr in Holland verloren. Er
war auch in seiner materiellen Macht geschwächt; er befand sich
in größter Geldnoth, denn die Holländer hatten, mißvergnügt
über die schlechte Führung des Feldzuges, ihm die versprochenen

Subsidien nur zum allerkleinsten Theile gezahlt, und die Er=
haltung seiner Armee, die er zu diesem Kriege bis auf 40000
Mann verstärkt, ging weit über seine Kräfte. Ueberdies waren
seine Besitzungen am Rhein und in Westfalen in der Gewalt
des siegreichen Feindes und durch dessen Verheerungen schwer
beschädigt. Nur den Trost hatte er, daß doch die eigentliche
Absicht, in der er das Schwert gezogen, die Rettung Hollands,
gelungen war. Denn seine Dazwischenkunft hatte den Be=
drängten neuen Muth eingeflößt und ihnen im gefährlichsten
Augenblicke Luft gemacht. Türenne war genöthigt gewesen,
einen großen Theil seiner Streitmacht von Holland ab und gegen
das brandenburgisch=kaiserliche Heer zu wenden. Auch rührten
sich nun andere Mächte für die gemeinsame Sache; Spanien
rüstete, Dänemark bot Soldtruppen an; der Kurfürst hatte nicht
umsonst die Lärmtrommel gerührt. Schon stellte sich der fran=
zösischen Koalition eine holländische entgegen.

Aber mittlerweile ward seine eigene Lage immer gefähr=
licher. Die volle Last des Krieges mit Frankreich wälzte sich
nun ihm zu. In Deutschland selbst war er von Feinden um=
geben. Kurköln und Münster verklagten ihn beim Reichstage
in Regensburg, weil er sie, die Verbündeten Frankreichs, be=
kämpfte, des Landfriedensbruchs und riefen Deutschland auf,
„diesem ins Reich gewaltig einreißenden Dominat Branden=
burgs" ein Ende zu machen. Solches hörten gar viele deutsche
Fürsten nicht ungern, Kursachsen brachte in Erinnerung, daß es
von altersher Ansprüche auf Kleve habe; andere Reichsstände
deuteten ähnliche Wünsche an; ganz ungescheut sprach man es
in Regensburg aus, es wäre gar nicht so übel, wenn der
Brandenburger eine oder die andere Provinz verlöre und auf
solche Weise den andern deutschen Reichsfürsten gleich gemacht
würde. Der Kurfürst hatte also für sich nur Undank und Schaden
geerntet. Am meisten verdroß ihn die abgünstige Haltung, die
der wiener Hof einnahm. Selbst in kleinen Dingen, wenn er
dies oder jenes beim Kaiser nachzusuchen hatte, traf er auf

Uebelwollen. Friedrich Wilhelm war schwer erzürnt. „Läßt mich Gott leben und Gesundheit dabei", schrieb er damals (am 2. April 1673) einem Vertrauten, „so werde ich suchen, solches zu revangiren, denn es ist zu grob. Das ist der Dank, daß ich ihm die Krone aufgesetzt habe; die Zeit kann kommen, daß ich ihm die wieder abnehme und einem andern, der es besser meritirt, aufsetze."

Jedenfalls forderte schon die Rücksicht auf das Wohl seines Staates, daß er nicht ohne Noth und Nutzen sich weiter aufopfere und seine Länder noch länger zu Grunde richten lasse. Er beschloß, sich an dem Kriege nicht weiter zu betheiligen. Ludwig XIV. bot ihm gute Bedingungen; er nahm sie an; zu Vossem (einem Dorfe zwischen Brüssel und Löwen) überreichte der brandenburgische Gesandte am 6. Juni 1673 dem Könige das vom Kurfürsten unterzeichnete Friedensinstrument. Die Franzosen räumten die rheinischen und westfälischen Besitzungen des Kurfürsten, gaben ihm (im Mai des folgenden Jahres) auch die klevischen Festungen zurück, aus denen sie die holländischen Garnisonen vertrieben, sodaß Friedrich Wilhelm von Frankreich, seinem Gegner, erhielt, was er von Holland, von seinem alten Bundesgenossen, niemals hatte erlangen können. Dagegen versprach er den Feinden des Königs keinen Beistand mehr zu leisten, außer in dem Falle, daß dieser das deutsche Reich angriffe.

Jetzt, da sich Brandenburg zurückgezogen, trat der Kaiser im Bunde mit Holland und Spanien eifriger zur Abwehr der Franzosen auf; jetzt wurden die Klagen der Reichsglieder am Rhein, die unter den Einfällen Türennes litten, insbesondere des Kurfürsten von Trier, zu Regensburg mit Ernst vorgenommen, und als die Franzosen dann im Verlauf ihres Kampfes mit den Kaiserlichen im Frühling 1674 von neuem Reichsgebiet, diesmal die Pfalz, verheerten, beschloß auf den Antrag des Kaisers das deutsche Reich den Krieg.

Niemanden empörten die Gewaltthaten und der Uebermuth der Franzosen mehr als Friedrich Wilhelm. Er war keinen

Augenblick zweifelhaft, ob er sich darauf beschränken solle, seine pflichtmäßige Truppenzahl als Reichsstand zu stellen, oder den Feind wieder mit seiner ganzen Macht zu bekämpfen; er mußte das letztere schon darum wählen, weil er seine große Armee ganz aus eigenem Säckel nicht länger bezahlen konnte. Am 1. Juli 1674 schloß er mit dem Kaiser, mit Spanien und Holland gegen Frankreich ein Schutz= und Trutzbündniß, in welchem er versprach, zu dem gemeinsamen Kampfe 16000 Mann zu stellen und die Hälfte davon aus eigenen Mitteln zu unter= halten; für die andere Hälfte übernahmen Holland und Spanien die Kosten. Die Verbündeten verpflichteten sich, ihm, wenn im Laufe dieses Krieges irgend eines seiner Länder angegriffen würde, zu dessen Vertheidigung die gleiche oder die nöthige Zahl von Truppen zu senden und diese Hilfe solange zu ge= währen, bis der Feind zurückgetrieben und das Land sicher= gestellt sei. Es wurde abgemacht, daß kein Theil ohne den andern einen Waffenstillstand oder Frieden eingehen dürfe.

Im August 1674 brach der Kurfürst mit 19000 Mann, die er bei Magdeburg versammelt hatte, auf. Aber unbelehrt durch den Ablauf des Feldzugs von 1672 beging er wieder den Fehler, statt nach den Niederlanden, wie der Prinz von Oranien bat, vielmehr abermals nach dem Oberrhein zu ziehen und von neuem in Verbindung mit den Kaiserlichen zu operiren. Er zog durch Thüringen und Franken nach dem Elsaß. Im Oktober vereinigte er sich bei Straßburg mit 30000 Mann kaiserlicher und Reichstruppen. Die Verbündeten waren fast noch einmal so stark, als Türenne, den sie hier zu bekämpfen hatten. Aber auch jetzt erfuhr Friedrich Wilhelm von dem kaiserlichen General — es war wieder Bournonville — nichts als Hemmung. Vergebens drängte er zu einem energischen Angriff; Bournon= ville ließ nicht bloß selbst die besten Gelegenheiten einen guten Schlag zu führen unbenutzt, sondern hinderte auch den Kur= fürsten, wo dieser einen Vortheil errang. Durch seine Schuld, der bald wie ein Verräther, bald wie ein Feigling handelte, mußte man zuletzt nach einem ungünstigen Gefecht bei Türkheim

(5. Januar 1675) ben Elſaß räumen und über ben Rhein
zurückgehen. Ob er nur unfähig geweſen, ober ob ihm ſein
Verhalten, wie der Kurfürſt glaubte, vom wiener Hofe vor=
geſchrieben war, iſt zweifelhaft; gewiß aber, baß man auch
damals in Wien lieber ſelbſt keine Vortheile haben, als die
Erfolge des Brandenburgers vermehren mochte.

In dieſer Zeit des Mißgeſchicks und der Enttäuſchung traf
ben Kurfürſten auch in ſeiner Familie ein Unglück. Sein Sohn,
ber neunzehnjährige Kurprinz Karl Emil, war ihm in den
Krieg gefolgt; im November 1674 erkrankte er an einem hitzigen
Fieber, zu deſſen Heilung er ſich nach Straßburg begab. Aber
das Uebel ward nur ſchlimmer und am 1. Dezember verſchied
er. Seine Talente wie ſein Charakter hatten zu den größten
Hoffnungen berechtigt; ſein Tod ſchien ben Zeitgenoſſen auch
für den Staat ein ſchweres Unglück. Denn ſtatt dieſes hoch=
begabten ward nun ein mittelmäßig beanlagter, Prinz Friedrich,
Thronerbe. Es fehlte nicht an Stimmen, die ben Tod Karl
Emils höchſt verdächtig nannten. Der Prinz ſollte durch einen
franzöſiſchen Koch, den er Schwerins Warnungen zum Trotz
in ſeinen Dienſt genommen, vergiftet worden ſein. Der Kur=
fürſt ſelber neigte dieſer Meinung zu. Doch entſcheidet dies
nicht. Seine lebhafte Phantaſie beeinflußte zuweilen ſein Ur=
theil. Er glaubte auch, wie freilich Tauſende vor ihm und
nach ihm thaten, an die „weiße Frau“, jenes Nachtgeſpenſt,
welches nach der nunmehr breihundertjährigen Sage im Hohen=
zollernſchloß erſcheint, wann immer hier ein Todesfall bevorſteht.
Der Feind ließ dem Kurfürſten keine Zeit, ſich dem Schmerz,
dem Trübſinn über den herben Verluſt des Sohnes hinzugeben.
Jetzt eben bedrohte er ihm die Exiſtenz des Staates.

Fehrbellin.

Auch der letzte Feldzug war für die Franzosen günstig ab=
gelaufen; gleichwohl hatten sie allen Grund, die Verlängerung
des Kampfes mit einer so mächtigen Koalition, als ihnen nun
gegenüberstand, zu fürchten. Der rührigste, der thätigste ihrer
Gegner war Friedrich Wilhelm; diesen vor allen galt es zu be=
seitigen und Ludwig XIV. hatte dafür ein sehr wirksames Mittel
zur Hand. Er bewog die schwedische Regierung, den Vertrag,
den sie mit ihm geschlossen, nunmehr zu erfüllen und dem Kur=
fürsten, obgleich sie auch mit diesem alliirt war, in den Rücken
zu fallen. Da er drohte, sonst kein Geld mehr zu zahlen, so
schickte der König von Schweden, Karl XI., denn auch wirklich
im Dezember 1674 ein Heer von 14000 Mann aus Vor=
pommern in die Mark und ließ den Kurfürsten wissen, wolle
er ihn nicht zum Feinde haben, so müsse er von dem Kriege
gegen Frankreich abstehen. „Das kann den Schweden Pommern
kosten!" rief Friedrich Wilhelm, als er diese Nachricht empfing.
Nicht ungern sah er diesen Angriff; er hoffte, in Folge dessen
der schwedischen Nachbarschaft ein Ende bereiten zu können. Er
befahl seinem Statthalter in den Marken, dem Fürsten Johann
Georg von Anhalt=Dessau, mit den wenigen Truppen, die dem=
selben zu Gebote standen, soviel thunlich den Feind abzuwehren,
insbesondere aber die Residenz und die Festungen zu behaupten.
Er selbst blieb mit seinem Heere vor der Hand noch in Süd=
deutschland, theils um die Truppen in den Winterquartieren sich

erholen zu laffen und fie wieder vollzählig und zu einem neuen
Feldzuge schlagfertig zu machen, theils und hauptsächlich aber,
um seine Verbündeten, zunächst die Holländer, zu seinem Bei=
stand aufzubieten.

Die Schweden begnügten sich anfangs Quartier in der
Mark zu nehmen und hielten zuerst gute Mannszucht. Bald
aber erneuerten sie alle Greuel des dreißigjährigen Krieges,
brannten und raubten und preßten durch die entsetzlichsten Mar=
tern den Einwohnern Geld ab. Sie und ihr Auftraggeber
Ludwig XIV. gedachten so es zu erzwingen, daß der Kurfürst
um Frieden bitte.

Aber sie verfehlten ihren Zweck. „Ich beklage“, schrieb
Friedrich Wilhelm aus seinem Hauptquartier zu Schweinfurt
(im Februar 1675) seinem Statthalter, „ich beklage von Herzen
meine gute Kur Brandenburg und meine lieben Unterthanen,
aber ich hoffe, daß sie dadurch ins künftige in desto besseren
Zustand sollen gesetzt werden. Es vermeinen zwar die Schweden,
daß sie mich durch solche Ueberfallung dahin bringen wollen,
daß ich von der Alliirten Partei abtreten solle. Sie fehlen
hierin sehr. Denn nachdem sie mich ganz ruinirt haben, bleibt
mir nichts als das Leben und solches will ich lieber verlieren,
als zu changiren und mich nicht zu revangiren, es mag nun ab=
laufen wie es wolle. Ich werde beweisen, daß ich nicht so
veränderlich bin als sie öffentlich ausgeben. Ich getraue meiner
gerechten Sache. Gott hat mich so oft gnädig aus mancher
Gefahr wunderbarlich errettet; ich zweifle nicht, er werde es
hierin auch thun und seine Hand nicht von mir abziehen.“

Seine Bemühungen, die Koalition, die gegen Frankreich
stand, zum Bruch mit Schweden zu bewegen, hatten indeß
wenig Fortgang. Es konnte noch Monate dauern, ehe sie auch
nur bei Holland gelangen. So mußte er denn vorläufig seine
Märker noch zur Geduld, zum Ausharren ermahnen.

Sie suchten sich selbst zu helfen, so gut sie konnten. Der
Statthalter organisirte einen Parteigängerkrieg, bei dem ihm
das Landvolk half. In der Altmark erhoben sich die Bauern

und richteten sich zu einer Art Landwehr ein. Ihre Waffen waren Spieße und Heugabeln, Dreschflegel und Sensen; ihre Fahne der rothe brandenburgische Adler, in den Klauen ein Zepter und einen grünen Kranz mit dem Namenszuge F. W. und der Inschrift:

„Wir sind Bauern von geringem Guth
Und dienen unserm Gnädigsten
Churfürsten und Herrn mit unserm Bluth!"*)

So zogen sie, in Kompanien getheilt, an die Elbe, lagerten sich längs des Flusses und wehrten den Schweden den Ueber= gang. Desto mehr litten freilich die Mittel= und Uckermark; hier hauste der Feind, über den Widerstand erbittert, mit un= menschlicher Grausamkeit. Der Kurfürst rief inzwischen Kaiser und Reich um die Hilfe an, die beide verfassungsmäßig, ersterer außerdem laut des Vertrages vom 1. Juli 1674 ihm zu leisten verpflichtet waren. Doch seine Klagen, seine Forderungen trafen nur taube Ohren. Kaiser Leopold hatte zwar dicht an der Mark, in seiner Provinz Schlesien, verfügbare Truppen stehen; aber er erklärte, nicht früher gegen die Schweden auftreten zu können, als bis der Kurfürst mit seiner Armee wieder in Branden= burg sei. Und auf dem Reichstage zu Regensburg gab es wohl französisch, schwedisch oder kaiserlich gesinnte genug, aber deutsch= gesinnt waren die wenigsten. „Ich muß lachen, wenn Ihr vom Reiche sprecht", sagte in Stockholm der französische Gesandte zum brandenburgischen, „das Reich giebt es nicht mehr; Euer Kurfürst freilich will machen, daß es ist."

Auch Holland zeigte wenig Lust sich für Brandenburg an= zustrengen; es half mit Worten, aber die Thaten ließen auf sich warten; kaum daß es die schuldigen Hilfsgelder zahlte.

Friedrich Wilhelm blieb also auf seine eigenen Kräfte an= gewiesen. Sie schienen den Fremden bei weitem zu gering für

---

*) Noch jetzt wird in der Kirche des altmärkischen Dorfes Dannefeld im Drömling eine jener Bauernfahnen aufbewahrt; die Stange ist schwarz, die Fahne von weißer Leinwand.

den Kampf, den er nun aufzunehmen hatte. War nicht Schweden ein großes Königreich? und die schwedische Armee nicht welt= berühmt? Ueberdies drohte noch ein anderer Feind; die fran= zösische Diplomatie hatte auch Polen gewonnen; der neue König dieses Landes, Johann Sobiesky (seit 1674), nahm den alten Plan seiner Vorgänger auf, Preußen wieder polnisch zu machen; er versprach, sobald er vor den Türken Ruhe habe, zu Branden= burgs Unterdrückung mitzuwirken. Der Kurfürst verlor dennoch den Muth nicht; er meinte, „Gott habe ihn bisher aus vielen Gefahren errettet, er werde ihn auch jetzt nicht zum Gespötte seiner Feinde werden lassen."

Ihn quälte in den ersten Monaten des Jahres 1675 auch ein altes körperliches Leiden, die Gicht; es hinderte ihn nicht, mit größtem Eifer seine Rüstungen zu betreiben. Er beschloß sogar zur See den Feind anzugreifen. Mit Hilfe des hollän= dischen Kaufmanns Benjamin Raule in Middelburg setzte er seine alten Pläne auf Gründung einer Marine nun gehörig ins Werk. Raule mußte in Holland Schiffe kaufen und kriegs= mäßig ausrüsten. Die so zusammengebrachte Flotte bestand aus einigen leichten Kaperschiffen und drei Fregatten von 36 bis 42 Kanonen; eine dieser Fregatten hieß „der Kurprinz", eine andere „die Stadt Berlin". Das Kommando der Flotte erhielt ein Oberst Simon de Bolzee; er sollte nach Vorpommern und Rügen segeln, dort landen, Kontributionen erheben, dann ander= wärts je nach Bedarf des Kurfürsten Operationen unterstützen, schwedische Schiffe wegnehmen und überhaupt dem Feinde möglichst viel Abbruch thun.

Die Hauptsache war doch der Landkrieg. Am 5. Juni brach der Kurfürst mit 15000 Mann von Schweinfurt am Main, wo er sein Hauptquartier gehabt, nach der Mark auf. Sein linker Flügel ging durch das Werrathal und über Mühlhausen, sein rechter Flügel, bei dem er selbst war, über Schleusingen und Arnstadt durch den Thüringer Wald, beide in Eilmärschen, auf Heldrungen, Staßfurt, Magdeburg zu. In Staßfurt, auf seinem eigenen Gebiete angelangt, befahl er einen Buß= und

Bettag für alle seine Unterthanen auszuschreiben und gab zum
Text der Predigt den Trostspruch des Jeremias: „Aber der
Herr ist bei mir wie ein starker Held; darum werden meine
Verfolger fallen und nicht obsiegen, sondern sollen sehr zu
Schanden werden." Am 21. Juni erreichte er mit der Reiterei
und einem Theile des Fußvolks Magdeburg, wo sogleich die
Thore gesperrt werden mußten, damit die Kunde nicht vor ihm
selber zu den Schweden gelange.

In sechzehn Tagen hatte er mit seinem Heere einen Marsch
von beinahe vierzig Meilen gemacht; eine unerhört große Leistung.
Aber er war auch gerade zur Zeit gekommen; der Kommandant
von Magdeburg, ein Oberst Schmidt, hatte sich von den Feinden
erkaufen lassen; er stand im Begriff die wichtige Festung. zu
verrathen, gegen welche die Schweden mit den Hannoveranern
gemeinsam vorzugehen beabsichtigten. Diesen Plan entdeckte der
Kurfürst, als er in Magdeburg ankam, aus aufgefangnen
Briefen; er ließ Schmidt verhaften, und da er zugleich erfuhr,
daß die Schweden von seiner Annäherung noch nichts wußten,
so beschloß er sie zu überrumpeln. In der That ahnten sie
nicht, wie nahe er ihnen sei; sie glaubten ihn noch in Franken;
ein Gerücht, das ihn mit dem Kurprinzen verwechselte, sagte
ihn gar todt.

Die schwedische Streitmacht in Pommern und in der Mark
betrug 20000 Mann; Oberbefehlshaber derselben war der General
Karl Gustav von Wrangel. Er hatte zu dieser Zeit etwa
15000 Mann am rechten Havelufer aufgestellt und beabsichtigte
mit denselben bei Havelberg über die Elbe zu gehen, um sich
drüben mit den Hannoveranern zu vereinigen. Er selbst befand
sich jetzt mit 4000 Mann in letztgenannter Stadt; seine Haupt=
macht, 11000 Mann, unter seinem Bruder, dem General
Waldemar von Wrangel, stand noch in und bei der Stadt
Brandenburg; die Verbindung zwischen beiden stellte die Be=
satzung von Rathenow her, sechs Kompanien Dragoner unter
Oberst v. Wangelin. Der Plan des Kurfürsten war, diese Linie
rasch in der Mitte zu durchbrechen und die getrennten Theile

einzeln zu schlagen. Er wartete daher nicht ab, bis die Haupt=
masse seines Fußvolks herangekommen war; ließ die ermüdeten
Truppen, die er mitgebracht, in Magdeburg nur kurze Rast
halten; in der Nacht zum 23. mußten die Reiter — 5600 Mann —
wieder aufsitzen; das Fußvolk — 1000 auserlesene Musketiere —
und 13 Geschütze, auch Kähne zum Flußübergange wurden auf
120 Wagen gebracht; und nun ging es der Havel zu. Regen=
güsse machten die Wege grundlos; dennoch war der Marsch so
schnell, daß, als der Kurfürst in der Nacht zum 25. vor
Rathenow anlangte, die Schweden daselbst noch in völliger
Unwissenheit über ihre Gefahr waren. Aber Rathenow war ein
fester Platz; es kam darauf an, ihn im Fluge zu nehmen.

· Die Havel bildete hier, von Süden nach Norden fließend zwei
Inseln, eine kleine westliche und eine größere östliche; auf der letz=
teren lag damals die Stadt, die erstere war mit der Stadt sowie
mit dem linken, westlichen Flußufer durch je eine Brücke verbunden.
Von Westen her kam jetzt der Kurfürst, die Stadt zu überraschen.
Zugleich List und Kühnheit sollten zu dem Handstreich helfen.
Morgens zwei Uhr am 25. erschien Derfflinger mit einigen Reitern
vor der äußeren Zugbrücke, gab sich für einen schwedischen Offizier
aus und verlangte Einlaß. Die Zugbrücke fiel; Derfflinger mit
den Seinigen sprengte herein; nun erst machte der Posten Ein=
wendungen; es war zu spät, die Wache wurde überrannt, die
Insel besetzt. Aber die zweite Brücke, die nach der Stadt,
zum Havelthor führte, fanden die nachdringenden Mannschaften
zum Theil abgetragen, zum Theil aufgezogen, und schon war
die Garnison in der Stadt alarmirt. Indeß griff eine Ab=
theilung Musketiere, die auf Kähnen seitwärts gelandet war,
ein zweites Thor an und sprengte es, und den Dragonern
Derfflingers gelang es, obgleich heftig beschossen, die Havel=
thorbrücke wieder herzustellen. Von zwei Seiten drangen die
Brandenburger in die Stadt ein. So tapfer sich auch die
Schweden wehrten; in die Mitte genommen, mußten sie unter=
liegen, 390 fielen, der Rest, 270 Mann und der Oberst selbst,
wurden gefangen. Von den Brandenburgern waren nur 20 ge=

fallen. Bei allen großen Unternehmungen gilt ein glücklicher
Anfang mit Recht für die beste Vorbedeutung, ja fast für eine
Bürgschaft auch des endlichen Erfolges. Hocherfreut daher beeilte
sich der Kurfürst, diese erste Siegespost nach Berlin zu melden.
„Euer Liebden", schrieb er noch am 25. an den Statthalter,
„geben Wir hiermit freundlich und gnädigst zu vernehmen, was-
maßen es dem gütigen Gott gefallen Unsere gerechte Sache
und Waffen wider die Schweden bald anfangs dergestalt zu
segnen, daß Wir diesen Morgen um drei Uhr die Stadt Rathenow
mit stürmender Hand erobert und eingenommen, und ist des
Obersten Wangelin ganzes Regiment Dragoner, so darin gelegen, bestehend in sechs Kompanien, ruinirt und niedergemacht
worden. Er selbst der Obrister ist nebst seiner Frauen, wie
auch seinem Obristlieutenant, Oberst-Wachtmeister und zweien
Kapitänen gefangen, die übrigen Offiziere und meisten Gemeinen
sind geblieben und etliche gefangen, auch die sechs Fähnlein bekommen. Weil nun dieser glückliche Succes allein dem höchsten
Gott, von dem aller Sieg und Segen kommt, billig zuzulegen
ist, so haben Euer Liebden die Verfügung zu thun, daß seiner
Güte desfalls gebührend von der Kanzel gedanket und Er angerufen werde, Unsere Waffen ferner zu segnen . . . . . Wir
werden darauf bedacht sein, wie Wir diesen Uns von Gott
gegebenen Sieg weiter poussiren mögen" u. s. w.

Anderen Tages, Mittwoch den 26., nach dem Dankgottes-
dienste, den der Kurfürst in Rathenow halten lassen, kam ihm
die Nachricht, daß General Waldemar Wrangel am vorigen
Morgen in der Richtung auf Rathenow aufgebrochen, aber auf
die Kunde von dem Geschehenen rechtsab marschirt sei, um im
Bogen über Friesack nach Havelberg zu entkommen. Sofort
brach auch der Kurfürst auf und eilte mit seinem kleinen Heere
den Schweden nach. Mittags am 27. traf er ihre Nachhut
bei Nauen; er trieb sie aus dem Städtchen, doch auf dem
langen schmalen Damm, der nordwärts von der Stadt über
morigen Grund hinausführte, war die Verfolgung schwieriger.
Der Feind vertheidigte hartnäckig den Paß und konnte seinen

Rückzug ohne viel Verlust bewerkstelligen; er marschirte nun
weiter auf Fehrbellin zu.

Die große Straße dorthin ging über die Dörfer Linum,
Hakenberg, Tarnow; rechts von derselben, im Osten, erstreckte
sich ein weites Moor, durch welches in immer zunehmender Nähe
der Rhin floß, an dem das Städtchen Fehrbellin liegt. Links
von der Straße, im Westen, war der Grund bis Linum ebenfalls morig, von dort bis Fehrbellin erhob er sich in einem
sandigen Höhenzuge, der zwischen Linum und Hakenberg mit
einem Grunde voll Laubwald, den dechtower Eichen, abwechselte,
von Hakenberg weiter hie und da mit Fichten bestanden war.
Diese Straße zogen am Freitag Morgen den 28. Juni die
Schweden, 4000 Reiter, 7000 Mann Fußvolk und 38 Geschütze
stark, begierig, den Vorsprung, den sie vor dem Kurfürsten
hatten, noch zu vergrößern. Hinter ihnen die brandenburgische
Reiterei, 5600 Mann mit 13 Geschützen; sie war, sobald der
Tag graute, in Nauen wieder aufgesessen und nun im eiligen
Vormarsch. Ihre Vorhut, 1600 Mann, führte der Prinz
Friedrich von Hessen-Homburg*); bei der Hauptmacht,
welche Derfflinger führte, befand sich der Oberbefehlshaber,
der Kurfürst. Gegen 7 Uhr Morgens empfing dieser von dem
Prinzen, der mit seinem Haufen weit voraus war, die Meldung,
er habe den Feind ereilt, stehe ihm bei Linum gegenüber und
bitte angreifen zu dürfen. Der Angriff mit so ungleich schwächeren
Kräften war ein Wagniß; Derfflinger rieth daher ab, stellte
vor, daß man sicherer ginge, wenn man ringsum, wie schon
bei Fehrbellin geschehen, durch entsendete Streifpartien die
Brücken abbrechen ließe und so den Feind ins Netz brächte.
Aber der Kurfürst meinte, man müsse den günstigen Augenblick,
da man den Feind gefaßt, wahrnehmen, und entschied sich sofort
zur Schlacht. Denn wie eilig es die Schweden hatten, ihm
zu entwischen, war aus manchen Anzeichen, insbesondere aus

---

*) Geboren 1632 zu Homburg, gestorben 1708 als Landgraf Fried-
rich II. von Hessen-Homburg.

Waffen und Gepäckstücken, die sie auf dem Wege von sich ge=
worfen, klar zu ersehen. „Die göttliche Kraft macht uns sieghaft
durch Jesum Christum", rief er, zog den Degen und sprengte an
der Spitze der Seinen dem Felde zu, wo seine Vortruppen
bereits im Feuer standen. Prinz Friedrich von Homburg war
ein hitziger Kriegsmann trotz seines silbernen Fußes, den er statt
des 1658 vor Kopenhagen verlorenen trug, und immer voran
im Gefecht. Aber es fehlte ihm darum nicht an Umsicht und
Geschick. Der schwedische General hatte sein Heer in drei
Treffen zwischen Linum und Hakenberg aufgestellt, den linken
Flügel an das Rhinmoor, den rechten an die dechtower Eichen
gelehnt; aber er hatte unterlassen dieses Gehölz mit Fußvolk
zu besetzen, und so war seine Stellung keineswegs hinreichend
fest und gegen Umgehung gesichert. Diesen Fehler nahm der
Prinz rasch wahr; er schickte einen Theil seiner Reiter durch
den Wald auf die Höhen und nöthigte so den Feind zum Rück=
zug. Derselbe nahm nun eine neue Stellung weiter zurück bei
Hakenberg. Inzwischen war jedoch der Kurfürst mit der Haupt=
macht herangekommen. Er ließ den Vortheil, den der Prinz
zur Linken gewonnen, weiter verfolgen. Unter dem Schutze
eines dichten Nebels besetzte Derfflinger die Höhe vor Hakenberg
mit Geschütz, welches, sobald der Nebel fiel, die Mitte der
schwedischen Linie furchtbar beschoß. Zur Deckung dieses wich=
tigen Punktes saßen zwei Regimenter Dragoner, Derfflinger's
und v. Bomsdorf's ab. Gegen sie warf Wrangel den Kern seiner
Streitmacht, Dalwig's Regiment Fußvolk und mehrere Reiter=
regimenter. Die brandenburgischen Dragoner wehrten sich helden=
haft wider die Uebermzahl, aber auf die Dauer hätten sie sich
nicht behaupten können. Es wurden ihnen daher die zunächst=
stehenden Truppen, das Regiment des Fürsten von Anhalt und
die Leibtrabanten, zu Hilfe geschickt. Aber auch die Schweden
verstärkten sich, und wie deren alterprobtes Fußvolk, die Pikeniere
mit gefällten Piken, die Musketiere Salve auf Salve abgebend,
von vorn andrang, während von der Seite die schwedischen
Reiter anstürmten, da wich das Regiment Anhalt, wichen selbst

die Leibtrabanten, machten kehrt, sprengten davon. Aber die Dragoner hielten fest; „sie wollten sich eher bei den Kanonen begraben lassen", riefen sie den davonreitenden nach.

Jetzt führte der Prinz das zunächst angelangte Regiment, des Generals v. Görtzke, vor; es stellte den Kampf wieder her; doch nicht auf lange. Die schwedische Uebermacht war zu groß, und die Brandenburger trafen nur truppweise ein. Wie sie zur Hand waren, schickte der Kurfürst sie ins Feuer. Zuerst jetzt den Obersten Joachim v. Mörner; er befahl ihm, die Geschützhöhe mit aller Kraft zu vertheidigen. Mörner erwiederte: „er wolle eher sterben, als sie verlassen." Er stürzte sich auf den Feind und machte sein Versprechen wahr; er fiel in dem Kugelhagel. Der Kurfürst setzte nunmehr seine Person ein. Er hatte seinen Leib nicht besser und nicht schlechter verwahrt als irgend ein anderer; er trug einen leichten Brustpanzer, darüber einen Tuchrock, der vorn offen war; auf dem Haupt eine schwere eiserne Sturmhaube, inwendig mit Sammet gefüttert, darüber den kleinen Filzhut. So gerüstet stellte er sich an die Spitze einiger Schwadronen, deren Führer erschossen waren, und führte sie wieder in die Schlacht: „Getrost, Soldaten!" rief er ihnen zu, „ich, euer Fürst und jetzt euer Kapitän, will siegen oder zugleich mit euch sterben." So ritt er mit ihnen in das feind= liche Feuer. „Seine Augen", sagt ein Genosse dieses Kampfes, „schienen wie zwei funkelnde Kometen."

Es war 9 Uhr; die Schlacht, in deren Mitte sich der Kurfürst begab, nun auf ihrem Höhepunkte. Strömend fiel der Regen hernieder; er löschte das Musketenfeuer, aber das Geschütz spielte mit gleicher Heftigkeit. Dicht neben dem Kur= fürsten schlugen die schwedischen Kugeln ein, während er seine Reiter zum Kampf mit der blanken Waffe führte. Hier bei Hakenberg war es und um diese Zeit, daß neben ihm sein Stall= meister Emanuel Froben erschossen wurde. Obwohl nicht Kriegs= mann, hatte der treue Diener doch auch in dieser Gefahr die Person seines Herrn nicht verlassen wollen. Seinen Fall hat dann die Sage in ihrer Weise ausgeschmückt. Er soll den

Kurfürsten bewogen haben mit ihm das Pferd zu tauschen; nun
ritt er den Schimmel, der das Ziel der schwedischen Kanoniere
gewesen, und starb als Opfer für seinen Herrn. Nach einer
anderen Erzählung, welche glaubwürdiger ist, hatte der Kurfürst
den Schimmel schon vor der Schlacht, wenn auch vielleicht auf
Frobens Rath, mit einem braunen Roß vertauscht und einem
seiner Jäger, Namens Uhle, übergeben, der in das eigentliche
Kampfgewühl gar nicht kam.

Es bedurfte eines auszeichnenden Pferdes nicht, um den
Fürsten den Feinden kenntlich zu machen; er befand sich mitten
unter ihnen, im dichtesten Handgemenge. Einmal war er schon
umzingelt; neun seiner Reiter hieben ihn wieder heraus. Wie
hätten die Brandenburger nicht das äußerste ihrer Kraft
anspannen sollen, da sie sein Beispiel sahen! Ihre Begei=
sterung glich den Unterschied der Zahl aus. Um 10 Uhr war
der rechte Flügel der Schweden gebrochen; das Regiment
Dalwig niedergehauen, die Reiterei, die hier gefochten, in
voller Flucht; mit dem Rest trat Wrangel den Rückzug auf
Fehrbellin an.

Das brandenburgische Geschütz donnerte ihm nach; einzelne
Reitergeschwader begaben sich auch auf die Verfolgung. Aber
die Masse der Reiterei war zu erschöpft — seit sechs Tagen mit
geringen Pausen im Sattel —; so gelang es zwar, kleinere
Abtheilungen der Schweden von der Hauptmasse abzutrennen,
zu fangen oder in das Moor des Rhins zu treiben, wo man
noch jetzt in der Torfstecherei zuweilen noch schwedische Waffen
und Münzen findet, die von diesem Gefecht herrühren. Aber
im ganzen konnte der Rückzug des feindlichen Heeres an diesem
Tage nicht mehr behindert werden; es gelangte zwar besiegt, doch
nicht ganz zertrümmert, um Mittag nach Fehrbellin.

Einige Offiziere riethen dem Kurfürsten die Stadt zu be=
schießen und so das Verderben der Schweden zu vollenden.
„Ich bin nicht gekommen, mein Land zu verbrennen", erwiederte
er, „sondern zu retten." Er ließ die Truppen bei Tarnow
halt machen, damit sie der wohlverdienten Rast genössen. Jetzt

12*

traf, von Berlin hergesandt, ein frisches Regiment ein, und Dersslinger meinte, nun könne man wohl einen Angriff auf die Stadt wagen. Der Kurfürst blieb aber bei seinem Vorsatz, den Seinigen heute nichts mehr zuzumuthen. „Dem fliehenden Feinde", sprach er, „muß man eine goldene Brücke bauen." Er verwandte die frischen Truppen lieber zur Erleichterung der überanstrengten, indem er sie die Vorposten beziehen ließ.

Während sein Heer auf dem eroberten Schlachtfelde ein Lager aufschlug, ging er selbst nach Linum und schrieb von hier eigenhändig folgenden Bericht über den stattgehabten Kampf an den Fürsten von Anhalt nach Berlin: „Euer Liebden thue ich hiermit zu wissen, daß ich heute gegen acht an den Feind ge= kommen bin. Da ich denselben in voller Bataille gefunden, welcher sich mit seinem linken Flügel an ein Dorf gesetzt und große Avantage gehabt, so beschloß ich), den Feind, der auf mich losging, anzugreifen; da es denn ein sehr hartes Gefecht gegeben. Es hat aber der höchste Gott mir die Gnade gethan, daß wir denselben aus dem Felde geschlagen, welcher sich aber wegen der Moräste mit seiner Infanterie bis in Fehrbellin retirirt, und weil er acht Brigaden zu Fuß gehabt, auch meine Reiter zum Theil nicht das ihrige gethan — worüber ich in= quiriren und selbigen den Prozeß machen lassen werde — so habe ich nur acht Fahnen, zwei Standarten und einen Stutz (leichtes Geschütz) bekommen. Was für Gefangene weiß ich noch nicht, weil wenig Quartier gegeben worden. Der Feind hat viel Volk und vornehme Offiziere verloren ... Wo der Feind nicht diese Nacht die Brücke macht, gehe ich auf Kremmen; wo selbige aber fertig, werde ich es noch eins mit ihm wagen. Gott gebe Glück!"

In der That zählte man nur wenige Gefangene, etwa 200; „weil", sagt ein anderer Bericht, „die Furie der Brandenburger alles niedergemacht." Aber an todten und verwundeten Schweden lagen 2400 auf dem Plan. Die Brandenburger hatten etwa 500 Mann verloren. Unter ihren Verwundeten war der Oberst=

lieutenant Joachim Henniges*), der Sohn eines altmärkischen Bauern; ihn erhob der Kurfürst wegen der vorzüglichen Tapferkeit, die er in diesem Treffen bewiesen, noch auf dem Schlachtfelde selbst in den Adelstand; er gab ihm den Namen Henniges von Treffenfeld. Er vergaß auch jene neun Reiter nicht, die ihm persönlich so wacker beigestanden; er schenkte jedem eine Handvoll Dukaten. Einer derselben, Nikolaus Rördorf, hat sich für das Geld dann eine Mühle gekauft und ist erst 1738, hundert und zwei Jahre alt, in Straußberg gestorben.

Nachdem die Truppen sich ein wenig ausgeruht hatten, auch durch nachrückendes Fußvolk verstärkt worden waren, begab sich der Kurfürst früh morgens am 29. von Linum zu ihnen und schickte sich zum Angriff auf Fehrbellin an. Die Schweden hatten während der Nacht dort die Brücke über den Rhin wieder hergestellt und zogen nun über dieselbe davon. Als Nachhut, die ihren Rückzug decken sollte, hatten sie in den Schanzen vor der Stadt ein Regiment, Prinz von Gotha — es war weithin kenntlich durch rothe Uniform — zurückgelassen. Doch es wich sogleich, wie die Spitze des brandenburgischen Heeres, das Dragonerregiment v. Grumbkow, erschien. Gestreckten Laufes stürmten ihm 1500 Reiter, von Derfflinger selbst geführt, in die Stadt nach. Da drängte sich alles, was noch von den Schweden zurück war, wild durcheinander der Brücke zu, sie brach zusammen, und der Abmarsch verwandelte sich hier in regellose Flucht, wo jeder sich dahin, dorthin zu retten suchte. Mit dem Haupttheil seines Heeres, welcher die Brücke bereits hinter sich gehabt, setzte General Waldemar von Wrangel seinen Rückzug bis Wittstock fort, wo ihn, von Havelberg herbeieilend, sein Bruder, der Oberfeldherr, mit seinem Corps aufnahm. Auch dieser war nicht unverfolgt hergelangt, ihn hatten die altmärkischen Bauern hart gedrängt. Die beiden machten auch in Wittstock nicht halt; unverweilt ging es weiter nach Wismar;

---

*) Geboren um 1610 im Dorfe Klinke bei Bismarck, gestorben 10. Januar 1689 auf seinem Rittergut Könnigde in der Altmark.

erst dort fühlten sie sich wieder sicher. Aber unterwegs lichtete die Desertion die Reihen ihrer entmuthigten Armee stärker als es das Schwert der Brandenburger gethan. Deren Trompeten und das Sturmgeläut der Bauern töuten ihr noch bis über die Grenze schreckhaft nach.

Es war ein glänzender Sieg, dieser Sieg von Fehrbellin, erfochten nicht durch Glückszufall oder mit Uebermacht, sondern durch kluge und kühne Leitung, durch beharrliche und todes= muthige Ausführung, erfochten von einem kleinen Heere über ein weit zahlreicheres, über Truppen, welche bis dahin der Schrecken Europas und in der That die besten des Nordens gewesen. Mit dem Tage von Fehrbellin, da die Brandenburger zum ersten Male allein gegen eine hochangesehene Nation eine offene Feldschlacht schlugen, zum ersten Male allein einen großen Sieg errangen, beginnt die glanzvolle Ruhmesbahn des jungen preußischen Heeres und Staates, der nun seine Feuerprobe be= standen hatte, dessen Würde unter den Staaten Europas nun dar= gethan war; ein vollgiltiges Zeugniß für die Berechtigung der neuen Souveränetät sowohl dem Auslande wie dem eigenen Volke gegenüber. Friedrich Wilhelm konnte wie Cäsar von sich rühmen: ich kam, ich sah, ich siegte; aber mit noch gerechterem Stolze durfte er zu seinen Unterthanen sagen: ich habe euch die alten Rechte genommen, mit denen ihr die Beute jedes fremden Kriegsherrn waret; ich habe euch dafür einen Staat, der sich selber schützen kann, und Achtung und Ehre in ganz Europa gegeben.

Denn wie ein Lauffeuer flog der Ruf von Fehrbellin durch die Welt. Die stolzen Krieger Gustav Adolfs und Karl Gustavs an Tapferkeit und an Feldherrnkunst übertroffen; ihr wohl= gepflegtes ausgeruhtes Heer, eine Infanterie, die Siegerin über Oesterreich und über Polen, geschlagen, zertrümmert von einer Reiterschar, die seit elf Tagen nicht abgesattelt. Dieser branden= burgische Ruhm erfreute jedes deutschgesinnte Herz; es labte sich an dem Gedanken, daß die Stunde der Vergeltung an den über= müthigen Fremden doch endlich und durch deutsche Schwerter gekommen. Damals geschah es, daß Friedrich Wilhelm vom deutschen Volke den Ehrennamen „Der große Kurfürst" erhielt. Es war sein Dank für Fehrbellin; er sprach sich in Volksliedern aus, die, bald nach der Schlacht entstanden, diesen Erfolg des Kurfürsten wie seinen Kampf gegen Frankreich als deutsche Thaten priesen. Das erste solche Lied, welches ihm jene Bezeichnung ertheilte, erschien zu Straßburg, wo ihn ein Jahr zuvor so bitteres Leid getroffen. Er selbst schrieb immer in Demuth die Siege, die er erfocht, dem Allerhöchsten zu. Die Medaille, welche er zum Andenken des Tages von Fehrbellin schlagen ließ, trägt auf der einen Seite die Worte des Psalmisten: „Das ist vom Herrn geschehen und ist wunderlich in unsern Augen", auf der andern Seite den Spruch: „Gott allein die Ehre!"

Der Krieg in Pommern und in Preussen.

Die brandenburgischen Lande waren befreit, aus Hinter=
pommern wie aus den Marken machten sich die Schweden da=
von; ein allgemeines Dankfest feierte hier den Sieg, die Rettung.
Der Kurfürst, fest entschlossen, die Schweden ganz aus Deutsch=
land zu vertreiben, suchte sie nun seinerseits in ihrem Gebiete
heim. Nicht länger verweilte er in der Mark, als nöthig war,
um den Statthalter mit den Anweisungen zu versehen, die der
Augenblick erforderte, wie er denn namentlich befahl, die Ver=
wundeten und Kranken gehörig zu pflegen und jede Vernach=
lässigung dabei an den betreffenden Beamten streng zu ahnden,
von den Gefangenen aber diejenigen, die es wollten, in seinen
Dienst zu nehmen und unter die Regimenter zu vertheilen.
Dann verlegte er sein Hauptquartier nach Schwan in Mecklen=
burg, ließ von hier aus die warnemünder Schanze bei Wismar
besetzen (26. Juli) und nachdem er so den Angriff auf die
schwedischen Besitzungen in Deutschland eröffnet, rief er seine
Alliirten zur Mitwirkung auf, die bisher freilich sich nicht für
ihn gerührt hatten, jetzt aber eher bereit waren ihm zu helfen.
Von Nordwesten, durch Holstein, kamen langsam dänische
Truppen herbei, von Südosten, aus Schlesien, kaiserliche;
Ende Septembers waren sie zur Stelle, und nun begann gegen
das schwedische Pommern der Feldzug. Die Dänen, von ihrem
Könige Christian V. selbst geführt, gingen auf den Paß von
Damgarten los, die Kaiserlichen unter dem General Grafen Cop

auf den Paß von Trieblees; der Kurfürst selber übernahm die Eroberung der Schanzen an der mittleren Peene. Nachdem ihm dieselbe (15. Oktober) gelungen war, zog sich der Feind frei= willig auch an jenen andern beiden Punkten zurück. Inzwischen hatte ein zweites brandenburgisches Truppencorps unter dem General Bogislav v. Schwerin die Divenow überschritten und nach blutigem Kampfe am 13. Oktober Wollin erstürmt, bald darauf auch Swinemünde genommen und beherrschte nun mit den Inseln Usedom und Wollin zwei der drei Oder= mündungen. Die dritte war durch die starke Festung Wolgast an der Peene gedeckt. Auch diese den Schweden zu entreißen, schritt der Kurfürst, nachdem er sich durch dänisches Fußvolk und durch die Kaiserlichen verstärkt, zur Belagerung. Am 10. November kapitulirte Wolgast. Die späte Jahreszeit, mehr noch die Unluft der Kaiserlichen hinderte für jetzt größere Unter= nehmungen; man bezog die Winterquartiere; nur bei Wismar, welches von einem dänisch=brandenburgischen Heere belagert wurde, dauerte der Kampf fort, bis jene Stadt (23. Dezember) sich ergab. Immerhin war auch in Pommern viel erreicht; mit Freude über das erlangte und mit guter Hoffnung auf größeres kehrte der Kurfürst nach Berlin heim, wo er am 16. Dezember eintraf. Staunend bemerkten seine Diener, was sie seit Jahren nicht gesehen, daß er ohne Unterstützung zu brauchen und ohne auszuruhen die Treppe im Schlosse hinauf= ging; so hatte den oft kränkelnden dieser schöne Feldzug auch leiblich gekräftigt, fast verjüngt. Freilich nicht auf lange; im nächsten Frühling war die Gicht wieder da.

Sie hemmte seine kriegerische Thätigkeit indeß weniger, als es die Unzulänglichkeit seiner Geldmittel that. Er hatte auf die Subsidien der Generalstaaten und Spaniens hin sein Heer in großem Maßstabe verstärkt; es zählte jetzt 40 Regimenter, welche ihm monatlich 200000 Thaler kosteten; kaum die Hälfte davon konnte er aus eigener Tasche bezahlen, das übrige hatten vertragsmäßig jene beiden Staaten zuzuschießen. Aber die holländischen Hilfsgelder liefen höchst unregelmäßig ein, die spanischen blieben ganz aus. Er mußte seine besten Einnahmen, Domänen, Zölle u. a., verpfänden, um den Ausfall zu decken. Doch erneuerte sich die Geldnoth immer wieder; sie griff oft lähmend in den Gang des Krieges ein.

Für Frankreich war das Jahr 1675 nicht ungünstig ge=wesen. Zwar hatte Ludwig einen guten Feldherrn verloren; denn in einem Gefecht (bei Sasbach) war Türenne gefallen; aber an tüchtigen Generälen war kein Mangel, die französische Armee blieb sowohl am Rhein wie in Belgien ihren Gegnern, den verbündeten Kaiserlichen, Spaniern, Holländern und deut=schen Reichstruppen, im ganzen überlegen. Dies ermunterte den König von Schweden, Karl XI., zu neuen und größeren An=strengungen. Aufs äußerste rüstete er, um die Niederlagen des vorigen Feldzuges wieder gut zu machen. Indessen die Ver=stärkungen, die er nach Pommern schicken wollte, gelangten nicht dahin. Die holländisch=dänische Flotte unter Tromp und Juel errang im Juni 1676 mehrere Siege über die schwedische; sie beherrschte nun die Ostsee und sperrte den Weg nach Pommern. An einem jener Gefechte hatten auch die brandenburgischen Schiffe theil gehabt; außer schwedischen Kauffahrern brachten sie jetzt auch schwedische Kriegsschiffe als ihre Beute in den Hafen von Kolberg, und Raule — nunmehr Generaldirektor der brandenburgischen Marine — konnte seinem Herrn drei schwedische Flaggen zu Füßen legen. Zu Wasser wie zu Lande sah man den rothen brandenburgischen Adler siegreich fliegen.

Der Oberbefehlshaber der schwedischen Streitmacht in Pommern — es war seit Wrangels Unglück der Graf von Königsmark — blieb also auf die Mittel, die er hier hatte, beschränkt. Sie waren nicht unbedeutend; er hatte, die Be=satzungen der festen Plätze von Stettin bis Stralsund einge=rechnet, etwa 18000 Mann. Doch genügten sie nicht das Feld zu halten. Während des Sommers und Herbstes eroberte der Kurfürst alle noch widerstehenden kleineren Festungen, Peenemünde, Anklam, Löcknitz, Demmin, Damm, und schickte sich darauf an, auch die Hauptstadt, Stettin, anzugreifen; vorerst schloß er sie zu Wasser und zu Lande ein. Indessen die Verbündeten mahnten um die Winterquartiere; es fehlte auch an dem nöthigen Belagerungsmaterial, er verschob daher die Aufgabe, Stettin zu bezwingen, auf das nächste Jahr.

Diese Festung war durch Natur und Kunst damals eine der stärksten in Europa; sie hatte eine genügende Besatzung, 4000 Mann, und zum Befehlshaber einen erfahrenen und entschlossenen Offizier, den Oberst Johann von Wulffen. Ueberdies war die Bürgerschaft zu allen Opfern für die Vertheidigung der Stadt bereit. Denn es ging ihr unter der Krone Schweden gut, und das gleiche lutherische Bekenntniß überwog den Unterschied der Nationalität, welchem in jenen Zeiten ohnehin viel weniger Bedeutung beigelegt wurde als heutzutage. Stettin zu nehmen war also kein leichtes Stück. Auch war der Kurfürst, nachdem er im Herbst 1676 die Unmöglichkeit einer Ueberrumpelung eingesehen, der großen Schwierigkeiten des Werkes sich wohl bewußt. Sie spornten nur seine Thatkraft. Während des Winters und Frühlings 1677 traf er seine Vorbereitungen in einem Umfange, welcher die militärische Welt in Erstaunen setzte. Die Gießereien, die Pulvermühlen, die Artilleriewerkstätten arbeiteten monatelang unabläffig. Aus dem berliner Zeughause wurden 108 Kanonen, 31 Möser, 15000 Zentner Pulver, 200000 Kanonenkugeln, 800 Granaten, 10000 Bomben zu Schiff gebracht und vermittelst des neuen Kanals aus der Spree in die Oder und vor Stettin geschafft. Auch aus Küstrin, Minden, Lippstadt kamen Geschütze und Geräthe dorthin. Im ganzen wurden 206 Kanonen und einige vierzig Mörser, zum Theil Geschütze neuer Erfindung, zusammengebracht. Erst am 5. Juli war alles vollendet.

Kurz vorher hatte der Kurfürst, begleitet von seiner Gemahlin und dem Kurprinzen, Berlin verlassen und sich nach Pommern begeben. Er nahm nun in Kolbitzow, zwei Meilen von Stettin, mit seinem Hof das Hauptquartier. Rings um Stettin war seine Streitmacht aufgestellt; im dammschen See und im Papenwasser die Flotte, die er in Holland gekauft, elf

Fregatten und zwei Galeeren; zu Lande der Kern seiner Armee: im Osten, Süden und Westen die Brandenburger, 9 Regimenter Reiter, 10 Regimenter Fußvolk, 5 Regimenter Dragoner; im Norden 4000 Mann braunschweig-lüneburgischer Hilfstruppen; die Kaiserlichen waren, da sie in Ungarn gebraucht wurden, ab= marschirt. Den Befehl über diese Belagerungsarmee hatte der Kurfürst dem Feldmarschall Derfflinger ertheilt; doch die obere Leitung des ganzen behielt er sich selbst vor. Es galt nun zu= nächst den Bogen, mit dem die Truppen bisher die Stadt um= schlossen, enger zu ziehen. Im Südwesten geschah dies schon am 7. Juli, indem das Lager hier bis auf eine Viertelmeile von der Stadt vorgeschoben wurde. Auf den anderen Punkten ging es langsamer. Insbesondere hinderten die Außenwerke der Festung, welche im Südwesten, derselben zur Rechten des Oder= stroms, lagen und in einem Blockhaus und der Zollschanze be= standen. Der Kurfürst ließ daher hier eine Brücke über die Oder schlagen und seitwärts durch Schanzen, in der Mitte auf einer kleinen Insel durch ein Blockhaus sichern. Dann schickte er den General Schwerin mit 3000 Mann hinüber auf das rechte Ufer und befahl ihm zu stürmen. Nach hartem Kampfe nahm derselbe den Schweden die Zollschanze sowie das Block= haus (13. August). Folgenden Tages fiel auch ein anderes Außenwerk, die Sternschanze am linken Oderufer. Jetzt konnte sich überall der eiserne Ring um die Stadt schließen und die allgemeine Beschießung derselben begann. Von drei Seiten, von Südosten, Südwesten und Nordwesten her, wurde sie bom= bardirt; aus zweihundert Feuerschlünden fiel auf sie der Kugel= regen. Zugleich griff die brandenburgische Flotte im dammschen See die schwedischen Schiffe an, die dort vor der Stadt lagen, und trieb sie bis an den Baum zurück.

Die Stettiner erschreckte das gewaltige Feuer nicht. „Horch, wo de Kuhförst knakt!" sagten sie in ihrer plattdeutschen Mund= art, den brandenburgischen Donner verspottend. Freiwillig hatten ihrer dreitausend sich bewaffnet und dem Kommandanten zur Verfügung gestellt; sie versahen mit demselben Eifer wie die

Garnison den Dienst, und damit der Kurfürst höre, wie hier auch die Bürgerschaft wider ihn kämpfe, läutete von allen Kirchen fortwährend die Sturmglocke. Derfflinger sandte den Bürgern eine Warnung; wollten sie ihre Kirchen verschont sehen, so müßten sie das Läuten einstellen; wollten sie von ihrer Stadt Brand und Zerstörung abwenden, so müßten sie parteilos bleiben. Sie kehrten sich nicht daran und fügten zur Feindseligkeit noch Hohn. Derfflinger war, wie man sagte, bevor er unter die Reiter gegangen, Schneidergesell gewesen. Jetzt war er, seit 1670, Generalfeldmarschall, und seit 1674 durch kaiserliches Diplom Reichsfreiherr. Aber nicht gern erinnerte er sich an seine dunkle Herkunft, und es verdroß ihn, wenn, wie wohl manchmal von seinen Neidern geschah, Anspielungen darauf ge= macht wurden. Dies war den Stettinern nicht unbekannt; sie gedachten den neugebackenen Baron gehörig zu ärgern. Es wurde also ein ungeheures Bild gemalt, welches einen Schneider mit Scheere und Elle darstellte, und hoch oben am Marien= thurm ausgehängt. Zugleich erschollen heftiger als je die Kirchen= glocken. Derfflingers Antwort war nicht minder leidenschaftlich. Bisher hatten die Belagerer ihr Feuer vorzugsweise gegen die Mauern und eigentlichen Festungswerke gerichtet. Jetzt ward ohne Unterschied Stadt und Festung beschossen und nicht bloß mit Kugeln alter Art, sondern auch mit Granaten und den neu= erfundenen glühenden Kugeln (16. August). Da sank bald, die das erste Ziel gewesen, die Marienkirche, dann auch die Petri= kirche, die Jakobikirche, das Gymnasium in Schutt und Trümmer und viele Häuser gingen in Flammen auf. Aber die Stettiner waren unermüdlich den Brand zu löschen, den Schaden an den Mauern auszubessern, die Kugeln mit Kugeln zu erwiedern. Ließ der Kurfürst Gräben ziehen oder Minengänge anlegen, so machten die Schweden und die Bürger Ausfall über Ausfall; schoß ihr Feind irgendwo Bresche und suchte zu stürmen, so schlugen sie ihn ab. Von Woche zu Woche wurde ihr Wider= stand nur immer hartnäckiger. Aber auch die Belagerer ver= stärkten fortwährend ihre Anstrengungen. Kraft stritt mit Kraft,

Ausdauer mit Ausdauer; es war ein Wettkampf des Helden=
muths. Auch hier setzte der Kurfürst nicht selten seine Person
aus; einem abmahnenden Diener erwiederte er scherzend: „Wann
hast du je gehört, daß ein Kurfürst von Brandenburg erschossen
worden?“ Und als im November Frostwetter, für die Minen=
gräber ein neues Hinderniß, eintrat und man dem Kurfürsten
rieth, die Belagerung, die nicht zu glücken schien, aufzuheben,
erklärte er mit Unwillen, eher wolle er vor Stettin das Leben
lassen, als vom Platze weichen. Aber scheinbar vergebens flogen
seine Bomben verheerend in die Stadt. Der Muth der Bürger
blieb ungebrochen. Immer von neuem wurden sie von ihren
Geistlichen zum Kampf wider den Kalvinisten angefeuert, und
die niederen Klassen hatten nach Zerstörung ihrer Häuser bei
weiterem Widerstande ohnehin nichts mehr zu verlieren.

Endlich, am 16. Dezember, gelang es die Hauptschanze
der Stettiner am heiligen Geistthor zu erstürmen, dann dieses
selbst zu sprengen und zwei Tage darauf den dahintergelegenen
Stadtwall durch eine Mine zu zerreißen. Man war jetzt dicht
an der Stadtmauer und schickte sich an auch in diese Bresche
zu schießen. Den Stettinern dagegen begann schon das Pulver
zu fehlen. Sie entschlossen sich daher nun die Stadt, die fast
nur noch ein Schutthaufen war, zu übergeben. Am 22. De=
zember ließ General v. Wulffen dem Kurfürsten melden, er sei
zu einer ehrenvollen Kapitulation bereit. Anderen Tages ward
dieselbe abgeschlossen. Die tapfere Besatzung, die bis auf 300
Mann zusammengeschmolzen war, erhielt freien Abzug. Dann
wurde auch mit der Stadt verhandelt; man einigte sich bald.
Die Bevollmächtigten der Bürgerschaft hatten nach den Schil=
derungen, die ihnen gemacht worden, in dem Kurfürsten einen
Tyrannen und Blutmenschen erwartet; sie fanden einen leut=
seligen Fürsten, der ihnen in schlichter und herzlicher Weise zu=
redete und ohne weiteres ihnen die Rechte und Freiheiten be=
stätigte, die sie unter der vorigen Herrschaft gehabt. Sie unter=
warfen sich ihm; sie baten, „er möge ihren langen und kräftigen
Widerstand verzeihen; sie hätten der Krone Schweden ihre

Schuldigkeit gethan; mit gleicher Treue würden sie zu ihm stehen, der jetzt ihr Landesherr werde." Er freute sich eher solcher Tapferkeit; es waren von den Stettinern bei der glorreichen Vertheidigung 2443 Mann gefallen, ungerechnet die, welche auf den Straßen und in den Häusern das feindliche Feuer getödtet. Denn an 6000 Granaten und 150000 Stückkugeln waren in die Stadt geworfen worden.

Nachdem der Schutt in den Straßen einigermaßen fort=geräumt war, hielt Friedrich Wilhelm am 6. Januar 1678 seinen feierlichen Einzug in die Stadt. Außerhalb des Thores empfingen ihn zwei Knaben in Trauerkleidern; der eine reichte ihm eine große silberne Schüssel, auf welcher in Goldschrift die Worte standen: „Accipe, Serva, Conserva" (Nimm, behalte, bewahre). Der andere einen Fürstenhut mit den Worten: „Quod Deus dat" (Von Gott gegeben). Innerhalb des Thores standen sechs Jungfrauen in Trauerkleidern, von denen die erste einen Cypressenkranz mit der Umschrift „Victori cruentam virgi-nitatem" dem Kurfürsten, die zweite drei ineinandergeschlungene Rosmarienkränze auf einer goldenen Schale der Kurfürstin, die anderen ähnliche Geschenke den Prinzen überreichten. Hier stand auch der Magistrat und von hier begleitete derselbe entblößten Hauptes den Kurfürsten in die Stadt. Zwei Tage darauf, am 8. Januar, leisteten Rath und Bürgerschaft dem neuen Herrn die Huldigung.

Des Kurfürsten Freude über die Eroberung dieser starken Feste, des Hauptwaffenplatzes und der Hauptstadt von Pommern, war groß. Zur Verherrlichung dieser Waffenthat ließ er als=bald eine Denkmünze prägen, welche die Stadt Stettin und darüber eine aufgehende Sonne zeigte mit der Umschrift „Luce resurgo nova" (Unter einer neuen Sonne erstehe!).

Aber in dem Maße, wie der Ruhm des Kurfürsten, wuchs auch der Neid, die Mißgunst der anderen Mächte, besonders Oesterreichs. „Es gefalle dem Kaiser nicht", sagte zu Wien der Hofkanzler Baron Hocher, „daß an der Ostsee sich ein neuer König der Vandalen erhebe." Zwar hatte nach der

Schlacht bei Fehrbellin der deutsche Reichstag endlich den Krieg
wider Schweden beschlossen und dabei bestimmt, Brandenburg
solle wegen des erlittenen Schadens von diesem Staate gehörige
Satisfaktion bekommen; aber letztere herbeiführen zu helfen war
der Kaiser im Ernst nicht gemeint. Vielmehr ließ er den
Schweden heimlich die Rückgabe ihrer pommerschen Besitzungen
anbieten, falls auch Spanien wiederbekomme, was es in Belgien
an Frankreich verloren.

Noch schlimmer wurde der Kurfürst von demjenigen Bundesgenossen behandelt, der ihm am meisten zu Dank verpflichtet
war. Holland ließ sich in schnöder Selbstsucht von Ludwig XIV.
zu einem Sonderfrieden bewegen; unter englischer Vermittelung
schloß es mit ihm am 10. August 1678 zu Nimwegen ab; es
verlor nicht ein Dorf; seine verrathenen Alliirten mochten für
sich selber sorgen. Mit desto größerem Eifer suchte nun der
Kurfürst seine Eroberungen weiter auszudehnen, damit er beim
allgemeinen Friedensschluß bessere Bedingungen erlange, als nach
Hollands Abfall sonst zu erwarten waren. Zunächst unternahm er
die Eroberung der Insel Rügen. Nachdem er in Peenemünde
eine große Transportflotte, 210 Schiffe und 140 Böte, zusammengebracht, begann er hier am 19. September die zu der
Expedition bestimmten Truppen, von jedem Regiment Fußvolk
ein Bataillon, von jedem Regiment Reiter und Dragoner 300
Pferde, im ganzen 6000 Mann zu Fuß (darunter auch zwei
lüneburgische Bataillone) und 3000 zu Roß, einzuschiffen. Am
dritten Tage, den 21. September, bei hellem Wetter und frischem
Wind fuhr man ab; der rechte Flügel mit der rothen Flagge
unter General v. Schöning, das Haupttreffen mit der weißen
Flagge unter General v. Golz, der linke Flügel mit der blauen
Flagge unter General Hallard; die ganze Flotte uner dem Ober-
befehl des Admirals de Tromp, der sich auf der Fregatte
Kurprinz befand. Der Kurfürst selber fuhr mit; er behielt sich
die Leitung zu Lande vor; unter ihm sollte das Heer der Feldmarschall Derfflinger kommandiren. Eine Windstille verzögerte
die Ankunft. Aber Morgens am 23. September war man mit

der Hauptmacht zur Stelle; man lag Putbus gegenüber; hier befahl der Kurfürst die Landung. Es befanden sich auf Rügen etwa 6000 Mann Schweden und bei ihnen Graf Königsmark selbst. Letzterer erschien jetzt mit einem Theil seiner Truppen und suchte die Landenden zurückzutreiben. Aber diese eilten, sein Geschützfeuer nicht achtend, mit solchem Muth zu Lande, daß die Pikeniere ihre Piken, die Uebrigen Schaufeln und Spaten als Ruder brauchten, um sich an den Strand zu helfen; viele sprangen gar aus den Böten ins Wasser und wateten heran. Binnen zwei Stunden war auch die Reiterei ausgeschifft. Als die Schweden sich zum Nahkampfe entgegensetzten, wurden sie von Derfflinger rasch in die Flucht geschlagen. Mit er= heblichem Verlust an Mannschaft, Pferden, Geschützen, Fahnen räumte Königsmark die Insel und flüchtete nach Stral= sund hinüber. Am 27. wurde auch die Insel Dänholm, der Schlüssel zum stralsunder Hafen, von den Brandenburgern besetzt, und nun schritt der Kurfürst zur Belagerung dieser Feste, die, seit sie vor nunmehr fünfzig Jahren so erfolgreich dem furchtbaren Wallenstein widerstanden, fast für unbezwing= lich galt.

Auch in Stralsund war die Bürgerschaft zu heftiger Gegenwehr bereit; sie bewaffnete aus ihrer Mitte 3000 Mann, welche im Verein mit der schwedischen Besatzung (1600 Reitern und 600 Infanteristen) die Vertheidigung der Stadt übernahmen. Königsmark kommandirte; sein energischer Charakter bürgte dafür, daß die Festung Widerstand bis zum äußersten leisten werde.

Nachdem der Kurfürst auf der Seeseite seine Flotte, zu Lande ringsum seine Armee dicht vor die Stadt gelegt und auf seine Aufforderung zu kapituliren von den Schweden nur Hohn als Antwort empfangen hatte, begann er am Abend des 20. Ok= tober die Beschießung. Fürchterlich war der Anblick des Feuers, das aus 65 Kanonen und 20 Mörsern und Haubitzen die glühenden Kugeln, die Bomben und Granaten auf die Stadt spie, und fürchterlich die Wirkung. Binnen einer Stunde war

Stralsund ein Flammenmeer. Die ganze Nacht hindurch währte das Bombardement und hinderte am Löschen. Morgens zogen die Bürger weiße Fahnen auf, aber Königsmark ließ dieselben wieder abnehmen. Nun erneuerte der Kurfürst die Beschießung. Auch jetzt blieb Königsmark fest; „mögen die Bürger", rief er, „sammt ihren Häusern verbrennen!" Allein dies war die Meinung der Stralsunder nicht, und zuletzt mußte auch Königs= mark zugestehen, daß es unmöglich sei, die Stadt länger zu halten. Am 25. Oktober kapitulirte er; am 28. zog er an der Spitze seiner Truppen mit allen Ehren ab; am 30. hielt der Kurfürst seinen Einzug und empfing die Huldigung der Stadt. Nicht lange darauf, am 16. November, ergab sich auch Greifswald, und nun war ganz Pommern und Rügen genommen.

Aber inzwischen gestaltete sich die allgemeine Lage für ihn mmer bedrohlicher. Am 13. September machte auch Spanien zu Nimwegen Frieden; unfähig sich selbst zu vertheidigen er= kaufte es ihn mit der Abtretung der Franche Comté. Voll neuen Uebermuthes setzte Ludwig XIV. nun dem Kaiser und dem deutschen Reich eine Frist, bis wann sie sich dem Frieden, den er diktirte, gefügt haben müßten. Es war vorauszusehen, daß sie um Brandenburgs willen den Krieg nicht fortsetzen würden, der nun mit verdoppelter Schwere auf den Kurfürsten fiel. Während die Franzosen sich anschickten Kleve zu besetzen, suchten die Schweden, aus Deutschland vertrieben, ihm von einer andern Seite, in Preußen beizukommen. Im November brachen sie von Liefland her, 16000 Mann stark unter dem General Heinrich Horn, in das Herzogthum ein. Des Kur= fürsten Statthalter in diesem Lande, der Herzog von Croy, stellte ihnen in Ermangelung regelmäßiger Truppen eine rasch gebildete Miliz entgegen; aber die kriegsungeübte Volkswehr lief wieder auseinander. Das Land mußte Geduld haben, bis von der Armee in Pommern die Hilfe eintraf. Auch war die= selbe bereits unterwegs. Auf die erste Kunde von dem Heran= ziehen des schwedischen Heeres hatte der Kurfürst den General

v. Görtzke*) mit 5000 Mann vorangeschickt; Anfangs Dezember
langte derselbe in Königsberg an. Der Kurfürst selbst mit dem
Kern seiner Streitmacht, 4000 Reiter, 1500 Dragoner, 3500
Mann Infanterie und 34 Geschützen, folgte in Eilmärschen
(17. Dezember). Am 20. Januar des folgenden Jahres (1679)
hatte er bei Marienwerder die vom Frost feste Weichsel über=
schritten und marschirte in sein Herzogthum ein. Bald empfing er
von Görtzke die Meldung, daß die Schweden, durch die Nachricht
von seiner Ankunft an der Weichsel aufgescheucht, ihre Quartiere
an der Alle verlassen und den Rückzug angetreten hätten. So=
fort sandte ihm der Kurfürst zu desto kräftigerer Verfolgung des
Feindes 3000 Reiter zu, und während diese über Schnee und
Eis voraneilten, ließ er die Infanterie auf 1000 Schlitten
steigen, die man schnell hatte zusammenbringen müssen, und
fuhr mit ihr, begleitet von seiner übrigen Reiterei, am 25. Januar
sieben Meilen weit über das gefrorene frische Haff und den
Pregel; am 26. war er in Königsberg. Unterdessen flohen die
Schweden rastlos von Görtzke gedrängt, ohne Aufenthalt über
Insterburg dem Memelstrome zu und verloren durch Mangel
und Krankheiten, sowie durch das Schwert der Verfolger täglich
mehr Leute. Der Kurfürst wollte sie ganz vernichtet sehen;
es sollte ihm ihrer keiner über die Grenze entkommen. Obwohl
kränklich ruhte er mit den Seinen nur zwei Tage lang in
Königsberg; dann marschirte er weiter. Voran schickte er, den
Feind zu fassen und festzuhalten, den tapfern Treffenfeld
mit 1000 Reitern; er selbst führte das Hauptheer nach, mar=
schirte am Mittwoch den 29. Januar von Labiau aus mit
seinem Heere — die Infanterie zu Schlitten, daneben die Rei=
terei und die Kanonen — über das kurische Haff nach der
Mündung der Gilge. Am 30. bei grimmiger Kälte ging es
weiter nach Kukernese, wo man rastete, um die ermüdeten Pferde

---

*) Joachim Ernst v. Görtzke, den der Kurfürst wegen seiner Tapfer=
keit einmal seinen Paladin nannte, war am 21. April 1611 zu Bollers=
dorf in der Kurmark geboren; er starb am 6. April 1682 zu Küstrin.

zu füttern und die fast erfrorenen Mannschaften sich wieder er=
wärmen zu lassen. Gegen Abend erschien hier Treffenfeld,
meldete, daß er am Vormittag die Nachhut der Schweden bei
Splitter unweit Tilsit ereilt und niedergehauen und überbrachte
die Siegeszeichen, darunter zehn Fähnchen und Standarten.
Anderen Tages brachte auch Görtzke dem General Horn noch
eine Schlappe bei. Dennoch glückte es diesem, mit dem Rest
seines zertrümmerten Heeres, etwa 3000 Mann, zu entkommen,
indem er seinen Weg seitwärts über die Grenze in das unwirth=
liche Schamaitenland nahm. Eine Strecke weit zog ihm der
Kurfürst nach, dann übertrug er dem General v. Schöning
die weitere Verfolgung, dem er zu diesem Zwecke 1000 Reiter
und 500 Dragoner zuwies. Die übrigen Truppen führte er
nach Preußen zurück und legte sie in die wohlverdienten Winter=
quartiere; einen Marsch von hundert Meilen hatten sie in diesen
letzten sieben Wochen, seit sie aus Pommern und Brandenburg
aufgebrochen waren, gemacht und dabei von der Kälte schwer
gelitten.

Schöning fügte dem Feinde noch viel Schaden zu. Nach
drei Märschen durch das öde, fast dorflose Land, bei so em=
pfindlicher Kälte, daß die Reiter absteigen und neben ihren
Pferden einherlaufen mußten, holte er ihn am 1. Februar bei
Telcze ein und lieferte der doppelt so starken Zahl ein siegreiches
Gefecht. Doch zwang ihn dann die Erschöpfung seiner Sol=
daten, einen Rasttag zu halten, und so gewann Horn wieder
einen Vorsprung. Bis zwei Märsche vor Riga setzte Schöning
nach; dann kehrte er um (11. Februar); die Schweden hatten
bereits den Schutz der Festung erreicht. Man schien hier von
der brandenburgischen Reiterschar eine Belagerung zu fürchten;
der Kommandant ließ schon die Vorstädte abtragen, und noch
am 19. (als Schöning längst wieder heimwärts marschirte)
lautete ein Bericht aus Riga: „Das Lamentiren und die Be=
stürzung sind unbeschreiblich; die Kinder weinen und schreien
auf der Straße: der Kurfürst kommt! Man begießt die Wälle
mit Wasser, damit sie glatt frieren, und die Bürger jung und

alt haben die Wache bezogen." Sich selbst hatte General Horn
gerettet; aber von seinem 16000 Mann starken Heer brachte er
kaum 1500 zurück; die übrigen waren todt oder gefangen; auch
sein Gepäck und Geschütz hatte er eingebüßt. Diese Niederlage
war noch größer, als diejenige, welche die Schweden hatten
rächen wollen.

Dennoch sollte dem Kurfürsten der Lohn so großer An=
strengungen verkümmert, der Genuß so glänzender Siege ver=
bittert werden. Am 5. Februar 1679 trat der Kaiser für sich
und das Reich dem Frieden von Nimwegen bei; er willigte
in die Forderung, die Ludwig XIV. aufgestellt, daß Schweden
seine deutschen Besitzungen wiederbekommen müsse, und gewährte
ihm sogar für seine Armeen freien Durchzug durch das Reich,
um Brandenburg zur Herausgabe Schwedisch=Pommerns nöthigen=
falls mit den Waffen zu zwingen. Die anderen Reichsstände
nahmen diesen Frieden an; einige, insbesondere die Herzöge von
Braunschweig=Lüneburg und Zelle, boten selbst ihre thätige Unter=
stützung gegen Brandenburg an. Sie gedachten sich auf Kosten
dieses Nachbarn mit Hilfe Frankreichs zu bereichern; die Braun=
schweiger warfen ihre Blicke auf Halberstadt und Minden, der
Erzbischof von Köln hoffte Lippstadt, der Kurfürst von Sachsen
hoffte Magdeburg sich anzueignen. Mit Leichtigkeit hätte Lud=
wig XIV. einen Haufen deutscher Fürsten gegen Brandenburg
ins Feld bringen können, wäre es wirklich zu dem Kriege
an der Elbe gekommen, mit welchem er drohte. Allein der
Kurfürst erwog rechtzeitig seine Mittel und diejenigen Frank=
reichs. Zwar im ersten Augenblicke, als er im März die Mel=
dung bekam, daß die Franzosen in Kleve eingerückt seien,
flammte sein Kriegsmuth auf, und es trieb ihn sich in den
neuen Kampf, allein gegen die ganze Macht Ludwigs, zu
stürzen. Schnelligkeit sollte ihm die fehlende Zahl ersetzen;
er wollte in Eilmärschen nach Minden, die dort stehenden
französischen Truppen überfallen, seine westlichen Provinzen von
den Franzosen in ähnlicher Weise säubern, wie vordem die
östlichen von den Schweden. Er legte den Plan seinen Mini=

stern vor. Sie riethen einstimmig ab. Denn inzwischen würden
ihm Ludwigs Verbündete, die Polen und Schweden, in den
Rücken fallen. Doch es kam ihm auch selbst die Besonnenheit
zurück. Von Deutschland, wie von allen seinen auswärtigen
Alliirten (denn auch Dänemark unterhandelte bereits) preis=
gegeben, ringsum von Nachbarn umlauert, die bereit waren,
zugleich mit Frankreich und Schweden über ihn herzufallen,
entblößt von Geldmitteln und außer Standes die Kosten für
einen so großen Krieg herbeizuschaffen, sah er die Unmöglichkeit
ein, in einem Kampfe gegen den ersten Militärstaat der Welt
obzusiegen. Er sah, daß ihm nur die Wahl blieb, sammt
seinem Lande zu Grunde zu gehen oder die schöne Eroberung
der letzten Jahre wieder fahren zu lassen. Denn vergebens
suchte er durch Unterhandlungen den König zu bewegen, daß
er ihm Schwedisch=Pommern oder mindestens Stettin gönne.
Ludwig blieb unerschütterlich dabei, Schweden habe Vorpommern
um Frankreichs willen verloren und müsse es durch Frankreich
wieder bekommen. So fügte sich Friedrich Wilhelm denn endlich
in die bittere Nothwendigkeit. Er begnügte sich mit einem
kleinen Landstrich am rechten Oderufer und mit Geldsummen,
welche Ludwig zahlte; alle übrigen Eroberungen, ganz Vor=
pommern, gab er den Schweden zurück. Auf diese Be=
dingungen wurde zu St. Germain en Laye am 29. Juni
1679 zwischen ihm und Ludwig XIV. der Friede geschlossen,
welchen dann auch, wie selbstverständlich, Schweden annahm,
wennschon es empfindlich that, daß es nicht mit hineinreden
gedurft. „Nicht der König von Frankreich", sprach Friedrich
Wilhelm mit bitterem Schmerze, „nicht der König von Frank=
reich ist es, der mich zu diesem Frieden zwingt; sondern es
sind der Kaiser, das Reich, meine Verwandten und Bundes=
genossen; ihre Eifersucht ist die Ursache; aber dereinst werden
sie bereuen, wozu sie mich gezwungen, und ihr Verlust wird so
groß sein wie jetzt der meinige." Er gedachte nicht wieder das
Opfer ihres Undanks zu werden; vielmehr in Zukunft lieber
die Gunst des französischen Königs zu suchen, der ihm ein

offener ehrlicher Feind gewesen, als des Kaisers und der deut=
schen Fürsten, die ihn unter dem Namen von Bundesbrüdern
so schnöde behandelt. „Es drückt mein Herz", sagte er,
„daß ich als Deutscher geboren bin; denn ich sehe unter
ihnen nichts als Ungerechtigkeit." Und zum Text der Friedens=
predigt, die nun im Lande gehalten wurde, bestimmte er die
Worte des Psalmisten: „Es ist gut auf den Herrn vertrauen
und sich nicht verlassen auf Menschen." Zur Erinnerung aber
an den demüthigenden Ausgang seiner Mühen und Siege befahl
er eine Denkmünze zu prägen mit dem Vers des Virgil als
Inschrift: „Exoriare aliquis nostris ex ossibus ultor." (Möchte
dereinst aus meinen Gebeinen der Rächer erstehen!)"

1679—1688.

Heer und Flotte.

Aus dem langen und harten Kriege mit Frankreich und Schweden ging der junge brandenburgische Staat ohne äußeren Gewinn, aber mit hohen Ehren hervor; er hatte seine Berechtigung in der Welt erwiesen, und wenn er, der allzu großen Uebermacht sich beugend, auf seine Eroberungen verzichten müssen, eins konnte ihm Ludwig XIV. nicht wieder nehmen: den Waffenruhm, die Lorbern seiner Schwedensiege. In ganz Europa hatten sie den brandenburgischen Namen verbreitet; es kamen selbst aus dem halbwilden Osten, vom moskowitischen Zaren Fedor, vom Tatarenkhan Murad Gerai, Gesandte nach Berlin, brachten Geschenke, boten Freundschaft und Bund an. Auch war dieser Kriegsruhm kein eiteles Gut; er war eine Machtquelle; denn aus seinen stolzen Erinnerungen zog das Heer, welches der Kurfürst gegründet, den besten Theil seiner moralischen Kraft. Der Schwedenkrieg, der es geübt und gestählt, hatte es auch mit dem trefflichsten Geiste erfüllt.

Wenn der Staat gerettet worden, wem war es zu danken? nicht dem Ausland, nicht dem Kaiser oder dem deutschen Reiche, sondern lediglich dem Kurfürsten und seiner Armee. Friedrich Wilhelm wußte, es werde auch in der Zukunft seine Sicherheit, wie seine Geltung in der Welt vor allem auf der militärischen Kraft seines Staates beruhen. Diese immer mehr zu vervollkommnen blieb daher eine seiner vornehmsten Sorgen. Zwar daran konnte er nicht denken, das Heer in der Zahlenstärke wie

im letzten Kriege fortbestehen zu lassen. Dazu war sein Land
nicht reich genug. Auch liefen, gleich nachdem zu St. Germain
der Friede geschlossen war, von den Ständen dringende Bitten
um Verringerung der Truppen ein; Preußen hatte in diesem
Kriege zum Unterhalt der Armee monatlich bis 32000 Thaler,
Brandenburg bis 47000 Thaler entrichten müssen; solche Lasten
konnten nicht immerfort getragen werden. Der Kurfürst sah es
sehr wohl ein; er entließ von jeder Kompanie eine Anzahl Leute,
zunächst die weniger tauglichen, sowie diejenigen, welche sich
im Lande seßhaft machen wollten. So wurde die Armee bis
auf etwa 21000 Mann herabgemindert. Dagegen suchte er
ihre innere Tüchtigkeit zu vermehren. Bisher hatten die Obersten
und Chefs der Regimenter die Rechtspflege, die Verwaltung
und die Ernennung der Offiziere gehabt, was zu manchen Miß=
bräuchen Anlaß gab. Der Kurfürst hob diese Einrichtung auf,
namentlich behielt er sich selbst die Ernennung der Offiziere vor.
Wo er den Regimentsinhabern noch die Verwaltung ließ, be=
stellte er scharfe Aufsicht und schonte auch hochgeborne Offiziere
nicht, wenn sie den Dienst verwahrlosten. So schrieb er einst
(4. Mai 1681) an seinen Schwager, den Fürsten von Anhalt:
„Wir haben aus den Uns von den Kommissarien eingereichten
Musterungsberichten ersehen, daß bei Euer Liebden Regiment
zu Fuß sich sehr viele Mängel ereignet, auch unter den wirklich
vorhandenen Knechten sich sehr viel untüchtige, meist übel gekleidete
und schlecht exerzirte befinden. Gleichwie nun Euer Liebden
bekannt ist, daß Wir Ihnen, gleich anderen, welche ihre Regi=
menter ohne Tadel zur Musterung gestellt, jedesmal die richtige
Verpflegung und Kleidergelder anweisen lassen; — also, da
Uns solches befremdet, verordnen Wir hiemit, daß, so oft Wir
das Regiment gemustert wissen wollen, dasselbe nicht allein
jederzeit dazu parat, sondern auch so oft Unser Generalfeldmar=
schall Freiherr von Derfflinger oder auf dessen Gutfinden jemand
von Unserer Generalität dahin komme, das Regiment in Augen=
schein zu nehmen, solches sofort geschehen soll. Wofern aber
eines Offiziers Kompanie nicht in dem Stande gefunden würde

wie es sich gehört, verordnen Wir, daß selbiger sofort kassirt
werden soll. Wir haben auch für gut befunden, bei Unserer
ganzen Armee einerlei Exercitia und Kommando einzuführen;
zu welchem Ende Wir Unserm General-Wachtmeister v. Schöning
Befehl ertheilt, daß er alle Majors von der Infanterie zu sich
bescheiden und ihnen diese Handgriffe und Kommandos Unserer
Intention gemäß anweisen soll... Auch ist Unser ernstlicher Wille,
daß die Offiziere nach vorhin gemeldeter Anleitung ihre Mann=
schaft unterrichten sollen, weshalb denn das Regiment täglich
exerzirt werden muß... Ferner haben Euer Liebden und ein jeder
commandirende Offizier darüber mit Ernst zu halten, daß bei
einer Kompanie nicht mehr als aufs höchste dreißig bis vierzig
beweibte Knechte sein mögen. Auch haben Wir mißfällig be=
merkt, daß verschiedene Offiziere ihre Knechte schwören und durch
die Musterung mitgehen lassen, nach verrichteter Musterung aber
dieselben wieder an sich ziehen und zu Knechten gebrauchen.
Weil Wir aber dergleichen Unterschleife ferner durchaus nicht
mehr gestatten, sondern die den Kompanien Verbundenen von
der Offiziere Privatdienst gänzlich befreit wissen wollen, so er=
suchen Wir Euer Liebden hiermit freundvetterlich diejenigen, so
der Kompanie geschworen haben, dabei zu lassen, diejenigen
aber, welche bei den Offizieren als Knechte dienen, bei Ver=
meidung Unserer Ungnade und schwerer Verantwortung nicht
ferner durch die Musterung zu lassen. Wonach Euer Liebden
in allem sich zu richten belieben werden."

Auch in der Eintheilung und Ausstattung des Heeres —
oder der Miliz, wie man damals sagte — wurde jetzt noch mehr
als vordem Gleichmäßigkeit hergestellt. Die Reiterregimenter,
deren es sechs gab (Leibregiment, Kurprinz, Derfflinger, Anhalt,
Götz, Spaen), bestanden jetzt fast sämmtlich aus je sieben Kom=
panien; die beiden Dragonerregimenter (Leibregiment und Derff=
linger) aus je acht Kompanien; die acht Infanterieregimenter
(Leibregiment, Kurprinz, Derfflinger, Anhalt, Spaen, Schöning,
Barfus, Zieten) aus je zehn Kompanien. Jede Kompanie war
im Frieden bei der Reiterei und den Dragonern 64, bei der

Infanterie durchschnittlich 140 Mann stark. Außer den genannten Truppenkörpern gab es indeß noch eine Anzahl nicht regimentirter Kompanien, nämlich zwei Kompanien Trabanten, zwei Dragoner- und zwei Infanterie-Kompanien Croy, zwei Infanterie-Kompanien Dönhoff und zwei Pöllnitz; endlich eine Kompanie, die in Spandau stand und allein zur Aufnahme der im Dienst invalide gewordenen bestimmt war. Im Jahre 1686 belief sich die Friedensstärke des Heeres im ganzen auf 21060 Mann (2837 Reiter, 1152 Dragoner, 12400 Mann Infanterie und 4671 Mann Garnisontruppen).

Die Ausrüstung war fast durchgängig musterhaft; die Reiterei zumal sah jetzt anders aus, als da sie bei Warschau den Feind jagte; sie war reich gekleidet, trug unter dem blanken Küraß einen verzierten Lederkoller, auf dem Haupt den blitzenden Helm, um den Leib Schärpen in schwarz und weiß, die bei den Offizieren aus Seide und Silber bestanden. Die Dragoner hatten einen an der Seite aufgeschlagenen und mit Federn besetzten Filzhut und einen gestickten Waffenrock, dessen Aermel mit farbigen Querbändern benäht waren. Auch an der Uniform des Fußvolkes wurde nicht gespart; die blauen Tuchkleider saßen weit und bequem; der Musketier trug dazu einen Federhut, der Pikenier eine Pickelhaube. Außer den Pikenieren, welche Panzer, Säbel und lange Piken hatten, führten alle sowohl Feuergewehr, als andere Waffen, nämlich die Reiterei Karabiner, Pistolen und lange Schwerter, die Dragoner Säbel, kurze Piken und leichte Musketen, die Musketiere Degen und leichte Musketen, welche beim Abfeuern auf Gabeln gelegt wurden. Die Infanterie, zu zwei Dritteln aus Musketieren, zu einem aus Pikenieren bestehend, focht in sechs Gliedern. Beim Feuern schoß zuerst das sechste Glied, während die andern auf den Knieen lagen; dann schoß das fünfte u. s. w. Beim Stechen kniete das erste Glied nieder, fällte die Pike, die es gegen den Fuß stützte, und zog gleichzeitig den Degen; die hinteren Glieder blieben stehen und fällten die Piken, so daß das sechste Glied dieselben am höchsten hielt. Der Dienst der Musketiere war am schwersten;

denn sie mußten auch noch spanische Reiter mit sich tragen,
Holzböcke, die sie in der Schlacht als eine Art Verschanzung
vor sich aufpflanzten. Die Garde war im Exerziren wie in der
äußeren Erscheinung den übrigen Truppen ein Vorbild; wie sie
damals aussah, erhellt aus einem im Jahre 1683 über das
Leibregiment Kurfürstin erstatteten Musterungsbericht, in welchem
Montirung und Bewaffnung folgendermaßen geschildert werden:
„Die Offiziere erschienen sämmtlich in stattlicher Kleidung; die
Unteroffiziere hatten schöne Kollets von Elennsleder mit silbernen
Tressen besetzt, blaue Mäntel und weiße, mit silbernen Tressen
eingefaßte Hüte; die Schalmeier (Trompeter) blaue Röcke mit
rothem Sammetvorstoß und silberdurchwirkten Schnüren ein=
gefaßt, versilberte Degenkoppeln, rothe Hosen und Strümpfe.
Die Feldpfeifer und Tambours blaue Röcke mit roth und weißen
wollenen Schnüren verbrämt, weiße Hüte, welche sowie die
Trommelriemen von eben solchen Schnüren eingefaßt waren,
Hosen aus Bockshaut und rothe Strümpfe. Die Gemeinen
schwarze Hüte mit roth und weißen Schnüren eingefaßt, auf
der Krempe einen versilberten Haken mit einer Muschel; rothe
mit weißem Boi gefütterte Mäntel mit silbernen Haken, rothe
wie die Mäntel gefütterte Röcke. Zum Unterschied waren die
Aufschläge jeder Kompanie von besonderer Farbe. Die alten
Knechte hatten elennslederne Wehrgehenke, Leibgürtel und Knie=
riemen, elennslederne oder bockslederne Hosen; die neugeworbenen
hatten Gehenke von Büffelleder und kalblederne Hosen. Sämmt=
lich trugen sie rothe Strümpfe, gute Schuhe, neue juchtene
Pulvertaschen, auf denen ein rother Adler gestickt war und ein
Ueberzug von demselben Tuche sich befand als dasjenige der Rock=
aufschläge der Kompanien. Die Musketen waren alle gut und
fertig, doch nicht einerlei Kaliber, einige von anderthalb, andere
von zwei Loth, und befanden sich bei jeder Kompanie fünfund=
zwanzig Stück gute holländische Flinten. Die Piken waren alle
gleich fünfzehn Schuh und die Schweinsfedern sieben Schuh
lang, roth angestrichen und hatten hohlgeschliffene Spitzen, waren
mit roth und weißen wollenen Fransen beschlagen. Die Leib=

kompanie war noch besonders mit kleinen Handbeilen versehen, welche in den Gürteln staken. Das Leibfähnlein war weiß, die übrigen sieben Kompaniefähnlein roth, wegen langen Gebrauchs im Felde aber ziemlich schadhaft."

Noch schöner war die berittene Leibgarde; sie hatte blaue Uniform, welche reichlich mit Gold= und Silberschnüren ver=brämt war. Die Fahnen der Garde waren ebenfalls sehr bunt; eine zeigte das Bild eines feuersprühenden Berges, eine andere einen Adler mit Kreuz und Schwert in den Klauen, eine dritte den Kurzepter, aus welchem Blitzstrahlen schossen, eine vierte eine Fackel, die einen Turban entzündet; alles mit passenden lateinischen Inschriften.

Aehnlich, wenn auch weniger prächtig, waren die anderen Truppentheile ausgestattet. Es ehrte die Regimentsinhaber, wenn die Regimenter, die sie angeworben und die ihren Namen trugen, möglichst hübsch und stattlich erschienen, zumal da Schnitt und Farbe der Uniform und andere Aeußerlichkeiten zu bestimmen größtentheils ihnen überlassen war. Hier konnten sich Geschmack und Witz zeigen; besonders in der Herstellung der Fahne, die ja das Kleinod der Truppe war und die in den Privatbesitz des Chefs zurückkehrte, wenn die Truppe, wie es nicht selten ge=schah, nach dem Feldzug, für den sie geworben, wieder auf=gelöst wurde. So sieht man noch jetzt zu Könnigde, weiland dem Rittersitze Henniges' von Treffenfeld, am Gewölbe der Kirche, welches das Schiff mit dem Altarraum verbindet, sieben Fähnlein der Reiterschwadronen, die jener Kriegsmann seinem Kurfürsten zu den Feldzügen von 1677 bis 1679 geworben hatte. Diese Fahnen sind aus schwerem gelbem Seidenzeug, verziert mit silbernen Stickereien und Franzen und tragen auf der einen Seite die Jahreszahl mit der Chiffre F. W. C. (Friedrich Wilhelm Churfürst), auf der anderen Seite einen Denkspruch; einer lautet:

„Mit Gott und Glück dran,
Mit Freuden davon!
Frisch und unverzagt!

Wer weiß wer den Andern jagt!
Gott allein die Ehre!"

Ein anderer Spruch:

„Wer Gott vertraut, der wird beschützt,
Wie sehr des Feindes Donner blitzt.
Wer sich getrost auf Gott verläßt
Der steht vor Feindes Waffen fest."

Gut gekleidet, gut verpflegt und auskömmlich bezahlt, mußte der Soldat sich bei der Fahne wohlfühlen; aber er dünkte sich leicht auch besser als der Zivilist. Derselbe Standesgeist, der ihn zu tüchtigen Leistungen im Felde gespornt, trieb ihn nicht selten auch gegen den Bürger und Bauer, der ihn ernährte, zu Uebermuth und Gewaltthat. Dawider schritt der Kurfürst stets und mit Nachdruck ein; der neue Stand, den er geschaffen, sollte im Staate zwar viel Ehre, aber kein Vorrecht, am wenigsten Gewalt über die anderen Stände haben. Unter den Kriegsartikeln, die er (1675) seiner Marine gab, lautet einer: „Niemand soll sich unterstehen, Bürgern oder Hausleuten Gewalt zu thun, sie zu schlagen oder ihrer Güter zu berauben, bei Leibes-strafe," und in seinen „Marsch-, Quartier- und Verpflegungs-Reglements" für das Heer machte er die Offiziere für die Ausschreitungen der Gemeinen verantwortlich, verbot bei Strafe vierfacher Erstattung das geringste an Geld oder Geldes-werth von den Unterthanen zu fordern und befahl, die Truppen sollten nicht eher ihre Quartiere verlassen, bis die Offiziere von den Verwaltungsbeamten und Magistraten ein Zeugniß ihres Wohlverhaltens erlangt hätten. „Weil Wir in Erfahrung ge-bracht", verordnete er am 28. Oktober 1679, „daß viel Excesse geschehen, so soll derjenige Offizier, unter dessen Kommando wider Unsere Reglements gehandelt wird, sofort kassirt werden. Auch befehlen Wir, daß, wenn Regimenter durch Unsere Lande marschiren, Kommissarien von hier aus sollen gesandt werden, welche sie nebst den Landkommissarien durchführen, und soll ihnen Geld mitgegeben werden, damit sie ihr Nachtlager sofort baar bezahlen: für den Gemeinen zu Fuß 1 Groschen 6 Pfennige, für den Reiter und Dragoner 3 Groschen und für den Offizier soviel als er verzehren wird, welches Geld ihm hernach wieder abgezogen wird." Ebenso kräftig wußte er Uebergriffen im Heere selbst zu steuern. Die häufigen Rangstreitigkeiten der Offiziere beseitigte er im Februar 1684 durch eine Verordnung, daß sich der Rang nach dem Dienstalter richten sollte. In einem andern Armeebefehl (vom 8. Februar 1688) verbot er den Offizieren die Prügelstrafe gegen die Gemeinen anders als unter bestimmten gesetzlichen Formen anzuwenden. „Es ist bei Unserer Miliz", lautet diese Ordre, „wie Wir vernehmen, oftmals bisher geschehen, daß die Soldaten oder gemeinen Knechte, wenn sie sich vergangen, sofort zwischen die Piken geführt und von den Unteroffizieren mit Stockschlägen und Prügeln gar übel zuge- richtet werden. Wir machen daher hiermit bekannt, daß Wir dergleichen Rigueur nicht billigen, und befehlen, daß solches hin- füro abgestellt werde."

Nicht mindere Aufmerksamkeit als dem Heere widmete der Kurfürst dem Festungswesen, auf welchem, wie er sich aus- drückte, der ganze Staat beruhe. Seine Lande lagen ja so weit auseinander, daß sie bei der Kleinheit der Armee gegen den ersten Ansturm eines Feindes nur durch Festungen hinreichend gesichert werden konnten. Er überzog sie daher mit einem Netz solcher Wehren. Den Mittelpunkt bildete Berlin; gegen Westen lagen davor Spandau und an der Elbe Magdeburg, gegen Süden Peiz, gegen Norden Löcknitz, gegen Osten Küstrin, Driesen, Frankfurt. Preußen wurde durch Pillau, Fischhausen, Königsberg, Memel geschützt; Pommern durch Kolberg; die westlichen Lande durch Minden, Sparenberg, Lippstadt, Hamm, Wesel, Kalkar. Die Lücken, welche sich noch in diesen Festungs- linien fanden, beabsichtigte er in Zukunft auszufüllen.

Die Flotte, seine Lieblingsschöpfung, hatte in dem schwe- dischen Kriege nicht ganz unerhebliche Dienste geleistet; auch sie sollte nach seiner Meinung immer mehr ausgebaut werden. Er wollte seinen Staat allen Ernstes auch zu einer Seemacht erheben. Die kleine Marine kostete ihm freilich schon jetzt jährlich über 40000 Thaler; aber er hoffte durch den Seehandel, den sie seinen Landen beschaffen sollte, die Ausgaben reichlich wieder einzubringen. Zum Hauptsitz desselben bestimmte er Pillau, wo er (1680) ein Kommerz- und Admiralitätskollegium als leitende Verwaltungsbehörde einsetzte. Aber damit den Unterthanen der Nutzen seiner Kriegsschiffe schon jetzt einleuchtend gemacht würde, mußte die Flotte sogleich nach dem Frieden auf gewinnbringende Weise in Thätigkeit treten. Seit Jahren schuldete ihm die Krone Spanien vertragsmäßige Subsidien im Betrage von 1800000 Thalern. Alle Mahnungen waren umsonst gewesen. Er beschloß nun Gewalt zu brauchen, gegen Spanien einen Seekrieg zu er=öffnen. Im Frühling 1680 ließ er zu diesem Zwecke ein Ge=schwader von sieben Schiffen ausrüsten und unter dem Befehl des Kapitän Cornelis Classen van Beveren, eines Holländers, aus dem Hafen von Pillau auslaufen. Es waren die Fregatten „Friedrich Wilhelm", 43 Kanonen und 200 Mann unter van Beveren; „Kronprinz", 32 Kanonen, 150 Mann, unter Cornelis Reers; „Dorothea", 32 Kanonen, 100 Mann, unter Marten Ferdinand; „der Fuchs", 20 Kanonen, 100 Mann, unter Andreas Bergener; „der Löwe", 20 Kanonen, 100 Mann, unter Jasper Cornelis; „Berlin", 16 Kanonen, 100 Mann, unter Jessen Blumenthal; und außerdem ein Brander. Sie machten die brandenburgische Flagge — den rothen Adler auf weißem Felde — den Spaniern bald furchtbar. In der Nord=see dicht vor Ostende brachten sie ein reichbeladenes spanisches Schiff von 50 Kanonen auf, den „Carlos II.;" van Beveren führte es selbst nach Pillau, wo die Ladung verkauft, das Schiff in die kurfürstliche Flotte eingestellt wurde. Im nächsten Sommer erschien das brandenburgische Geschwader im Golf von Mexico, nahm zwei spanische Schiffe, die zu Jamaika versteigert wurden, und lauerte dann am Kap St. Vinzent auf die spanische Silberflotte. Hier kam es nun, da letztere sich im Geleit von zwölf Kriegsschiffen befand, am 30. September 1681 zu einem Seegefecht, welches mit dem Rückzug der Branden=burger endete. Jedoch erreichten sie, vergeblich von der Ueber=

macht verfolgt, ohne Schaden einen rettenden Hafen, den portu=
giesischen Ort Lagos. Von hier fuhren sie, um noch einer
anderen Absicht des Kurfürsten zu entsprechen, nach Guinea.
Er hatte dorthin bereits im vergangenen Jahre zwei Fregatten,
das „Wappen von Kurbrandenburg" und den „Morian" unter
Kapitän Blonq geschickt, um mit den Negern Handelsverbin=
dungen anzuknüpfen; aber das erstgenannte dieser Schiffe war
von den eifersüchtigen Holländern gekapert worden. Jetzt kamen
die Brandenburger in größerer Stärke wieder. Sie erbauten
an der Goldküste zwischen Axim und dem Vorgebirge der drei
Spitzen eine Schanze und Häuser zu einer Niederlassung. Ein
Bündniß, welches Blonq am 26. Mai 1681 mit drei in der
Nähe hausenden Negerhäuptlingen geschlossen und in welchem
diese den Kurfürsten als ihren Ober = und Schutzherrn aner=
kannten, gab dieser Kolonie rechtlichen Grund. Um sie zu befestigen
und den Handel mit ihr in Schwung zu bringen, errichtete der
Kurfürst am 17. März 1682 eine „afrikanische Handelsgesell=
schaft". Zum Sitze derselben bestimmte er bald darauf Emden.
Denn auch an der Nordsee mußte er Fuß zu fassen. Es hatte
sich zwischen der Fürstin und den Ständen von Ostfriesland ein
Streit entsponnen, in welchen sich zu Gunsten der ersteren die
Holländer einzumischen drohten. Da wandten sich die Stände
an den Kurfürsten als den Mitdirektor des westfälischen Kreises,
zu welchem Ostfriesland gehörte, und er benutzte schnell die er=
wünschte Gelegenheit, indem er auf Anrufen und zum Schutz
der Stände Truppen sandte, welche (14. November 1682) die
kleine Festung Greetsiel bei Emden besetzten. Dieser Hafen
wurde nun die Hauptstation für die brandenburgisch = preußische
Kriegsflotte und der Ausgangspunkt des neuen Guineahandels.
Jn demselben Jahre schickte Friedrich Wilhelm den Major
Friedrich von der Gröben mit zwei Kriegsschiffen und einer
Kompanie Soldaten nach der Goldküste, um das begonnene
Werk dort weiterzuführen und die Kolonie als Gouverneur zu
verwalten. Gröben baute die Schanze zu einer kleinen Festung
um, die er Großfriedrichsburg nannte (1683), und befestigte

dann noch zwei andere Plätze in dieser Gegend, Acada und Tacarari. Mit Staunen sahen die Berliner (1684) eine Ge= sandtschaft von Negerhäuptlingen anlangen, welche gekommen waren, ihrem Herrn, dem Kurfürsten, zu huldigen. 1685 unter= warf sich ihm auch die Insel Arguin zwischen dem grünen und weißen Vorgebirge am Senegal und erhielt ebenfalls ein Fort als Befestigung und Handelsfaktorei. Die Waaren, welche die Brandenburger in Guinea eintauschten, bestanden in Goldstaub und Sklaven. Letztere verkauften sie dann in Amerika; ein Geschäft, welches damals alle seefahrenden Nationen Europas ohne irgend welche Gewissensbedenken trieben. Um das Auf= blühen dieser Handelsgesellschaft bemühte sich besonders der Minister Paul v. Fuchs, der sich auch als Diplomat um den Kurfürsten und den Staat große Verdienste erwarb. Die an= deren Seemächte sahen diese Anfänge sehr ungern; doch da der Kurfürst auf Andringen Hollands und Englands seine Feind= seligkeiten gegen die Spanier eingestellt hatte, so ließen sie ihn im übrigen gewähren. Er hatte die Freude, noch Dukaten aus Guineagold geprägt einzunehmen; freilich mußte er gestehen, daß ihm jeder derselben zwei andere koste. Indessen er hoffte, seine Nachfolger würden, was er gesäet, ernten. So gut begründet glaubte er aber jetzt die Marine, daß er das Eigenthumsrecht, welches Raule an den Kriegsschiffen besaß, im Jahre 1686 mit 200000 Thalern ablöste; die Flotte, jetzt neun Fregatten von zwanzig bis vierzig Kanonen, ging demnach in den völligen Besitz des Staates über.

Materielle und geistige Interessen.

Der Krieg mit den Schweden hatte den Kurfürsten einige Jahre hindurch von seinen Bemühungen um die Hebung des Wohlstandes seiner Unterthanen abgezogen; nach dem Frieden nahm er sie mit Eifer wieder auf. Das Haupthinderniß, wel= ches hier im Wege stand, nämlich die schwere Steuerlast, konnte er freilich nicht beseitigen. Sein Heer, sein ganzes großartiges Staatswesen kostete so viel, daß er immer von neuem die Kräfte des Landes überanstrengen mußte. Die Stände in Preußen, in der Mark und anderwärts hatten nicht Unrecht, über den harten Druck seiner Regierung zu klagen. Er durfte sich mit der Noth entschuldigen und zur Vergleichung auf das Elend ver= weisen, aus welchem er den Staat gerissen. Mildern konnte er jenen Druck nicht; er suchte ihn in anderer Weise auszu= gleichen. Dabei wurde er indeß nicht allen Theilen des Volkes gerecht. Auf dem platten Lande standen sich die Interessen des gutsbesitzenden Adels und des kleinen Mannes entgegen. Er hatte jenem soviele politische Rechte genommen und ihm soviele Lasten für den Staat zu tragen auferlegt, daß er es billig fand, ihm seine übrigen Privilegien und namentlich seine Herrschaft über den Bauer zu belassen. Ja er erkannte letztere sogar aus= drücklich an; erließ in diesem Sinne in den Jahren 1678, 1681, 1683 Gesetze, die „Bauer=, Gesinde=, Hirten= und Schäfer= Ordnungen", nach welchen der Bauer an die Scholle gebunden und seiner Gutsherrschaft zu dreijährigem Dienst verpflichtet blieb; der Leibeigene war sogar gehalten, so viel und so lange Hand- und Spanndienste zu leisten, als die Herrschaft nur immer verlangte. Dagegen suchte der Kurfürst wenigstens soviel zu bewirken, daß die Arbeitskraft des Bauern auch diesem selbst mehr als bisher zugute komme. In dieser Absicht schritt er gegen dessen Saumsal ein, indem er befahl (1686), ein jeder Einsasse und Unterthan solle hinter seiner Wohnung einen Platz abhegen, denselben in zwei Theile abgrenzen und den einen zu einem Obstgarten, den anderen zu einer Eichelkamp umschaffen, und kein Mann solle getraut werden, der nicht beweisen könne, daß er mit eigener Hand sechs Obstbäume gepfropft und sechs junge Eichen gepflanzt habe. In den Amtsdörfern mußte mit diesen Pflanzungen unverzüglich begonnen werden.

Das beste Mittel, dem Lande rascher aufzuhelfen, schien dem Kurfürsten immer die Kolonisation und zwar die Kolonisation aus dem gebildeten und wohlhabenden Westen. Denn es fehlte seinen Unterthanen mehr an Kenntniß, Geschicklichkeit und Kapital als an dem ernsten Willen, vorwärts zu kommen. Er war daher unablässig bemüht, die fremde Einwanderung in immer stärkeren Fluß zu bringen. Meistens diente er hiebei zugleich der Sache des Evangeliums. Denn mehr als eine katholische Regierung trieb damals durch fanatischen Glaubensdruck ihre evangelischen Unterthanen ins Ausland. Diesen öffnete der Kurfürst mit Freuden seine Staaten zum Asil, zur zweiten Heimath. Es kamen Pfälzer, Wallonen, auch Franzosen; letztere lange Zeit nur in sehr geringer Zahl, denn Norddeutschland, zumal die Mark oder gar Preußen, erschien ihnen im Vergleich zu dem sonnigen schönen Frankreich fast wie ein Sibirien. Doch gab es schon ums Jahr 1661 in Berlin einige Einwanderer französischer Nationalität, die sich allmählich durch neuen Zuzug so vermehrten, daß sie sich mit Hilfe des Kurfürsten zu einer eigenen Kirchengemeinde konstituiren konnten, zur sogenannten „französischen Kolonie" in Berlin (gestiftet am 20. Juni 1672). Ueber ein Jahrzehnd bestand diese Gemeinde aus nur etwa hundert Personen. Da erhielt sie, wie die Einwanderung

in die kurfürstlichen Staaten überhaupt, durch einen Gewalt=
streich, den Ludwig XIV. in seiner unduldsamen Bigotterie
verübte, plötzlich einen außerordentlichen Aufschwung.

Dieser König hatte gegen die Protestanten in Frankreich von
jeher Unrecht geübt, aber bisher doch unterlassen, sie so rücksichtslos
zu bedrücken, wie es etwa Kaiser Leopold in Ungarn that. Im
Jahre 1685 änderte sich dies; von seinem Beichtvater, einem
Jesuiten, und von seiner Gunstdame, der Maintenon, bewogen,
beschloß er, die Ketzerei in seinem Lande mit Stumpf und Stiel
auszurotten. Am 18. Oktober 1685 hob er das Edikt von
Nantes auf, welches sein großer Vorfahr Heinrich IV. (1598)
zum Schutz der Hugenotten gegeben, und befahl allen unbedingt
und sofort die Rückkehr zur römischen Kirche. Den sich wei=
gernden legte er Dragoner ins Haus; die Auswanderung, die
früher erlaubt gewesen, verbot er.

So war mit einem Schlage die reformirte Kirche in Frank=
reich, der zwei Millionen Menschen angehörten, zertrümmert.
Das Entsetzen und das Weh der Hunderttausende, die auch jetzt
ihrem Glauben treu bleiben wollten, war unbeschreiblich. Da
fiel in ihre dumpfe Verzweiflung ein Hoffnungsstrahl; ein Trost=
wort ertönte, fernher, doch mit mächtiger Stimme, welches sie
wieder aufrichtete, ihnen Muth und Thatkraft wiedergab. Dem
tyrannischen Edikt des Königs folgte auf dem Fuße ein anderes
Edikt; es ward nicht öffentlich angeschlagen, es kam von einem
fremden Fürsten, heimlich ging es in Druckexemplaren oder in
Abschriften von Hand zu Hand; bald las man es überall in
Frankreich, so eifrig auch die Regierung darauf fahnden ließ.
Es war eine in französischer Sprache abgefaßte Proclamation
des großen Kurfürsten, in welcher er alle verfolgten evangelischen
Franzosen einlud, in sein Land, unter seinen Schutz zu kommen,
und ihnen die Mittel zusicherte, wie sie von der französischen
Grenze bis in seine Staaten gelangen und wie sie sich dort
eine neue Existenz gründen könnten. Diese Bekanntmachung,
die aus Potsdam 29. Oktober (alten Stils, 8. November
neuen Stils) 1685 datirt war, hatte der Kurfürst in den ge=

lesensten Blättern veröffentlichen lassen; sie machte in ganz Europa gewaltiges Aufsehen. Die Barbarei des Großkönigs war nach Verdienst gerichtet.

Folgendes ist in deutscher Uebersetzung der Wortlaut dieses berühmten p̲o̲t̲s̲d̲a̲m̲e̲r̲ Edikts:

„Wir Friedrich Wilhelm von Gottes Gnaden Markgraf von Brandenburg, Erzkämmerer und Kurfürst des heiligen Römischen Reichs u. s. w. Da die Verfolgungen und strengen Maßregeln, die man seit einiger Zeit in Frankreich gegen die Bekenner des reformirten Glaubens übt, mehrere Familien ge= nöthigt haben, aus diesem Königreich auszuwandern und in den fremden Ländern eine Niederlassung zu suchen, so haben Wir, voll des gerechten Mitgefühls, welches Wir für diejenigen em= pfinden müssen, die um des Evangeliums willen und der Rein= heit des auch von Uns bekannten Glaubens wegen leiden, durch gegenwärtiges von Unserer Hand unterzeichnetes Edikt geruht, den genannten Franzosen eine sichere und freie Aufnahme in alle Lande und Provinzen Unserer Herrschaft darzubieten und ihnen zugleich zu erklären, welche Rechte, Freiheiten und Vor= theile Wir sie genießen lassen wollen, um sie in den Heim= suchungen, mit welchen die göttliche Vorsehung einen so be= trächtlichen Theil der Kirche zu treffen für gut befunden hat, einigermaßen zu trösten und zu unterstützen.

1. Damit alle die, welche beschließen werden sich in Unseren Staaten niederzulassen, dahin mit um so größerer Leichtigkeit übersiedeln können, so haben Wir Unserem außerordentlichen Gesandten bei den Generalstaaten der Vereinigten Niederlande, Herrn Diest, und Unserm Geschäftsträger in der Stadt Amster= dam, Herrn Romswinckel, Befehl gegeben, auf Unsere Kosten allen Reformirten, die sich an sie wenden, die Schiffe und Lebensmittel zu liefern, deren sie nöhig haben, um mit ihren Familien und Gütern von Holland bis nach Hamburg zu ge= langen. In letzterer Stadt wird ihnen dann Unser Gesandter beim niedersächsischen Kreise Herr v. Guerike alle Fahrgelegen= heiten verschaffen, die sie brauchen, um diejenige Stadt oder

Landschaft Unseres Staates zu erreichen, wo sie nach ihrer Wahl ihren Wohnort nehmen wollen.

2. Diejenigen, welche Frankreich über Sedan, die Champagne, Lothringen, Burgund oder über die südlichen Provinzen dieses Königreichs verlassen oder es sonst nicht für geeignet halten, den Weg durch Holland einzuschlagen, brauchen sich nur nach Frankfurt am Main zu begeben und sich dort an Unsern Gesandten Herrn Merian oder an Unsern Agenten Herrn Leti zu wenden, denen Wir ebenfalls befohlen haben, sie mit Geld, Pässen und Schiffen zu versehen, damit sie den Rhein hinab in Unser Herzogthum Kleve fahren, wo Unsere Regierung Sorge tragen wird, sie in den Landschaften Kleve und Mark anzusiedeln, oder falls sie weiter in Unsere Staaten hinein wandern wollen, so wird die genannte Regierung ihnen die dazu nöthigen Nachweisungen und Fahrgelegenheiten gewähren.

3. Da sich in Unseren Landen nicht nur zur Ausübung der einfachsten Handarbeit, sondern auch zum Betrieb der Gewerbe und des See= und Landhandels Gelegenheit aller Art findet, so können diejenigen, welche sich hier niederlassen wollen, selbst den Ort wählen, den sie für ihre Profession am geeignetsten halten, sei es in den Ländern Kleve, Mark, Ravensberg und Minden oder in den Ländern Magdeburg, Halberstadt, Brandenburg, Pommern und Preußen, und da Wir glauben, daß in der Kurmark die Städte Stendal, Werben, Rathenow, Brandenburg und Frankfurt und im Lande Magdeburg die Städte Magdeburg, Halle und Kalbe, wie auch in Preußen die Stadt Königsberg, sei es wegen der Wohlfeilheit des Lebens daselbst, sei es wegen der Leichtigkeit ein Geschäft zu errichten, ihnen am bequemsten sein werden, so haben Wir befohlen, daß, sobald irgend welche der in Rede stehenden Franzosen dorthin kämen, man sie wohl empfangen und mit ihnen alles verabreden solle, was zu ihrer Niederlassung nöthig sein wird, doch so, daß es dabei durchaus in ihren freien Willen gestellt bleibt, für welche Stadt oder Provinz Unserer Staaten sie sich entscheiden wollen.

4. Die Güter, Möbeln, Waaren und Vorräthe, die sie mit sich bringen werden, sollen zollfrei eingehen und überhaupt keiner Abgabe oder Schatzung, welchen Namens oder welcher Natur auch immer, unterworfen sein.

5. Falls in den Städten, Marktflecken und Dörfern, wo die erwähnten Reformirten sich ansiedeln, leerstehende oder von ihren Eigenthümern verlassene und verfallene Häuser vorhanden sein sollten, deren Besitzer unvermögend wären sie wieder in guten Stand zu setzen, so werden Wir solche Häuser jenen Einwanderern zu vollem und erblichem Eigenthum geben und den bisherigen Besitzern eine dem Werth des Grundstücks entsprechende Entschädigung leisten, auch alle anderen Lasten, die darauf haften sollten, sei es Hypotheken oder sonstige Schulden, davon ablösen lassen. Auch wollen Wir ihnen Holz, Kalk, Steine, Ziegel und andere Materialien, die sie zur Ausbesserung dieser Häuser etwa brauchen, liefern lassen; und sollen letztere sechs Jahre lang von jeder Art Abgabe und Steuer, Einquartierung und sonstigen öffentlichen Lasten, mit einziger Ausnahme der Accise, befreit sein.

6. In den Städten oder andern Orten, wo sich geeignete Plätze zum Häuserbau finden, sollen die um des Glaubens willen Eingewanderten befugt sein, dieselben nebst dazu gehörigem Garten-, Wiesen- und Weideland für sich und ihre Erben in Besitz zu nehmen, ohne daß sie die Pflicht haben, die etwa auf solchem wüsten Lande noch haftenden Abgaben mit zu übernehmen, und um sie beim Häuserbau noch mehr zu fördern, werden Wir ihnen alle dazu nöthigen Materialien liefern lassen und ihnen zehn Freijahre gewähren, binnen welcher Frist sie zu keiner Steuer oder Abgabe, außer der Accise, verbunden sind. Und da Wir ihnen die Ansiedlung in Unsern Staaten möglichst bequem zu machen beabsichtigen, so haben Wir den Magistraten und Unsern andern Beamten befohlen, in jeder Stadt Miethswohnungen zu suchen, wo sie bei ihrer Ankunft untergebracht werden können, und Wir versprechen, für sie und ihre Familien vier Jahre lang die Miethe zu zahlen, vorausgesetzt daß sie sich

verpflichten, während dieser Zeit auf den Plätzen, die man ihnen anweisen wird, unter obgedachten Bedingungen sich anzubauen.

7. Sobald sie in irgend einer Stadt oder Ortschaft Unserer Staaten ihre feste Wohnung genommen, werden sie daselbst das Bürgerrecht erhalten und in diejenige Zunft oder Korporation, für welche sie sich eignen, eintreten dürfen, überhaupt dieselben Rechte und Privilegien wie die Eingebornen genießen, ohne dafür zur Zahlung irgend welcher Abgabe verpflichtet und ohne dem Heimfallsrecht und sonstigen Lasten, die in andern Ländern den Fremden beschweren, zu unterliegen. Sie sollen in allem und überall ebenso wie Unsere angestammten Unterthanen be= handelt werden.

8. Alle die, welche eine Manufaktur oder Fabrik, sei es von Tüchern, Stoffen, Hüten oder andern derartigen Waaren nach ihrer Wahl, unternehmen wollen, werden nicht nur mit allen Vorrechten, Gerechtsamen und Freiheiten, die sie wünschen können, ausgestattet werden, sondern Wir werden sie dabei auch mit Geld und andern Lieferungen unterstützen, je nachdem es nöthig erscheinen wird, damit ihre Absicht mit Erfolg durchgeführt werden könne.

9. Den Bauern und andern, die sich auf dem Lande an= siedeln wollen, werden Wir einen gewissen Strich Landes zum Urbarmachen anweisen und sie mit allem zum Unterhalt Er= forderlichen für den Anfang unterstützen lassen, in derselben Weise, wie Wir es bereits einer beträchtlichen Zahl schweizerischer Einwandererfamilien gethan haben.

10. Was die Gerichtsbarkeit und Rechtspflege in Sachen der genannten französischen Reformirten belangt, so erlauben Wir, daß in den Städten, wo mehrere Familien derselben an= sässig sein werden, sie unter sich jemand wählen können, der be= fugt sei, ihre Streitigkeiten in Güte ohne irgend welches Prozeß= verfahren zu schlichten; wenn aber Streitigkeiten zwischen Deut= schen und Franzosen vorfallen, so sollen dieselben gemeinsam von den Ortsbehörden und demjenigen französischen Einzögling, den die andern dazu erwählen, entschieden werden; welches Ver=

fahren auch bei den nicht in Güte beigelegten Rechtshändeln der Franzosen unter sich statthaben soll.

11. Wir werden in jeder Stadt einen Geistlichen anstellen und einen geeigneten Ort dazu anweisen lassen, damit die Einwanderer ihren Gottesdienst in französischer Sprache und gemäß den Gebräuchen und mit den Ceremonien halten können, die bis jetzt unter ihnen in Frankreich üblich sind.

12. Gleichwie diejenigen Mitglieder des französischen Adels, die sich unter Unsern Schutz gestellt und in Unsern Dienst getreten, hier schon jetzt dieselben Ehren, Würden und Vortheile wie die eingebornen Edelleute, genießen und mehrere unter ihnen zu den ersten Aemtern an Unserm Hof und in Unserer Armee gelangt sind, so wollen Wir die gleiche Gnade auch denen zuwenden, die in Zukunft in Unsere Staaten übersiedeln werden; sie sollen die Aemter, Ehren und Würden bekommen, deren sie werden fähig erfunden werden, und falls sie Lehen oder andere Güter und Edelsitze kaufen, so sollen sie dieselben mit allen den nämlichen Rechten, Freiheiten und Vorzügen, wie der einheimische Adel, besitzen.

13. Alle oberwähnten Privilegien und Rechte sollen nicht bloß für diejenigen Franzosen, die nach dem Datum dieses Edikts in Unsere Staaten einwandern, sondern auch für die bereits vor demselben eingewanderten Giltigkeit haben, vorausgesetzt daß sie aus Frankreich um der reformirten Religion willen verbannt sind. Nur die Franzosen römischer Religion haben auf dieselben keinerlei Anspruch.

14. Wir werden in allen Unseren Provinzen, Herzogthümern und Fürstenthümern Kommissarien bestellen, an welche sich die französischen Reformirten in jeder Verlegenheit, sowohl am Anfang ihrer Ansiedelung, als auch später wenden können, und alle Unsere Gouverneure und Provinzial- und Staatsregierungen werden kraft dieses Edikts und besonderer ihnen noch zugehender Befehle angewiesen sein, die genannten Reformirten unter ihren Schutz zu nehmen, sie im Genuß aller oben vermerkter Privilegien zu erhalten und dafür zu sorgen, daß ihnen

keinerlei Unrecht oder Unbill widerfahre, vielmehr jede Art von Gunst, Hilfe und Beistand zu Theil werde.

Gegeben zu Potsdam den 29. Oktober 1685.

gez.

Friedrich Wilhelm."

Man würde dem großen Manne Unrecht thun, wenn man meinte, daß dieses schöne Edikt nur eine volkswirthschaftliche Maßregel war, daß er die Leiden der Franzosen wohl gar insofern gern gesehen, weil er aus ihnen für seinen Staat Vortheil ziehen können. Er hatte vielmehr alles gethan, um die Gewaltthat Ludwigs und somit die Auswanderung der Reformirten zu verhindern; mehrmals hatte er, doch vergeblich, den König um milde Behandlung seiner Glaubensgenossen gebeten. Ihn bewog vor allem das Mitleid. Er konnte seine Religionsverwandten nicht in ihrer Noth sehen, ohne ihnen beizuspringen. Auch alle andern evangelischen Fürsten ermahnte er zu helfen, den Bedrängten ihre Länder zu öffnen.

Die meisten Flüchtlinge gingen in die benachbarten und so reichlich Erwerb bietenden Länder Holland und England. Viele aber — wohl weit über fünfzehntausend Menschen — folgten dem Rufe des Brandenburgers. Sie fanden das Versprechen überall erfüllt. Selbst ein eigener Gerichtshof und eigene Konsistorien, welche ihnen ihre Rechte und Religionsgebräuche sichern sollten, wurden für sie eingerichtet. Zum Generalintendanten aller die französischen Refugiés betreffenden Angelegenheiten war einer der kurfürstlichen Räthe, Ernst v. Grumbkow, bestellt.

Sie fanden auch bei dem Volke, zu dem sie kamen, gute Aufnahme. Ihr Unglück, ihre Glaubenstreue waren beredte Fürsprecher. Dies zeigte sich auch in den öffentlichen freiwilligen Geldsammlungen, die der Kurfürst für sie Anfangs Dezember 1685 ausschreiben ließ. Es kamen aus der Mark Brandenburg und den Herzogthümern Magdeburg, Preußen und Hinterpommern im ganzen 14000 Thaler ein; für jene Zeit ein erheblicher Betrag; — der Kurfürst nebst seiner Familie zahlte ungefähr ebensoviel.

Wie herzlich seine Theilnahme für diese Unglücklichen war,
wie ihn zunächst nur Religion und Menschenliebe bestimmten
ihnen die rettende Hand zu bieten, ersieht man auch aus einem
Bericht, den einer der zuerst in Berlin angelangten, ein Offizier
Namens de Campagne, über ihren Empfang bei ihm erstattet
hat: „Es war", erzählt derselbe, „den 10. Januar 1686, als
uns der Kurfürst nach Potsdam einladen ließ. Wir waren
unser 15, die sich dahin begaben. Herr von Grumbkow hatte
die Ehre uns dem Kurfürsten vorzustellen. Dieser große Fürst
empfing uns mit einer Art, welche seinen Eifer für die Religion
bezeichnete. Er zeigte sich auf das tiefste von Unserm Unglück
ergriffen und versprach es zu lindern. Wir mußten ihm die
Mittel erzählen, deren wir uns bedient, um der Wachsamkeit
der an den Grenzen aufgestellten Posten zu entgehen, und die
Grausamkeiten, welche man ausgeübt hatte, um uns zum Wechsel
der Religion zu vermögen. Bei dieser traurigen Erzählung
konnte er sich der Thränen nicht erwehren. Am andern Morgen
ließ uns Herr von Grumbkow zu sich kommen und eröffnete
einem jeden, daß der Kurfürst ihm beauftragt habe, für unser
Unterkommen zu sorgen."

Dem Beispiel von Intoleranz und Härte, welches Lud=
wig XIV. gegeben, folgte sogleich ein anderer katholischer Fürst,
der Herzog Viktor Amadeus II. von Savoien. Es lebte in
einem Theile seines Landes, in den Alpenthälern Lucerna,
St. Martin und Peyrouse, von altersher die kleine Sekte der
Waldenser, die dort eine ähnliche Stellung einnahm, wie in
Frankreich die Hugenotten. Als nun aus den benachbarten
französischen Provinzen viele Reformirte vor Ludwigs Soldaten
sich nach Piemont flüchteten, verbot der Herzog bei Galerenstrafe
deren Beherbergung und verhängte dann auch über die Waldenser
Druck und Verfolgung. Auch hier nahm sich Friedrich Wilhelm
seiner unglücklichen Glaubensgenossen an. Er bat für sie bei
dem Herzog, stellte ihm eindringlich sein Unrecht vor. „Wie
heftig auch immer", schrieb er ihm am 29. Januar 1686 aus
Potsdam, „der aus Verschiedenheit der Religionsmeinungen ent=

stehende Haß sein mag, älter und heiliger ist doch das Gesetz
der Natur, nach welchem der Mensch den Menschen tragen,
dulden, stützen soll. Die Unterthanen Eurer Königlichen Hoheit,
welche der reformirten Religion anhängen, sind die treuesten
und mit keinem Vorwurf des Ungehorsams befleckt... Die fran=
zösischen Flüchtlinge, die in Ihr Reich gekommen, sind keines
Verbrechens angeklagt; elend, vertrieben, hilflos, haben sie alle
äußeren Güter, denen das menschliche Leben Werth beilegt, ja
ihr eigen Blut verlassen und sich gleichsam vom eigenen Selbst
losgerissen, lediglich, damit sie ihrem Gewissen, welches keine
menschliche Macht zwingen kann und über welches Gott allein
sich die Herrschaft vorbehielt, folgen können; wer mag diese
Menschen nicht des Mitleids, des Beistandes würdig erachten!..
Auch Wir haben in Unsern Reichen sehr viele römisch=katholische
Unterthanen. Wir beschützen, begünstigen, lieben sie, befördern
sie zu Ehren, Aemtern und Würden, gleich denen, welche mit
Uns desselben Glaubens sind." Er beschwört den Herzog nach
gleichen Grundsätzen zu verfahren. Seine Vermittelung nützte
nichts. Die Waldenser wurden, gleich den fremden Hugenotten,
theils aus Piemont verjagt, theils mit Gewalt katholisch gemacht.
Er lud nun auch sie in sein Land ein. Es sind denn auch etwa
tausend dieser Waldenser im Sommer 1688 gekommen und von
der kurfürstlichen Regierung mit nicht unerheblichen Kosten größten=
theils in Stendal angesiedelt worden; sie sind aber schon im Jahre
1690 wieder in ihre Heimath zurückgekehrt, weil die Verfolgung
dort aufhörte. Weit und breit in Frankreich und Norditalien,
wo immer Protestanten lebten, wurde der Name Friedrich Wil=
helms gesegnet. Man hat ihn, als er starb, in jenen Alpen=
thälern nicht minder bedauert als in der Mark. „Es ist un=
aussprechlich", so schrieb nach des Kurfürsten Tode ein Zeit=
genosse in Bezug auf Savoien und Piemont, „in welcher Be=
trübniß sich das ganze Land über den Tod eines so großen
Fürsten befindet, eines Fürsten, für dessen Person man dort die
tiefste Ehrfurcht hatte und den man als die Stütze der ganzen
evangelischen Kirche betrachtete." Gefühle, die übrigens ebenso

allgemein von den Evangelischen in Schlesien und Ungarn, in
Litauen und Westrußland gehegt wurden.

Selbst in Paris, gleichsam vor den Augen und Ohren
Ludwigs XIV., feierte man den kühnen Vorkämpfer der Toleranz.
Bald nachdem das potsdamer Edikt bekannt geworden, erschien
hier (noch im Jahre 1686) des Kurfürsten Porträt in Kupfer=
stich mit der Unterschrift:

Tel est de ce héros le portrait et le visage,
De l'empire Germain le soutient et l'honneur;
Sur les plus grands Césars il a tout l'avantage
Du prix de la vertu, du prix de la valeur. *)

Außer Franzosen waren es namentlich Pfälzer und Wallonen,
welche um der Religion willen in die brandenburgischen Staaten
einwanderten. Bei weitem die meisten dieser Ankömmlinge waren
tüchtige Menschen und bildeten einen werthvollen Gewinn für
das Land. Sie brachten nicht bloß Arbeitskraft mit sich, son=
dern auch Intelligenz, Geschicklichkeit und zum Theil selbst bares
Vermögen. Sie waren es, die sich am häufigsten zu jenen
Privilegien melbeten, welche der Kurfürst zur Einführung neuer
Manufakturen so gern ertheilte; sie halfen ihm seine Fabriken
anlegen, die das einheimische Gewerbe erweitern sollten (1674
ein Stahlwerk, 1685 eine Gewehrfabrik, 1686 eine Zucker=
siederei und eine Gaze=, Seide= und Kreppfabrik, 1687 ein
Blech= und Zinnhaus). Namentlich in der Mark bürgerten sie
manchen neuen Industriezweig ein; wie 1681 die Tabaks=
spinnerei, 1685 den Tabaksbau. Vorzüglich gilt das Gesagte
von den französischen Refugiés, die sich zahlreich nach Berlin
und andern Theilen Brandenburgs wandten. Es kam mit ihnen
ein neues, eigenthümliches und im ganzen sehr nützliches Element

---

*) Im treuen Abbild seht den Helden hier.
Des deutschen Reiches Hort und Zier.
Die größten Kaiser übertrifft er weit
Durch Tugend und durch Tapferkeit.

in die alte Bevölkerung. Sie gaben in allen Zweigen des Er=
werbes, aber auch vielfach in Kunst und Wissenschaft ein gutes
Beispiel der Rührigkeit und Gewandtheit, wie sie denn auch im
Gegensatz zu dem herkömmlichen Zunftzwang das Prinzip der
Arbeitstheilung lehrten. Sie waren dem Kurfürsten für die
Industrie ebenso brauchbare Gehilfen, wie es ihm für den See=
handel die Holländer waren. Einem höher zivilisirten Lande
entstammt und meist den gebildeten Klassen angehörig, brachten
sie zugleich Sinn für Nettigkeit und Komfort des Lebens mit,
woran es in Berlin noch immer recht empfindlich mangelte.
Die Stadt war jetzt, am Ende der Regierung Friedrich Wil=
helms, dreimal so groß als am Anfang derselben; sie zählte
20000 Einwohner; außer dem Friedrichswerder war (1674)
noch ein neuer Stadttheil angelegt worden, die Dorotheenstadt,
in welcher die Kurfürstin Dorothee selbst die ersten Linden der
berühmten Allee gepflanzt und aus eigenen Mitteln die Kirche
gebaut hat. Aber nicht durchweg sah es in Berlin so sauber
und ordentlich aus, wie der Kurfürst es von seiner Residenz
wünschte. Immer wieder mußte er treiben und mahnen. Noch
1680 befahl er: „wer unsittlicherweise die Straßen verunreinige,
solle an den Pranger kommen; Kinder dafür mit der Ruthe
bestraft werden; da man solch säuisches Wesen nicht dulden
könne und zur Nothdurft öffentliche Bedürfnißanstalten vor=
handen seien." Zwei Jahre darauf (1682) erließ er eine neue
Feuerlöschordnung, eine Laternenordnung, sowie Befehle an die
Hausbesitzer, vor ihren Häusern pflastern und kehren zu lassen,
und an den Magistrat, die Ausführung dieser Gebote zu über=
wachen. Theils zu polizeilichen, theils zu Verwaltungszwecken
führte er ferner die Einrichtung ein, daß von den Konsistorien
der Regierung alljährlich Geburts= und Todtenlisten der Ein=
wohnerschaft eingereicht werden mußten. Diese Art amtlicher
Statistik war damals in Deutschland etwas neues; sie begann
zuerst in der Kurmark (1684). Mancher orthodoxe Geistliche
schüttelte dazu das Haupt; einer äußerte laut sein Bedenken:
„solches Aufzeichnen komme gar zu nahe Davids Exempel, da

er das Volk zählen ließ, welches Gott mißfiel und nicht konnte ausgesöhnt werden denn durch die Pest."

Unter den zahlreichen Fremden, die der Kurfürst ins Land zog, gab es freilich auch manche, die seinen Erwartungen wenig entsprachen. Einige holländische Landwirthe, die er mit großen Kosten hatte kommen und in der Mark ansiedeln lassen, gingen bald wieder fort und redeten hinterher noch übles von seinem Lande. So bewiesen sich auch die aus Oesterreich vertriebenen wohlhabenden Juden, die er (1671) in die Mark aufgenommen, nicht dankbar; als 1675 der Schwedenkrieg ausbrach, entzogen sie sich den Lasten und Nöthen, welche hiemit für die Bewohner Brandenburgs verbunden waren, durch die Flucht, wofür ihnen denn, als sie nach dem Verschwinden der Gefahr wiederkehrten, der Kurfürst eine Geldstrafe auferlegte. Er ließ sich indeß durch solche einzelne Fehlschläge seiner Kolonisations=bemühungen nicht irre machen. Statt der Holländer berief er dann schweizerische Landwirthe, und einwandernde Juden nahm er auch in Zukunft auf, obgleich nicht bloß die Stände sich wiederholentlich gegen deren Ansiedelung äußerten, sondern auch die Vorsteher der einheimischen Judenschaft selber ihn im Jahre 1674 gebeten hatten, ihre starke Vermehrung nicht weiter zu befördern. Er begünstigte weder die Unduldsamkeit der einen, noch den Brotneid der andern. Dagegen mußten ihm die Juden Schutzgeld und andere Abgaben zahlen.

Wenngleich die Zeit und der Fleiß des Volkes das meiste thaten, um die Spuren der langen Kriege zu verwischen, so hatte doch die weise und überall anregende Thätigkeit des Kur=fürsten an den Fortschritten in Handel und Wandel, an der Hebung des Ackerbaues und der Gewerbe, am Wachsthum des allgemeinen Wohlstandes wie der Bevölkerung, kurz an der Blüthe der materiellen Landeswohlfahrt, die gegen Ende seiner Regierung zu sehen war, einen wesentlichen und großen Antheil. Noch mehr ist es sein persönliches Verdienst, wenn die Künste und Wissenschaften gediehen. Ununterbrochen, selbst in Kriegs=zeiten, erwies er sich ihnen als mächtigen Freund und Gönner, auch hierin ein Herrscher von echt fürstlicher Gesinnung. Er ward nicht müde sie zu fördern und für sie hatte er immer eine offene Hand. Es machte ihm Freude, daß er jetzt reichlicher die Mittel hatte, ihnen zu dienen. Zwar bereitete der Militär=etat noch immer viele Sorgen; die Million Thaler, die er jetzt im ganzen betrug, kam nicht immer regelmäßig und voll aus den Leistungen der Provinzen, insbesondere aus Accise und Grund=steuer, zusammen. Aber die Stände waren jetzt gewöhnt worden, das Defizit zu decken. Die übrigen Haupteinnahmen, aus dem Ertrage der Domänen, der Post, des Stempelpapiers (seit 1682), der Zölle, im Gesammtbetrage von anderthalb Millionen, reichten für die Kosten der Verwaltung und des prächtigen Hofstaates hin. Und unter Pracht verstand der Kurfürst besonders auch den Glanz, den die Musen um ihren Beschützer verbreiten. Einen Künstler, einen Gelehrten zu gewinnen kargte er niemals, und es gelang ihm vortreffliche zu gewinnen, darunter einen der berühmtesten Geschichtschreiber dieser Zeit, den gelehrten und geistvollen Samuel von Pufendorf, der im Februar 1688 eintraf und den Auftrag bekam eine brandenburgische Geschichte zu schreiben.

Jede wissenschaftliche Forschung, auch die sich auf weit entlegenes richtete, konnte der Theilnahme und der Unterstützung des Kurfürsten gewiß sein. Damals erregte der Propst Müller in Berlin durch das Studium der chinesischen Sprache Aufsehen. Der Kurfürst besuchte dessen Vorlesungen über Sitten und Ge=bräuche der Chinesen, beschenkte ihn mit goldenen und silbernen Ehrengaben, ermunterte ihn auf jede Weise in seinem Vorsatz, eine chinesische Sprachlehre herauszugeben. Solch ein Werk schien ihm auch von praktischem Nutzen; er dachte dabei an die Handelsverbindungen, die er mit China und Japan anknüpfen wollte. Freilich kostete ein derartiges literarisches Unternehmen viel Geld; denn es mußten chinesische Manuskripte und Typen beschafft werden. Der Kurfürst erbot sich zu reichlicher Bei=steuer. Selbst im Feldlager vor Stettin beschäftigte ihn dieser Gegenstand; er schrieb von dort aus darüber an den Propst, sowie an den holländischen Arzt Cleyer, der in Indien und Japan gewesen, und befahl letzterem in Holland chinesische Hand=schriften zu kaufen. Später erwarb er auch eine Menge per=sischer und koptischer Manuskripte, um Müllers Eifer, der beim Publikum wenig Anklang fand, rege zu erhalten. Ebenso er=munterte er die ähnlichen Bestrebungen seines Leibarztes Menzel, der mit Fleiß und Glück die Erforschung asiatischer und ameri=kanischer Sprachen betrieb. Menzel hat auch die botanischen Kenntnisse seiner Zeit erweitert, wie er denn der erste war, der Deutschland über die Natur der Theepflanze belehrte. Ein Doktor Bontekoe in Hamburg hatte die damals in Deutschland noch wenig bekannten Genußmittel Tabak, Kaffee, Thee und Chokolade als besonders heilkräftig angepriesen und dem Kur=fürsten, der ihn in seinen podagrischen Schmerzen zu Rathe zog, mit Erfolg das Theetrinken verordnet. Dies veranlaßte Menzel, sich durch Cleyer über Holland Theestauden kommen zu lassen und das fremde Gewächs zu untersuchen. Ebenso machte er sich und dann das Publikum mit der Natur der indischen Gewürze bekannt.

Bei Unterstützung solcher naturwissenschaftlicher Studien hatte der Kurfürst zugleich die Verbesserung der Arzneikunst im Auge. Sie lag damals sehr im argen. Gesundheit und Leben der Unterthanen, besonders aber der Soldaten, waren meist un=wissenden oder ungeschickten Apothekern, Barbieren, Chirurgen preisgegeben. Um den hier eingerissenen Mißbräuchen entgegen=zuwirken, stiftete der Kurfürst am 11. Oktober 1685 eine Auf=sichtsbehörde, das Collegium medicum zu Berlin, und ver=ordnete, es solle niemand als Operateur, Okulist, Steinschneider, Bruchschneider, Zahnbrecher oder sonstwie ärztlich praktiziren, niemand insbesondere auf Jahrmärkten Heilmittel feilbieten, der nicht vor diesem Medizinalkollegium ein Examen abgelegt habe. Sodann erschien, sehr zum Verdruß der Apotheker, eine neue Medizinal= und Apothekerordnung, die den bisherigen Betrüge=reien auf diesem Gebiet ein Ende machte. Um das Zustande=kommen dieser wohlthätigen Edikte hat Menzels Nachfolger als kurfürstlicher Leibarzt, der Doktor Gahrliep von der Mühlen, große Verdienste gehabt; er ist auch der Verfasser des Dispensatorium Brandenburgicum, durch welches die Bereitung der Arzneimittel und das Rezeptenwesen reformirt wurde.

Eine besondere Vorliebe zeigte der Kurfürst für die Chemie. Er hielt sich ein kleines Laboratorium, an welchem ein Chemiker angestellt war, dessen Arbeiten er oft mit Interesse zusah. Ohne Zweifel theilte er die Meinung der Zeit, daß es doch noch gelingen müsse, auf künstlichem Wege edle Metalle zu erzeugen. Indessen hielt er darauf, daß auf jeden Fall irgend etwas nützliches aus dieser Anstalt hervorgehe. Er schenkte daher dem Leiter seines Laboratoriums, dem Kammerdiener Kunckel, die Pfaueninsel bei Potsdam mit der Verfügung, auf derselben eine Glashütte anzulegen und ihm jährlich eine bestimmte Menge Kristallglas zu liefern. Kunckel erfand zwar nicht das Goldmachen, aber das Bereiten des Rubinglases, wodurch diese Fabrik rasch in Blüthe kam.

Unter den größeren Stiftungen, die Friedrich Wilhelm zum besten der Wissenschaft gemacht, gedieh nur eine nicht, die Universität Duisburg; sie lag zu ungünstig. Doch unterstützte er sie fort und fort, wie er denn noch im Jahre 1687 einen Professor auf seine Kosten eine große wissenschaftliche Reise machen ließ. Ebenso freigebig bezeigte er sich der Universität Frankfurt a. O., deren Unterrichtsanstalt und Stipendien er beträchtlich vermehrte. Außerdem errichtete er 1671 neben derselben eine Ritterakademie. Auch die berliner Schulen erhielten in dieser Zeit wieder neuen Zuwachs, da im Jahre 1683 auf dem Friedrichswerder eine Stadtschule (das spätere Gymnasium) gegründet wurde. Den alten wie den neuen Anstalten erzeigte der Kurfürst manche Gunst, wie er denn z. B. die Lehrer des Gymnasiums am grauen Kloster von der hergebrachten Unannehmlichkeit, bei den Bürgern wechselsweise Freitische genießen zu müssen, dadurch entband, daß er ihnen jährliche Tafelgelder zuwies. Am wirksamsten indeß förderte er das wissenschaftliche Leben in seiner Hauptstadt dadurch, daß er seine Bibliothek dem Publikum mit größter Liberalität eröffnete. Sie war jetzt schon eine der größten Europas. Sie enthielt im Jahre 1687 über 20000 Bände gedruckter Bücher und über 1600 Hand= schriften. In ähnlichem Verhältniß waren seine übrigen wissen= schaftlichen und seine Kunst=Sammlungen gewachsen.

Das waren die Dinge, für welche Friedrich Wilhelm sein Geld ausgab; nicht für Qunstdamen, er hielt sich deren nicht; noch auch für Schmeichler und Lieblinge, er umgab sich nur mit ernsten würdigen Männern; seine Freuden waren die edelen, geistigen. Er hatte im Alter so wenig wie einst in seiner Jugend schlimme Leidenschaften. Das einzige Vergnügen, dem er sich außer jenen Genüssen noch hingab, war die Jagd. Zwar den Eber zu spießen, den Hirsch abzufangen war er jetzt selten mehr kräftig genug; aber mit dem Feuergewehr hatten Auge und Hand noch hinreichend Sicherheit. Er bürgerte jetzt ein neues Edelwild in der Mark ein, den Fasan, und erließ zu dessen Schutz Verordnungen, wie die folgende, am 18. Februar 1678 an das Jagddirektorium gerichtete: „Da Se. Kurf. Durchlaucht vor einiger Zeit eine Anzahl Fasanen aus fernen Orten mit großen Unkosten bringen, zu dero Er= luftigung hegen und zu dem Ende in dero Aemtern Potsdam und Zossen Fasanengärten anlegen ließen, wo denn dieselben sich zu vermehren beginnen; so soll sich niemand, wer der auch sei, gelüsten lassen, nach Fasanen zu schießen, noch die= selben zu fangen, viel weniger die Eier auszunehmen, noch deren Nester zu zerstören." Auch Elenne hatte der Kurfürst versucht in der Mark anzusetzen. Die zu diesem Zweck (im Frühling 1671) aus Preußen nach der Forst bei Potsdam ge= brachten Thiere starben aber bald wieder. Man mußte sich mit dem einheimischen Hirsch begnügen. Die Jagd auf Hochwild galt damals für ein Herrenrecht. Friedrich Wilhelm behielt sie sich in manchen Landestheilen allein vor. So gestattete er der Ritterschaft in der Uckermark 1681 ausdrücklich nur die Nieder= jagd (auf Schweine, Rehe), und in Preußen suchte er das Recht Elenne zu jagen in seinen ausschließlichen Besitz zu

bringen. Die Wilddiebe haßte er, wie jeder legitime Jäger
thut; aber mit solcher Grausamkeit, wie damals vielerorten
Brauch war, hat er sie nie verfolgt.

Es konnte nicht fehlen, daß ein Hof und eine Regierung,
wie Friedrich Wilhelms, auf Sittlichkeit und Bildung des Volkes
einen segensreichen Einfluß übten. Die Verwilderung, die in
den Gemüthern, die Dunkelheit, die in den Köpfen der dreißig=
jährige Krieg zurückgelassen, wichen allmählich; freilich jene lang=
samer als diese. Denn es war leichter den guten Geschmack zu
veredeln und Kenntnisse zu verbreiten, als die alte Ehrbarkeit
und Gottesfurcht wiederherzustellen. Das gute Beispiel des
Hofes genügte nicht; noch immer waren insbesondere die fleisch=
lichen Vergehungen stark im Schwange. Um so nöthiger schien
es dem Kurfürsten, zur Ausbreitung der Gottesfurcht auf strenge
Erfüllung der kirchlichen Pflichten, auf geistliche Gewöhnung zu
halten. Er erließ deshalb (am 3. März 1676) ein Edikt,
welches die Heiligung des Sonntages und den Gottes=
dienst einschärfte: „Nachdem Wir", lautet dasselbe, „nicht ohne
sonderliches Leidwesen vernehmen müssen, wie der Tag des
Herrn auf vielfältige Art und Weise entheiligt und fast aus dem
Sonntag ein Sündentag werde, wodurch der Zorn Gottes wider
Land und Leute gerichtet wird; so haben Wir solchem Unheil
zu steuern folgende Verordnung nöthig befunden: Gleichwie be=
sagter Tag des Herrn dazu allein gewidmet ist, daß daran ein
jeder Christ das Wort des Allerhöchsten lesen, hören und erwägen,
auch denselben mit Beten, Singen und Uebung der christlichen
Liebe gegen den Nächsten und absonderlich der Armuth dienen
und also denselben Tag feiern soll; so werden alle Unsere Unter=
thanen hiemit erinnert, solchem Gottesdienst mit Ernst obzu=
liegen und dagegen alle Ueppigkeit, Anstellung großer Bankette,
wobei mancherlei Sünden vorgehen, und dergleichen Vornehmen,
so sie an solcher Feier und Andacht hindern mögen, zu ver=
meiden." Der Kurfürst befiehlt sodann, es sollen am Sonn=
tage keine Hochzeiten stattfinden, und die Krambuden, sowie
die Wein= und Bierhäuser geschlossen bleiben. „Auch soll", fährt

er fort, „erſt nach verrichtetem Gottesdienſt geſtattet ſein, Luſt=
reiſen zu thun oder außer dem Thore ſpazieren zu gehen, wor=
auf die Offiziere an den Wachen zu halten haben. Die
Prediger auf dem Lande ſollen ihre Zuhörer Nachmittags in die
Kirche kommen laſſen, jung und alt vornehmen, was ſie aus
der Predigt behalten und wie ſie ſonſt im Chriſtenthum fundirt
ſind. Wie denn auch jeder chriſtliche Hausvater ſeine Kinder
und ſein Geſinde vorzunehmen und ſie zum Gottesdienſt und
Uebung eines chriſtlichen Lebens mit guten Beiſpielen und Er=
mahnungen anzuleiten hat. Es iſt kein Zweifel, daß diejenigen,
die dem höchſten Gott im Geiſte und in der Wahrheit dienen,
als ſeine getreuen Knechte werden in Gnaden angeſehen werden.“

Andere Geſetze richteten ſich gegen die Verſchwendung, nament=
lich in Kleidern und Feſtgelagen. Wirkſamer auch für die Hebung
der allgemeinen Sittlichkeit war, daß Friedrich Wilhelm auf
gute Juſtiz hielt. Insbeſondere ſorgte er für deren Selbſtän=
digkeit. So ſchärfte er den Beamten ein, die Ritterſchaft und
die ſtädtiſchen Magiſtrate, denen das Untergericht zuſtand, in
ihrem geſetzlichen Antheil an der Rechtspflege nicht zu benach=
theiligen, und dem Kammergericht gebot er (am 9. Februar 1688)
durch ein Edikt, kurfürſtliche Verordnungen nur dann zu be=
achten, wenn ſie mit den Geſetzen übereinſtimmten. Er hatte
in ſeinem Kampfe mit den Ständen das Staatsrecht verletzt,
hatte den Grundſatz befolgt, daß dem Wohle des Staates im
Nothfall auch Landesgeſetze und Verfaſſungsparagraphen weichen
müßten. Um ſo eifriger wachte er darüber, daß wenigſtens das
Civilrecht ſtets und überall ungebeugt blieb.

Ueberhaupt, wo nicht ein Lebensintereſſe des Staats ſich
entgegenſtellte, da gab er immer einem jeden das ſeine und
ſorgte dafür, daß auch die Unterthanen einander das ihre gaben.
Wie den Civilſtand gegen das Militär, ſo ſchützte er den Bürger
gegen die Anmaßungen des Adels. Als die altmärkiſche Ritter=
ſchaft ſich weigerte, einem bürgerlichen Rittergutsbeſitzer die
vollen ſtändiſchen Rechte und Ehren einzuräumen, zwang er ſie
dazu. In dem Schreiben, durch welches er ihren Einſpruch

abwies (April 1683), sagte er: „Wir sind geneigt, zwar den Adel bei seinem Herkommen und Gerechtsamkeit zu schützen, aber auch die, so Bürgerstandes sind, nicht wider Billigkeit und Recht beschimpfen und unterdrücken zu lassen, sondern sie bei ihren Befugnissen zu mainteniren... Wir wollen auch, daß Ihr Euch hinfüro dergleichen Redens= und Schreibarten, deren Ihr Euch in Eurem Uns übergebenen Memorial gebrauchet, wo Ihr Euch selbst generöse Stände nennet, enthaltet und in dergleichen Fällen Eurer obliegenden unterthänigsten Pflichten, damit Ihr als Vasallen und Unterthanen Uns verwandt seid, Euch erinnert, auch Eure Schriften mit geziemendem Respekt hinfüro einrichtet. Wonach Ihr Euch gehorsamst zu achten, und sind Wir Euch sonst mit Gnaden gewogen."

Auswärtige Politik.

Kein deutscher Fürst hatte so lange und so nachdrücklich den Vergrößerungsplänen Ludwigs XIV. Widerstand geleistet, als Friedrich Wilhelm; aber für sich selbst hatte er davon nur Schaden und keinen Dank gehabt. Sollte er die Mittel seines Staates noch weiter zum Nutzen Anderer opfern? Kaiser und Reich hatten ihn genöthigt sich der Uebermacht Ludwigs XIV. zu fügen; sie konnten sich nicht wundern, wenn er nunmehr in ein vortheilhafteres Verhältniß zu demselben zu treten suchte. Am 20. Oktober 1679, bald nach dem Frieden zu St. Germain, schloß er mit ihm einen geheimen Freundschaftsvertrag. Sein Zweck war, hieburch die Entfernung der französischen Truppen aus seinen klevischen Landen zu beschleunigen und an Frankreich einen Rückhalt gegen Schweden zu gewinnen, welches für seine Niederlagen Rache zu nehmen sann. Auch hoffte er, in solcher Stellung seine gerechten Ansprüche wegen Jägerndorfs beim Kaiser eher durchsetzen zu können. Ludwig XIV. machte sich den Zwiespalt Habsburgs und Hohenzollerns rasch zu nutze; mitten im Frieden riß er durch sogenannte Reunionen mehrere Grenzstriche am linken Ufer des Oberrheins, namentlich (1681) die Reichsstadt Straßburg, an sich. Kaiser und Reich protestirten dagegen; aber letzteres war in seiner elenden Verfassung ganz ohnmächtig und Oesterreich wenigstens für jetzt weder zum Kriege mit Frankreich hinreichend gerüstet, noch auch ihn aus eigenen Mitteln zu führen gesonnen. Die Hauptlast eines

deutsch=französischen Krieges wäre indeß immer auf die deutschen
Stände, namentlich auch auf Brandenburg, gefallen und des=
halb stand Leopold nicht an, in Regensburg die Reichsglieder
zu mahnen, es müsse der Handschuh sofort aufgenommen werden,
den Frankreich so übermüthig ihnen hingeworfen. Aber Branden=
burg hatte keine Lust sich wieder aufzuopfern. „Nicht allein
diejenigen sündigen", sprach der Kurfürst, „die ungerechten Krieg
anfangen, sondern auch die, welche in gerechter Sache die Waffen
ergreifen ohne Hoffnung auf Erfolg, ohne den Ernst der Vor=
bereitung und Berechnung, die das furchtbare Kriegsspiel for=
dert." Bei der gegenwärtigen Lage Europas und Deutschlands,
meinte er, gebe es keinen anderen Weg, als jetzt so gut wie
möglich sich mit Frankreich abzufinden und das weitere der Zu=
kunft zu überlassen.

In dieser Zeit hatte Ludwig auch spanische Besitzrechte
wieder verletzt, das Haus Habsburg also auch ein eigenes In=
teresse zu vertheidigen. Friedrich Wilhelm glaubte den Kaiser
daher jetzt geneigter, ihm gerecht zu werden; er erneuerte 1683
sein Verlangen, ihm endlich das so lange vorenthaltene Herzog=
thum Jägerndorf herauszugeben. Zugleich erhob er andere For=
derungen. Im Jahre 1675 war die herzogliche Familie von
Liegnitz, Brieg und Wohlau ausgestorben und ihr Land als
erledigtes böhmisches Lehen vom Kaiser eingezogen worden.
Dagegen brachte der Kurfürst in Erinnerung, daß seinem Hause
kraft eines Vertrages, den Joachim II. von Brandenburg im
Jahre 1537 mit dem Herzoge Friedrich von Liegnitz geschlossen,
die Erbfolge in jenen Herzogthümern zustehe. In Wien bestritt
man dies, und wegen Jägerndorfs erhielt er zur Antwort, man
könne ihn höchstens mit Geld entschädigen. „Niemals werde
das Haus Oesterreich", so äußerte sich der einflußreiche spanische
Gesandte in Wien, „nie werde Oesterreich dulden, daß ein
ketzerischer Fürst inmitten Schlesiens, inmitten seiner Erblande
Fuß fasse; schon darum nicht, weil alle Ueberreste des evan=
gelischen Wesens sich an denselben anschließen würden."

So von neuem abgewiesen, sah der Kurfürst keinen Grund,

dem Hause Habsburg seinerseits Dienste zu leisten; er rieth vielmehr, als Spanien 1684 an Frankreich den Krieg erklärte, daß Deutschland sich von demselben fernhalten möge, und großentheils auf seinen Betrieb geschah dies denn auch. Es wurde im Sommer des genannten Jahres zwischen den beiden Linien Habsburg einerseits und Ludwig XIV. andererseits ein Waffenstillstand geschlossen, der letzterem vorläufig beließ, was er sich durch seine Reunionen von spanischem und deutschem Gebiet angeeignet hatte.

Die Jahre der Ruhe, die sich Friedrich Wilhelm durch seine veränderte Politik erkauft hatte, waren für die Erneuerung seiner finanziellen Kräfte sowie für die Hebung der Wohlfahrt seines Landes sehr förderlich gewesen. Doch hatte er auch Gelegenheit gehabt, die äußere Macht seines Staates zu vermehren. Im Frühling 1680 war der magdeburgische Administrator, Prinz August von Sachsen, gestorben, und nun endlich hatte der Kurfürst von dem Herzogthum sammt dessen Hauptstädten Magdeburg und Halle Besitz ergreifen können (Juni 1680). Im nächsten Jahre 1681 war es eine glückliche Heirath in seinem Hause, wodurch der Staat neues Gut gewann. Der Fürst Bogislav Radziwil, am 10. Januar 1670 verstorben, hatte letztwillig seine junge Tochter und einzige Erbin Luise dem Schutze des Kurfürsten empfohlen, damit er sie in dem reformirten Glauben, dem er selbst anhing, aufziehen und ihren reichen in Polen und Litauen belegenen Grundbesitz nicht in die Hände der Krone Polen fallen lasse. Sie war nun mannbar geworden und am Hofe von Warschau machte man Pläne, sie einem polnischen Magnaten oder Prinzen zu vermählen. Der Kurfürst beeilte sich daher sein Mündel so zu verheirathen, wie es sein verstorbener Freund gewünscht und wie es zugleich in seinem eigenen Interesse lag. Er gab sie seinem jüngsten Sohne zweiter Ehe, dem Markgrafen Ludwig, obgleich derselbe erst vierzehn Jahre alt war, zur Frau (7. Januar 1681). Sie schenkte dem Kurhause ihre im polnischen Litauen gelegenen Herrschaften Serrey und Tauroggen, welche demselben verblieben, auch als sie, früh Witwe geworden, nach dem Tode des Kurfürsten 1689 eine zweite Ehe (mit dem Pfalzgrafen von Neuburg, einem Katholiken) einging. Auf einer anderen Seite war zwar nicht das Staatsgebiet, aber die Macht= sphäre Brandenburgs erweitert worden; seit der Besetzung Greet= fiels und Embdens (1682) herrschte es militärisch und handels= politisch auch an einem Punkt. der deutschen Nordseeküste. Ueberallhin schaute der Kurfürst nach friedlichem Erwerb aus. In Süddeutschland, in Schwaben, blühte die fürstliche Familie Hohenzollern; sie stammte von denselben Ahnen wie die branden= burgischen Zollern. Das Gedächtniß dieser Verwandtschaft er= neuerte nun Friedrich Wilhelm in förmlichster Weise, indem er 1685. unter seine Titel den Namen „Graf von Hohen= zollern" aufnahm. Er wollte hiedurch seinen Nachkommen die Beerbung jener Linie erleichtern, im Falle dieselbe früher erlöschen sollte.

Von seinem Bunde mit Frankreich hatte er sich mancherlei versprochen, was doch nicht in Erfüllung gegangen war. Weder hatte Ludwig XIV. ihm irgend welche Vortheile zugewandt, noch seine Gefühle als eines Deutschen und Protestanten ge= schont. Auch hatte sein gerechter Unmuth über das Betragen seiner früheren Alliirten bald wieder einer ruhigeren Stimmung Platz gemacht. Er lenkte daher wieder in die alten Bahnen. seiner Politik ein. Als ältestes und vornehmstes Haupt der Reformirten in Europa — ein Titel, auf den er am stolzesten war — schloß er im August 1685 mit Holland einen Vertrag zu gegenseitiger Vertheidigung. Die Beschützung der protestan= tischen Interessen war dabei der wesentlichste Zweck, die Erhebung Wilhelms III. von Oranien auf den Thron seines Schwieger= vaters, des katholischen Jakob II. Stuart von England war die nächste und geheime Absicht. Offen aber, wenn auch nicht formell, brach der Kurfürst mit Ludwig XIV., als dieser im Oktober desselben Jahres das Edikt von Nantes aufhob und über seine reformirten Unterthanen jene entsetzliche Verfolgung verhängte, die mehr als eine Million redlicher Menschen ins

Elend, in alle Welt hinaustrieb. Mit seinem potsdamer Gegen=
edikt sagte er Frankreich thatsächlich die Freundschaft auf. So
verstand es Ludwig auch; er beschwerte sich über die Einmischung
des Kurfürsten in seine Angelegenheiten und über den scharfen
Ton, in welchem derselbe sich dabei geäußert. Friedrich Wil=
helm erwiederte, er habe das Wort Verfolgung, gegen welches
der König protestire, mit Recht gebraucht, und wenn er selbst
jemals seine katholischen Unterthanen in ähnlicher Weise be=
handele, so werde er nichts gegen die Einmischung Frankreichs
einwenden.

Er blieb auf diesem Wege nicht stehen; bald nachdem er
mit dem Oranier sich neu verbündet, schloß er auch mit dem
Kaiser wieder ein Schutz= und Trutzbündniß (22. März 1686).
Er gab dabei viel auf, denn er verzichtete gegen geringe Ent=
schädigung, nämlich gegen Abtretung des schlesischen Kreises
Schwiebus und Eröffnung der Aussicht in den Besitz Ost=
frieslands zu kommen, auf seine Rechte an Jägerndorf, Liegnitz,
Brieg, Wohlau. Aber zu bedrohlich griff ihm Ludwig XIV.
um sich; er meinte, um jeden Preis müsse er, zu eigener Sicher=
heit wie zu Deutschlands Besten, in die Koalition eintreten, die
sich unter den alten Gegnern Frankreichs vorbereitete. Streckte
doch Ludwig schon wieder nach deutschem Gute seine Hand aus!
Ungesättigt von dem Raube Straßburgs, erhob er nun gar
auf die Pfalz Ansprüche. Es galt, sich in die Verfassung zu
setzen, um mit vereinter Kraft solcher Eroberungssucht einen
Damm zu ziehen. Friedrich Wilhelm hoffte, der nächste Krieg
werde nicht bloß zum Schutze der Pfalz, sondern auch zur Be=
freiung Straßburgs geführt werden.

Zunächst schickte er dem Kaiser, damit dieser um so rascher
die Arme gegen Frankreich frei bekomme, ein Hilfsheer gegen
die Türken. Sie hatten im Jahre 1683 nach fruchtloser Be=
lagerung Wiens vor dieser Stadt eine große Niederlage durch
polnische, kaiserliche und Reichstruppen erlitten, behaupteten sich
aber noch im größten Theile Ungarns und sollten nun zu einem
für den Kaiser vortheilhaften und dauernden Frieden gezwungen

werden. Der Kurfürst gab zu diesem Zweck fast die Hälfte
seiner Armee her, 7000 Mann Fußvolk, 1200 Reiter, 16 Geschütze. Am 27. April 1686 musterte er selbst dieses Korps bei
Krossen. Dann marschirte es, kommandirt vom General v.
Schöning, nach Ungarn ab. Es leistete dort die vorzüg-
lichsten Dienste, namentlich bei der Erstürmung Ofens am
12. September 1686. Freund und Feind rühmten die brandenburgische Tapferkeit. Bei den Türken hießen die Brandenburger
wegen ihres Heldenmuthes die Feuermänner; die Kaiserlichen
gestanden, daß sie bei jedem Kampfe allezeit voran gewesen.
Im Herbst 1686 kehrte die tapfere Schar zurück, um 3000 Mann
geringer, die im Kampf gegen die Ungläubigen gefallen waren.

Zu derselben Zeit schützte der Kurfürst Hamburg, dessen
sich der König von Dänemark zu bemächtigen Anstalt machte.
Er schickte im August 1686 an denselben eine Gesandtschaft, die
mit Krieg drohte, falls Dänemark seine Entwürfe gegen die
Stadt nicht aufgebe. Der Kurfürst werde sie mit derselben
Entschlossenheit zu vertheidigen wissen, als handele es sich um
Berlin. Der Däne wagte denn auch nicht, seinen Zwist mit
der wichtigen Grenzstadt, die er gern in seine Gewalt gebracht
hätte, bis zum Kriege zu treiben.

Während der Kurfürst so dem Hause Oesterreich und dem
deutschen Reich aufs beste diente, ward ihm vom Kaiser abermals mit Undank und Verrath gelohnt, ward ihm der karge
Lohn, den er für seine großen Zugeständnisse und Leistungen
sich ausbedungen, hinterrücks wieder entwandt. Leopold hatte
den schwiebuser Kreis jenem Vertrage gemäß an Brandenburg
abtreten müssen; aber insgeheim hatte er diese Abtretung nichtig
gemacht. Er benutzte dazu ein Zerwürfniß, welches in der kurfürstlichen Familie bestand. Friedrich Wilhelms zweite Gemahlin
Dorothee hatte ihm sieben Kinder geboren, von denen sechs,
nämlich vier Söhne und zwei Töchter, am Leben geblieben
waren. Natürlich wünschte sie diesen eine möglichst gute Zukunft
zu bereiten; sie drang in ihren Gemahl, durch ein Testament
die standesmäßige Existenz derselben sicher zu stellen. Dies

erschien um so nöthiger, da der Kurprinz seine Stiefmutter und
Stiefgeschwister mit keinen günstigen Augen ansah. Friedrich
Wilhelm stimmte ihr bei. Ein wie reiches Erbe hinterließ er
doch dem Thronfolger! Unter wie viel glänzenderen Verhält=
nissen sollte dieser den Staat überkommen, als er selbst ihn
einst empfangen! Um mehr als ein Drittel — von 1472
Quadratmeilen auf 2013, von 900000 Einwohnern auf 1500000 —
war die Hausmacht vermehrt; um das fünffache — von einer
halben Million auf zwei und eine halbe — die Einnahmen.
Dazu ein treffliches Heer geschaffen, die Souveränetät gewonnen,
Brandenburg in die Reihe der europäischen Mächte eingeführt.
Er hielt es für billig, auch seinen jüngeren Söhnen Antheil an
den Früchten seiner Lebensarbeit zu geben, ihnen fürstliche Ehren
und Einkünfte zuzuwenden. Er hielt es zugleich für weise. Denn
die Beispiele waren damals häufig genug, daß jüngere Söhne
protestantischer Fürstenhäuser durch Aussicht auf glänzende Ver=
sorgung sich zum Uebertritt zur katholischen Kirche verlocken
ließen. Er machte daher am 26. Januar 1686 ein Testament,
in welchem er seinem jüngeren Sohn aus erster Ehe und
seinen vier Söhnen aus zweiter Ehe (Philipp, Albrecht, Karl,
Christian) gewisse Landestheile als erbliche und wohldotirte Herr=
schaften mit Fürstenrang zuwies. Der Einheit des Staates
meinte er damit nicht allzu nahe zu treten; denn dem künftigen
Kurfürsten sollte die Oberhoheit verbleiben. Dorothee hatte die
Stiftung selbständiger Fürstenthümer gewünscht; das Testament
verfügte nur die Stiftung von Vasallenthümern. So glaubte
Friedrich Wilhelm dem alten zollernschen Hausgesetz, welches die Un=
theilbarkeit der Hausmacht vorschrieb, nicht gerade zuwider gehan=
delt zu haben. Er sprach sich hierüber mündlich zu einem Ver=
trauten folgendermaßen aus: „Die fürstlichen Familien im Reich
hätten sich so geschwächt, daß sie nicht mehr im Stande seien,
die Freiheit des Reiches gegen das Haus Oesterreich, welches
nun durch seine Türkensiege wieder mächtig emporsteige, zu be=
haupten; die Häuser Sachsen, Pfalz, Hessen, Braunschweig
hätten sich durch Zerstückelung ihres Gebiets für jüngere Linien

fast bis auf nichts heruntergebracht. Er habe sich deshalb ent=
schlossen, alle seine Lande in einer Hand zu lassen; das werde
sein Haus zum Gegengewicht gegen Oesterreich machen. Er
lasse deshalb die Kurfürstin auf alle Weise sich bereichern und
für ihre Kinder sorgen, da er ihnen keinen Theil von seinen
Herrschaften und Landen geben wolle."

Immerhin aber beschränkte dieses Testament die Macht des
künftigen Kurfürsten, entzog ihm namentlich _einen erheblichen
Theil der finanziellen Mittel. Friedrich Wilhelm hielt es daher
geheim und übersandte es (am 10. Februar) dem Kaiser mit
der Bitte, es zu bestätigen und zu verwahren. Leopold erfüllte
ihm bereitwillig genug seinen Wunsch; er hatte nun einen Hebel
in der Hand, um dem Kurhause wieder abzunehmen, was er
demselben gewähren müssen. Sein Gesandter in Berlin, Baron
Fridag, wußte denn auch den unerfahrenen Kurprinzen, der in
dem Testament noch weit ungünstigere Dinge vermuthete als in
der That darin standen, durch den Hinweis auf jene Urkunde
so in Schrecken zu setzen, daß dieser in die Falle ging und
hinter dem Rücken des Vaters mit dem Kaiser ein Abkommen
wegen Schwiebus traf. Er stellte am 8. März 1686 einen
Revers aus, kraft dessen er sich verpflichtete, nach seiner Thron=
besteigung den schwiebuser Kreis wieder herauszugeben. Da=
gegen versprach ihm der österreichische Gesandte, der Kaiser werde
das Testament Friedrich Wilhelms als ungiltig ansehen.

Von diesem falschen Spiel, welches der wiener Hof mit
ihm trieb, hatte der Kurfürst keine Ahnung, als er, froh der
neuen, wenn auch kleinen Erwerbung, im Juni 1686 von
Schwiebus — er titulirte es „Herzogthum Schwiebus" —
Besitz ergriff.

Bald darauf hatte er mit seinem Neffen, dem Prinzen
Wilhelm von Oranien, zu Kleve eine Zusammenkunft, bei
welcher der Plan zu einer Expedition nach England, um der
Glaubenstyrannei Jakobs II. daselbst ein Ende zu machen, ent=
worfen wurde. Der Kurfürst versprach zu diesem Zwecke einen
Theil seiner Truppen herzugeben, wogegen die Generalstaaten

Subsidien zahlen sollten. In Holland und in Brandenburg
ward nun sehr eifrig gerüstet. Man ging ja nicht bloß einem
Kampfe wider den Stuart, sondern auch wider Ludwig XIV.
entgegen. Um indeß nicht vorzeitig einen Ausbruch herbeizuführen, betrieb man die Vorbereitungen zu dem großen Werke
soviel als möglich insgeheim. Da es dem Oranier vor allem
an einem tüchtigen General fehlte, so übernahm es der Kurfürst ihm seinerzeit einen solchen zu schicken. Er richtete seinen
Blick auf den Marschall v. Schomberg, der in Frankreich,
dann in Portugal hohen militärischen Ruhm gewonnen. Diesen
zog er im Frühling 1687 in seine Dienste; er sollte, sobald
der Moment zu jener Expedition gekommen sei, an die Spitze
der Landungstruppen gestellt werden. Zugleich vermehrte der
Kurfürst seine Armee; er brachte sie, indem er die Regimenter
auf Kriegsfuß setzte und einige neue Truppenkörper hinzufügte,
bis zum Frühling 1688 auf 5300 Mann Reiterei und 24000
Mann Infanterie. Zahlreich drängten sich insbesondere die aus-
gewanderten Franzosen und Piemontesen zu seinen Fahnen.

Die großen Dinge, die ihn beschäftigten, waren ihm ein
Trost für ein Unglück, welches ihn in dieser Zeit in seiner
Familie traf. Anfangs April des Jahres 1687 verfiel sein
Sohn Ludwig plötzlich in eine heftige Fieberkrankheit. Doch
erschien der Zustand des bisher in voller Kraft blühenden Jüng-
lings dem Vater nicht eben bedenklich. Am 8. ließ ihn der
Prinz zu sich bitten, er möge kommen, damit er ihm zum
letzten Male die Hand küssen könne. Der Kurfürst kam nicht;
er wollte die Aufregung des Kranken durch eine Abschiedsscene
nicht steigern, er antwortete: „es sei nicht tapfer, gleich den
Tod zu fürchten; er möge auf Gott vertrauen." Kurz nachher
empfing er die erschütternde Meldung, daß der Sohn gestorben.
Es war nach dem Verlust seines Erstgeborenen von allen seinen
Söhnen bei weitem der an Geist und Charakter tüchtigste gewesen.
Die Ehe desselben mit Luise Radziwil war kinderlos geblieben.

Zu dem Schmerze über Ludwigs frühen Tod gesellte sich
noch ein anderer. Schon bei Karl Emils Ableben hatte sich

16*

schlimmer Argwohn geregt. Dieser erneuerte sich jetzt, aber er richtete sich nun wider eine bestimmte und dem Herzen Friedrich Wilhelms nahestehende Persönlichkeit. Prinz Ludwig, flüsterte man bei Hofe und in der Stadt, habe Gift bekommen, und wer anders habe ein Interesse daran die Söhne Luisens aus der Welt zu schaffen, als die habsüchtige Stiefmutter, die Kur=fürstin Dorothee? Auf ihre Veranlassung sei jetzt Prinz Lud=wig, und ohne Zweifel auch auf ihre Veranlassung einst Prinz Karl Emil beseitigt worden. Nur der Kurprinz Friedrich stehe ihr jetzt noch im Wege; aber schon fühle auch er sich krank. Die so redeten, thaten der zwar nicht eben liebenswürdigen, aber durchaus achtbaren Frau schweres Unrecht. Auch waren alle Sachverständigen, sowie alle Unparteiischen darüber einig, daß Ludwig, wie Karl Emil eines natürlichen Todes verblichen seien. Aber der Kurprinz glaubte dem bösen Gerücht. Er hatte sogar selbst das meiste dazu gethan, es aufzubringen. Denn in seinem Widerwillen und Mißtrauen gegen die Stiefmutter war er gewohnt, jedes Unwohlsein, das ihm oder seiner Gemahlin Sophie Charlotte zustieß, als Folge von Gift anzusehen, auf Rechnung der Kurfürstin zu schreiben und mit Gegengiften sich den Magen zu verderben. Jetzt hielt er sein Leben für ernstlich gefährdet. Er verließ mit seiner Gemahlin Berlin und reiste zu deren Eltern nach Hannover. Dieser Hof stand damals mit dem berlinischen in keinem freundschaftlichen Verhältniß; denn der Kurfürst bekämpfte und der Herzog Ernst August von Hannover unterstützte die französische Politik. Um so mehr mußte sich Friedrich Wilhelm durch das Benehmen seines Sohnes gekränkt fühlen. Er befahl ihm „bei Strafe seines Zornes" die Rückkehr. Der Prinz gehorchte nicht; ja er wagte zu ant=worten: „noch seien die Mörder seines Bruders nicht gestraft." Der Kurfürst wiederholte drohend den Befehl; da unterwarf sich denn der Prinz und kehrte (Ende Oktober) nach Berlin zurück.

Es scheint, Friedrich Wilhelm sei in seinem Herzen von dem Ungrund jenes Gerüchtes nicht so ganz überzeugt gewesen. Nicht als ob er seine Gemahlin eines Verbrechens für fähig gehalten hätte. Aber er und sein Haus hatten Feinde genug; man sprach von heimlichen Jesuiten, auch von polnischen Emissären, die sich in der Stadt verkleidet sollten aufgehalten haben. Wie dem auch sei, er verzieh dem Kurprinzen; er weihte ihn jetzt sogar tiefer als zuvor in die Geschäfte und Sorgen seiner Regierung ein; er vertraute ihm das Geheimniß der großen Unternehmung an, welche im Werke war.

Ihm selbst sollte es nicht mehr vergönnt sein, sie durchführen zu helfen.

Des grossen Kurfürsten Ende.

Im April des Jahres 1688 ging die Gicht, an welcher Friedrich Wilhelm seit sechzehn Jahren bald mehr, bald weniger gelitten, in Wassersucht über. Er fühlte bald, daß sein Tod nahe sei; gefaßt und ruhig traf er seine Vorbereitungen. Am 15. April, dem Karfreitag, nahm er noch, wie er alljährlich pflegte, das Abendmahl; nach Ostern vermehrten sich die Schmerzen; doch leitete er von seinem Krankenlager in Potsdam die Geschäfte in gewohnter Weise. Aber er wurde rasch schwächer und schwächer. Am 7. Mai beschied er den Kurprinzen und die Mitglieder des Ministeriums — oder des Geheimen Raths, wie der Titel damals lautete — zu einer feierlichen Sitzung in sein Schloß. Es waren außer dem Kurprinzen der Marschall von Schomberg und die geheimen Räthe Otto v. Schwerin (Sohn des 1679 gestorbenen Grafen gleichen Namens), v. Grumbkow, v. Knyphausen, v. Fuchs und v. Reetz. Als sie beisammen waren, ließ er sich zu ihnen in das Rathszimmer tragen und nahm mit folgender Rede als Landesherr von ihnen Abschied: „Ich bin überzeugt", sprach er mit schwacher, doch vernehmlicher Stimme, „es ist das letzte Mal, daß ich diesem Rathe bei= wohne; denn die Schwäche meines Körpers hat zu sehr über= hand genommen, und die Sanduhr meines Lebens wird bald abgelaufen sein. Mir ist am besten bewußt, was ich leide, und was ich folgenden Tages noch werde auszustehen haben. Durch Gottes Gnade habe ich eine lange und glückliche, aber auch sehr mühsame, von Unruhen und Kriegen begleitete Regierung geführt. Mein Ziel war, mein kurfürstliches Haus in Ruf, Flor und Ansehn zu bringen; welche Beschwerden, welche Sorgen dies mir, welche Trübsal es meinem Lande verursacht hat, ist bekannt. Durch Kriege verwüstet, im armseligsten Zustande fand ich die Länder nach meines Vaters Tode; durch Gottes Hilfe hinterlasse ich das Land im Wohlstande, im Frieden, von meinen Feinden gefürchtet, von meinen Freunden geliebt und geehrt.

Ich zweifle nicht", fuhr er fort, indem sich sein Blick auf den Kurprinzen richtete, „ich zweifle nicht, daß auch du, mein Sohn, mein Nachfolger, in denselben Maximen fortfahren wirst es zu beherrschen, vor allen Dingen aber Gott vor Augen zu haben. Vergiß nie, die bei einer solchen Verwaltung nöthige Vorsicht zu bewahren, und weil die Erfahrung mich gelehrt, daß ohne eine eiserne Hand und ohne ein stehendes Heer nichts auszurichten, so übe jene mit Geschick, aber dieses halte und bilde nur um des Landes Sicherheit und das erlangte Ansehn deines Hauses zu behaupten. Indem du dich der Hilfe der getreuen alten, erfahrenen Räthe bedienst, nicht auf diejenigen hörst, welche ungerechte Rathschläge geben, wirst du deinen Unterthanen beweisen, daß du sie liebst. Mit allem Fleiß sei darauf bedacht, den Ruhm, welchen ich dir als ein Erbtheil hinterlasse, zu bewahren und zu vermehren. Einige Regeln, wie du deine Staaten regieren sollst, habe ich schriftlich abgefaßt und übergebe dir hiemit; ich hoffe, durch sie wirst du auf eine gute und nützliche Art davon unterrichtet werden."

Dann wandte er sich zu den Räthen und dankte ihnen für die treuen Dienste, für den unermüdlichen Beistand, den sie ihm geleistet; er zweifle nicht, daß sie fortfahren würden, auch seinem Sohne ebenso treu und gut zu dienen. Wohl wisse er, daß seine Unterthanen schwere Lasten getragen hätten, und er brauche nicht zu versichern, wie sehr er gewünscht, dieselben zu erleichtern; aber die Ungunst der Zeiten habe ihm dies unmöglich gemacht.

Auf diese Rede, die von der Versammlung mit Thränen angehört worden, erwiederte zunächst der Kurprinz einige Worte voll Rührung: „ich hoffe", schloß er, „daß das Ende meines theuern Vaters noch nicht so nahe ist; sollte aber Gottes Verhängniß es also bestimmt haben, so wird es mein höchstes Anliegen sein, des Hauses Ruhm zu bewahren und auf die mir gegebenen Rathschläge zu achten." Dann sprach der alte Marschall Schomberg, sonst eine kalte abgemessene Natur, jetzt tief bewegt: „nie werde er aufhören, wie dem Kurfürsten, so dessen Nachfolger und dem ganzen Hause Brandenburg in Treue und Liebe mit allen seinen Kräften zu dienen." In gleichem Sinne und mit gleicher Rührung antworteten der Reihe nach die Räthe.

Die ergreifende Scene hatte den Kurfürsten so erschöpft, daß er mehr mit Blicken als mit Worten bezeugen konnte, wie wohlthuend seinem Herzen diese Aeußerung ihrer Gefühle war. Nachdem er einigermaßen wieder zu Kräften gekommen, wurden ihm auf sein Begehr die gewöhnlichen Vorträge gehalten, und er verfügte mit einer Gelassenheit und Ruhe, als befinde er sich in voller Gesundheit. Nach beendigter Sitzung ließ er sich in sein Schlafgemach zurücktragen, wohin er den Kurprinzen allein berief. Noch einmal ermahnte er ihn hier, genau dem zu folgen, was er ihm in väterlicher, wohlmeinender Absicht vorgestellt und was er ihm schriftlich hinterlasse; nur auf diesem Wege könne er des väterlichen und des göttlichen Segens theilhaftig werden. Der Prinz warf sich ihm zu Füßen, bat um Vergebung der Fehler, die er begangen, und gelobte zu halten, was er versprochen. Freudigen Angesichts mit feierlichen rührenden Worten segnete ihn der Vater. Dann entließ er ihn, nachdem er ihm noch als letztes Zeichen seiner Freundschaft eine Medaille geschenkt, die ihn auch ferner an diese Stunde und an sein Gelübbe erinnern solle.

Nun trat die Kurfürstin wieder ein; sie war, seit er krank lag, Tag und Nacht um ihn. Er suchte ihr die Abnahme seiner Kräfte zu verbergen, während er einen nach dem andern seiner Diener an sein Lager beschied, um jeden still zu beschenken. Aber sie bemerkte es wohl und brach in heiße Thränen aus. Nun redete er ihr tröstend zu: „der Augenblick der Trennung ist unvermeidlich," sprach er mit Festigkeit. „Ich fühle genug gelebt zu haben, und es ist gerecht, daß ich Gott die Seele wiedergebe, von dem ich sie empfangen habe. Die vielen Wohl=thaten, die er mir erwiesen, erkenne ich mit dankbarstem Herzen an und bin bereit, dieses Leben nach seinem Willen zu be=schließen. Ich werde nicht wiederkehren, aber an jenem Tage der Ewigkeit werden wir vereinigt sein."

Gegen Abend ließ er seine beiden Hofprediger Cochius und Brunsenius hereinkommen, um mit ihnen zu beten. „Ich habe einen guten Kampf gekämpft", sagte er in den Worten des Apostels zu ihnen, „ich habe den Lauf vollendet und Glauben gehalten. Hinfort ist mir beigelegt die Krone der Gerechtigkeit, welche mir der Herr an jenem Tage geben wird." Die Geist=lichen erwiederten, der wäre glücklich, der am Ende seines Lebens sagen könne, daß er gethan, was Gott wohlgefalle. „Ich bin mir meiner Sünden wohl bewußt", antwortete Friedrich Wil=helm, „aber ich weiß auch, daß sie durch das Blut Jesu Christi, auf den ich meine ganze Hoffnung setze, gebüßt sind." Unter solchen Gesprächen und mit Gebeten verging etwa eine Stunde. Dann wurde der Kurfürst benachrichtigt, daß seine anderen Kinder von Berlin gekommen seien. Er ließ sie ein=treten, ermahnte sie, bis an ihr Lebensende ihrem Bekenntniß treu zu bleiben und segnete sie, die weinend vor ihm knieten. Am meisten rührte es, wie er die Kurprinzessin Sophie Char=lotte, welche guter Hoffnung war, doppelt segnete, erst sie, dann das Kind, welches sie unter ihrem Herzen trug. Das Kind hat seinerzeit dem Großvater Ehre gemacht; es war der nach=malige König Friedrich Wilhelm I. Mit einem Gebet der beiden Geistlichen schloß diese Scene.

„Die kurfürstliche Familie", berichtet ein Augenzeuge, „Prinzen und Prinzessinnen, sowie der ganze Hofstaat, welche mehrentheils um des Kurfürsten Bett standen, haben hier lernen können, wie man wohlbereitet und unverzagt sterben muß. Denn der Kurfürst, welcher früher bei gichtischen Anfällen, Stein= und Kolikschmerzen oft sehr ungeduldig war und den Bedienten und Anwesenden das Leben wohl erschwerte, zeigte in dieser letzten Krankheit auch nicht die geringste Ungeduld, sondern bewies eine seltene Langmuth, Sorgfalt und Ergebung. So äußerte er sich besorglich um seine Gemahlin, als ein Brief in ihrer Gegenwart gesiegelt werden mußte, weil ihr jeder starke Geruch unerträglich war. Dann bat er die Kurprinzessin um Entschuldigung, daß er nicht seine Mütze vor ihr abnehmen könne, und litt nicht eher, daß man ihn küßte, als bis der Todesschweiß abgetrocknet sei."

Erschöpft von den geistigen Anstrengungen dieses Tages ließ der Kurfürst seine Familie und Dienerschaft nun abtreten. Doch gab er noch, wie gewöhnlich Abends, dem Offizier der Leib= garde die Parole; sie war bedeutungsvoll, sie lautete: „London!"

Die Nacht, welche folgte, war qualvoll und schlaflos. Aber er litt seine Schmerzen ohne Klage; er wollte die Kurfürstin nicht stören, welcher er gestattet hatte, bei ihm im Zimmer zu bleiben. Am Morgen ließ er die Geistlichen wieder rufen, bekannte seine Sünden, betete mit ihnen. Dann fiel er in Ohnmacht; doch es war noch nicht der Tod. Er erwachte wieder, nahm zum zweiten Male von seinen Kindern Abschied. Sein Blick fiel auch auf die junge Markgräfin Luise, die Witwe seines Sohnes Ludwig. Er rief sie zu sich. „Meine Tochter", sagte er, „du weißt, was dein Vater dir in seinem Testament be= fohlen, und was auch mein Wille ist, daß du der Religion, in welcher du erzogen, treu bleiben sollst. Ich stelle dir Segen und Unsegen vor. Wirst du folgen und standhaft bleiben, so wird dich der Herr segnen; wirst du den Willen deines Vaters verachten, so wird sein Fluch dich treffen." Die Markgräfin kniete nieder, küßte ihm die Hände und gelobte unter Thränen Treue zu halten.

„Ich habe noch eine andere Familie", sprach er nach einer Pause der Erschöpfung, „eine aus Nächstenliebe angenommene

Familie, die mir aber nicht weniger theuer ist als diejenige, die mir die Natur gegeben hat. Es ist die große Zahl der Flüchtlinge, die ich aus ihrem kirchlichen Schiffbruch in Frankreich gerettet und in meine Staaten, wie in einen sichern Hafen aufgenommen habe." Diese Armen, so schloß er, empfehle er der Sorge seines Nachfolgers. Er sprach zugleich seinen Schmerz aus über den Mangel an Duldung, der auch unter den Evangelischen selber herrsche.

Am Abend dieses Tages gab er die Parole „Amsterdam!" Sie bezeichnete, wie die Losung des vorigen Tages, das große Werk, welches ihn noch im Tode beschäftigte. Es war sein letztes politisches Wort.

In der nächsten Nacht wuchsen die Schmerzen, die Beängstigungen; doch duldete er immer ohne Klage. So brach der 9. Mai an, ein Sonntag, der „Sonntag der Barmherzigkeit Gottes", wie ihn die Kirche nennt. Die Geistlichen machten ihn mit frommem Zuspruch hierauf aufmerksam. Er betete still mit ihnen. Dann, immer schwächer werdend, sagte er leise: „Wie ein Vöglein in einem hohlen Baum, so verberge ich meine Seele in Jesu Wunden." Seine Familie erschien wieder vor seinem Bette zum letzten Abschied. Er sah sie an und segnete sie nochmals, Frau und Kinder und Verwandte; „das Bild des Patriarchen Jakob", flüsterte er, „schwebe vor seiner Seele, wie er seine Söhne gesegnet". Dann verließen ihn die letzten Kräfte; er rief: „Komm Herr Jesu! ich bin bereit!" und danach den Spruch Hiobs: „Ich weiß, daß mein Erlöser lebt und mich dereinst aus der Erde auferwecken wird!" Aber noch immer schied seine Seele nicht. Leise klagte er, daß er einen so harten Tod habe und daß sein Herz nicht brechen wolle. Endlich gegen neun Uhr Morgens schlossen sich die Augen, neigte sich das Haupt, und sein Herz stand still. —

In seinem Testament hatte er verordnet, daß man ihn neben seiner Jugendgemahlin beisetzen solle. Sie ruhte in der Fürstengruft im alten Dome zu Köln an der Spree; dort war neben Luisens Sarge ein Platz freigelassen worden. Diesen sollte er einnehmen.

Der Nachfolger, Kurfürst Friedrich III., bestimmte ein Leichenbegängniß von so großartiger Feierlichkeit, als die Würde des entschlafenen Monarchen zu fordern schien. Er selbst entwarf den Plan, stellte großes und kleines fest. Monate lang mußten die Vorbereitungen dauern, die derselbe nöthig machte. Am Montag den 10. Mai wurde der Körper des Verstorbenen geöffnet und einbalsamirt, angekleidet und in einen mit schwarzem Sammet überzogenen Sarg gelegt. Minister und Generäle hielten bei ihm acht Tage lang die Todtenwacht. Dann wurde er in der Nacht vom nächsten Sonntag zum Montag, von zahlreichen Trauerkutschen geleitet und von Dienern umgeben, welche brennende Wachsfackeln trugen, von Potsdam nach Berlin gebracht. Montag früh den 17. langte der Zug im Schloß zu Köln an der Spree an. Hier in den sogenannten Altangemächern, welche rings mit schwarzem Tuch ausgeschlagen waren, legte man die Leiche, nachdem sie in Prachtgewänder gehüllt worden, auf ein Paradebett und gestattete bis zum nächsten Tage jedermann den Zutritt. Unzählige drängten sich herbei, zum letzten Male das Antlitz des großen Todten zu sehen. Er war angethan mit gold= und silber=brokatenen Unter= und Oberkleidern, darüber Schärpe und Kurrock; zu Häupten lagen Kurhut und Herzogkrone, dicht besetzt mit Diamanten und Perlen; zur Rechten das Kurzepter, zur Linken das Kurschwert. Das Paradebett war von grünem Sammet, gestickt mit Gold und Silber; von den Ecken des Betthimmels wallten weiße Federbüsche. Vornehme Staats= und Hofbeamte und die Oberoffiziere der Garde hielten hier Tag und Nacht die Wache. Am 20. führte man den Sarg herein; er war von außen mit karmoisinrothem Sammet, von innen mit Gold= und Silber=Brokat ausgelegt. Nachdem er die Leiche aufgenommen, wurde er Abends am 22. Mai unter dem Gefolge des Hofes und einiger Landtag=Abgeordneten in die überall mit schwarzem Tuch ausgeschlagene Schloßkapelle getragen. Dort stellte man ihn auf ein Tabernakel, das mit schwarzem Sammet belegt war. Ein Baldachin wölbte sich darüber. Ringsum standen vierund=

zwanzig silberne Armleuchter und an den Wänden der Kapelle hingen fünfzig silberne Lichthalter; auf allen brannten Tag und Nacht die Wachskerzen. Kammerjunker und Subalternoffiziere der Garde hielten hier bis vierzehn Tage vor dem zum Begräbniß anberaumten Termin die Leichenwacht. Dann, am 8. September, wurden sie von vornehmeren Beamten und Offizieren abgelöst.

Mittwoch den 22. September 1686 fand die Beisetzung statt. Morgens früh 5 Uhr ward der Todte in den metallenen Sarg gelegt, in dem er nun für immer ruhen sollte, der Sarg auf den Leichenwagen gebracht, der vor dem Trauerportal der Kapelle hielt, und unter dessen Baldachin gestellt. Derselbe war mit schwarzem Sammet belegt, welchen in Gold und Silber gestickte Wappen zierten. Den ganzen Hofplatz bis zum Schloßthor bedeckte schwarzes Tuch.

Um 7 Uhr wurde von allen Kirchen der Stadt dreimal geläutet; um 9 Uhr wiederum. Um 11 Uhr ward im Schloß das Trauermahl gehalten. Nach Tisch versammelten sich die Gäste an den ihnen bestimmten Orten; die fürstlichen und gräflichen Personen und die fremden Gesandten sowie die hohen Staats= und Hofbeamten in den kurfürstlichen Vorzimmern; die Deputirten der Stifter, Universitäten und Ritterschaften in den Altangemächern; die Deputirten der Städte und der französischen Refugiés in den markgräflichen Vorzimmern; die Geistlichkeit und die Lehrer und Schüler der höheren Schulen Berlins in den Vorderräumen des Kammergerichts, welches damals noch einen Theil des Schlosses innehatte.

Im vorderen Schloßhof stellten sich indeß vier Kompanien der Leibgarde zu Fuß auf und rechts von ihnen die Kadetten, links die Grenadiere. Andere Kompanien dieser Garde bildeten vom Schloßthor über den äußeren Schloßplatz durch die Breitestraße bis ans kölnische Rathhaus und die Brüderstraße hinauf bis ans Thor der alten Domkirche Spalier. In der Mitte der Breitenstraße erhob sich eine Ehrenpforte, die das Bild des großen Kurfürsten und Darstellungen seiner Kriegsthaten zeigte.

Aehnliche Bildnereien schmückten das Trauerportal, welches über dem Thor der Domkirche angebracht war.

Der Rest der Garde zu Fuß hatte die Wache am Georgen= thor. Alle anderen Stadtthore blieben an diesem Tage, so= lange die Feierlichkeit dauerte, verschlossen. Die Regimenter der Garnison hatten sich am Thiergarten und in der Dorotheen= stadt aufgestellt; ihre Spitzen reichten bis nahe ans Schloß.

Gegen 1 Uhr erschienen am Portal der Kapelle die Träger der Kronkleinodien, sodann die Schüler mit ihren Lehrern und die Prediger, ferner die Trompeter und Pauker. Um 1 Uhr erscholl von allen Kirchenglocken das Trauergeläut, und der Zug begann. Zuerst die Truppen, kommandirt vom Generallieutenant von Barfus. Es waren das Leibregiment Dragoner; das Leib= regiment zu Pferde; 12 Kompanien Garde zu Fuß; 3 Kom= panien deutscher und französischer Grands Mousquetaires, eine erst kürzlich vom großen Kurfürsten aus vertriebenen Reformirten gebildete Truppe; zuletzt die Trabanten. Sobald diese Regi= menter ans Schloßthor kamen, wurden die Fahnen zusammen= gewickelt und in schwarzen Flor gesteckt, die schwarzbeflorten Pauken und Trompeten gedämpft, die Gewehre verkehrt getragen, die Piken nachgeschleppt.

Hinter den Truppen ritt ein Hoffourier, angethan mit langem schwarzem Mantel und auf dem Hut einen Flor. Dann folgten neun Adelsmarschälle, die Gesichter mit schwarzen Schleiern verhangen, auf den schwarzbeflorten Stäben die Wappen des Verstorbenen. Dann Psalmen singend die Stadtschulen; zuerst die friedrichswerdersche, dann die kölnische, die berlinische, die joachimsthaler; Schüler und Lehrer sämmtlich in langen schwarzen Mänteln und Flor auf den Hüten. Hierauf paarweise die ein= geladenen Vertreter der Provinzen, französische Refugiés und die Hofprediger. Dann 24 Trompeter und Pauker, an deren Instrumenten große schwarze Damastfahnen, bemalt in Gold und Silber mit den kurfürstlichen Wappen, hingen; 42 kur= fürstliche Pagen mit ihren Hofmeistern. Ein Hoffourier. Drei Marschälle. Sechzig Refugiés. Wieder drei Marschälle. Die

Deputirten der Städte. Nach abermals drei Marschällen die Eingeladenen der Ritterschaften aller Provinzen; ebenso die Deputirten der drei Landesuniversitäten Duisburg, Frankfurt, Königsberg, der Stifter Brandenburg, Havelberg, Minden, Halberstadt, Magdeburg und des Johanniterordens. Ein Hof=fourier. Drei Marschälle. Ein Wappenherold, gekleidet in blauen mit Gold und Silber gestickten Sammet, in der Hand einen Stab mit Kurhut und Krone. Hinter ihm die Blutfahne, das Symbol der höchsten Gerichtsbarkeit. Das Schlachtroß des großen Kurfürsten, prachtvoll geschirrt, Zaum und Schabrake strahlend von Gold, Rubinen und Diamanten, geführt von zwei Obersten. Hierauf in neun Abtheilungen, denen je ein Herold voranging, die Fahnen der Provinzen, eine jede von einem höheren Offizier auf einem schwarzbehängten Roß ge=tragen, neben welchem zwei Offiziere geringeren Grades einher=schritten. So erschienen die Fahnen der Herrschaft Ravenstein, der Grafschaften Reinstein, Hohenstein, Ruppin, Gützkow, Ravensberg, Mark, Hohenzollern; der Fürstenthümer Usedom, Kamin, Minden, Halberstadt, Bart; der Burggrafschaft Nürn=berg; der Herzogthümer Schwiebus, Krossen, Wenden, Kassuben, Pommern, Wolgast, Stettin, Berg, Kleve, Jülich, Magdeburg, Preußen; der Markgrafschaft Brandenburg, und das Kurwappen. Dann als dreißigste Fahne die Hauptfahne, das vollständige kurfürstliche Wappen; diese trug ein Oberst, dessen Pferd von zwei Majors geführt wurde. Hierauf die Freudenfahne in Rosa, Gold und Silber, getragen auf einem mit fleischfarbenem Sammet bekleideten Pferde. Dann hinter zwei Hofjunkern die schwarze Trauerfahne. Der zehnte Herold. Drei Marschälle. Nun die Familienwappen des Verstorbenen, getragen von vornehmen Edelleuten, das oranische, das preußische, das kurpfälzische, das kurbrandenburgische und das große Hauptwappen. Dann die Kronkleinodien, getragen von hohen Beamten: das Schwert der preußischen Souveränetät, das Kurschwert, der englische Hosenbandorden, der Helm, der Regimentsstab, das Majestäts=siegel, die Krone und der Kurhut, das Kurzepter. Sechs Mar=

schälle. Zwei Trabantenoffiziere mit bloßen Degen. Endlich, zur Rechten und zur Linken von je 13 Trabanten geleitet, der Leichenwagen.

Ihn zogen acht Pferde, behängt mit schwarzem Sammet, auf dem am Kopf und an den Seiten je eins der genealogischen Wappen des Verstorbenen glänzte. Herabhing von dem Wagen bis zur Erde auf weißem Battist ein schwarzsammetnes Tuch, welches gleichfalls durch die Wappen der zwölf nächsten Ahnen in Gold= und Silberstickerei die Abstammung Friedrich Wilhelms darstellte. Da gewahrte man außer den bereits im Zuge gesehenen auch die Wappen von Bourbon, Hessen, Liegnitz, Mecklenburg, mit welchen Häusern das kurbrandenburgische näher oder ferner verwandt war. Auch der schwarzsammetne Baldachin, der über dem Wagen ragte, war voll solcher Wappen; er zeigte noch die Verwandtschaft mit den Häusern und Kronen Braunschweig, Böhmen, Dänemark, Polen, Ungarn, Würtem= berg, Baden, Baiern, Spanien, Sicilien, Oesterreich, Pommern auf. Selbst von den entfernten Verschwägerungen war keine vergessen. Diesen Baldachin trugen zwölf Landräthe, die Schnüre desselben zwölf andere Staatsbeamte, die Zipfel des Leichen= tuches vier Grafen. Die Pferde wurden von acht Majors ge= führt. Zu beiden Seiten des Wagens schritten zwölf Obersten und zwölf Kämmerer; hinter denselben sechs Marschälle.

Es folgten die Leidtragenden, alle zu Fuß, alle mit ver= hülltem Gesicht. Zuerst die Herren, in langen schwarzen Män= teln und vor dem Antlitz einen schwarzen Flor; die Fürstlich= keiten mit Schleppen an den Mänteln, gefolgt vom Schleppen= träger und von Offizieren und Beamten. Voran der Kurfürst Friedrich III.; dann die anderen Söhne des Verstorbenen; darauf die Verwandten, der Markgraf von Baireuth, der Fürst von Dessau, der Herzog von Merseburg, der Landgraf von Homburg nebst Sohn und die Gesandten Ansbachs und Mecklen= burgs. Darauf hinter drei Marschällen die Minister, Geheimen Räthe und Hofbeamten. Danach hinter sechs Marschällen schritten die leidtragenden Damen, alle in langen weißen Röcken,

die Hände in die weißen Ermel gehüllt und über den Kopf eine
weiße Kapuze mit dichtem weißem Florschleier, der das Antlitz
verdeckte; jede fürstliche Dame von zwei Prinzen oder Fürsten
ihrer Verwandtschaft geführt und von einem Schleppenträger ge=
folgt. Zuerst die Kurfürstin=Witwe Dorothee, dann die regierende
Kurfürstin Sophie Charlotte, dann die Prinzessinnen des Hauses,
zuletzt die Hofdamen. Hierauf hinter drei Marschällen die Frauen
und Töchter der Minister, Generäle und anderen hohen Beamten.
Soweit der adlige Zug. Es folgten drei bürgerliche Mar=
schälle; danach die Kammergerichtsadvokaten und die Magistrate
und Bürgerschaften der vier Städte (Berlin, Köln, Dorotheen=
stadt, Friedrichswerder). Zuletzt ein Hoffourier; dann das
Regiment Kurprinz zu Roß.

Nachdem die Prozession an der Domkirche angelangt war,
stellten sich die Fahnenträger in derselben gruppenweise auf;
zwischen ihnen stand der Sarg, ringsum die Leidtragenden.
Nun hub der Gottesdienst an. Der dreiundzwanzigste Psalm
wurde gesungen, dann drei Kirchenlieder. Die Orgel spielte.
Dann hielt der Hofprediger Cochius die Leichenpredigt. Hierauf
sang die ganze Versammlung das Lied „Nun laßt uns den Leib
begraben". Es war 8 Uhr Abends; unter dem Schalle dieses
Gesanges trug man den Sarg ins kurfürstliche Erbbegräbniß,
stellte ihn neben Luisens Sarg. Draußen donnerte es dreimal
aus 100 Kanonen und aus den Gewehren aller Regimenter.
Die letzte Pflicht war dem Todten erfüllt; unter dem Geleit
einer feierlich ernsten Musik und zahlloser brennender Wachs=
fackeln kehrte der lange Zug nach dem Schlosse zurück.

Namen- und Sachregister.

Inhalt.

www.ingramcontent.com/pod-product-compliance
Lightning Source LLC
Chambersburg PA
CBHW030357270326
41926CB00009B/1145